新潟青陵高等学校

〈収録内容〉

■ 2024年度入試の問題・解答解説・解答用紙・「合否の鍵はこの問題だ!!」、2025年度入試受験用の「出題傾向の分析と合格への対策」は、弊社HP の商品ページにて公開いたします。

2024 年度 ……………………… 2024 年 10 月 弊社 HP にて公開予定
※著作権上の都合により、掲載できない内容が生じることがあります。

2023 年度 ……………………………… 専　　願　(数・英・国)
一般２月　(数・英・国)

2022 年度 ……………………………… 専　　願　(数・英・国)
一般２月　(数・英・国)
※専願国語の大問一は、問題に使用された作品の著作権者が二次使用の許可を出していないため、問題を掲載しておりません。

2021 年度 ……………………………… 専　　願　(数・英・国)
一般２月　(数・英・国)

2020 年度 ……………………………… 専　　願　(数・英・国

2019 年度 ……………………………… 専　　願　(数・

解答用紙データ配信ページへスマホでアクセス！ ⇒ 

※データのダウンロードは 2025 年３月末日まで。
※データへのアクセスには、右記のパスワードの入力が必要となります。 ⇒ 398726

本書の特長

実戦力がつく入試過去問題集

▶ 問題 …………… 実際の入試問題を見やすく再編集。
▶ 解答用紙 …… 実戦対応仕様で収録。
▶ 解答解説 …… 詳しくわかりやすい解説には、難易度の目安がわかる「基本・重要・やや難」の分類マーク付き（下記参照）。各科末尾には合格へと導く「ワンポイントアドバイス」を配置。採点に便利な配点つき。

入試に役立つ分類マーク 

基本 確実な得点源！
受験生の90%以上が正解できるような基礎的、かつ平易な問題。
何度もくり返して学習し、ケアレスミスも防げるようにしておこう。

重要 受験生なら何としても正解したい！
入試では典型的な問題で、長年にわたり、多くの学校でよく出題される問題。
各単元の内容理解を深めるのにも役立てよう。

やや難 これが解ければ合格に近づく！
受験生にとっては、かなり手ごたえのある問題。
合格者の正解率が低い場合もあるので、あきらめずにじっくりと取り組んでみよう。

合格への対策、実力錬成のための内容が充実

▶ 各科目の出題傾向の分析、合否を分けた問題の確認で、入試対策を強化！
▶ その他、学校紹介、過去問の効果的な使い方など、学習意欲を高める要素が満載！

解答用紙ダウンロード 解答用紙はプリントアウトしてご利用いただけます。弊社ＨＰの商品詳細ページよりダウンロードしてください。トビラのＱＲコードからアクセス可。

見やすく読みまちがえにくいユニバーサルデザインフォントを採用しています。

新潟青陵高等学校

▶交通　ＪＲ　白山駅　徒歩12分
　　　ＪＲ　新潟駅　バス10分

〒951-8121　新潟市中央区水道町１丁目5932番地
☎025-266-8131
https://www.seiryo-high.ed.jp

沿　革

1900年、下田歌子女史の帝国婦人協会新潟士会により創設され、裁縫講習所として開校。私立新潟女子工芸学校と改称。1944年、校名を新潟高等実践女学校と改称。1946年、校名を財団法人新潟女子工芸学校と改称。1948年、校名を新潟女子工芸高等学校と改称。1965年、校名を新潟青陵高等学校と改称。新潟青陵女子短期大学開学。1986年、共学化。2000年、新潟青陵大学開学。2010年、高大一貫コース設置。2017年、新潟県経営品質賞「とき賞」受賞。2020年に創立120周年を迎えた。

建学の精神・校訓

「至誠」　常にまごころをもって接する「至誠」を校訓とし、生徒たちが高い志を掲げて、希望する進路に向けての第一歩を踏み出せるよう全教職員が全力で応援する。

指導方針

「生活３原則」

１．あいさつ
２．時間厳守
３．身だしなみ

「学習３原則」

１．生活をただす
２．目標を持つ
３．継続する

教育目標

１．意欲的な学習態度を身につけ、個性豊かな想像力を養う。
２．明るい学校生活をとおして友情と人間愛を養う。
３．自主･自立の精神を養い､勤労意欲を高める。
４．心身ともに健康な人間を育成する。

学習課程

「普通コース」

学業もスポーツも全力で取り組みながら、大学進学を中心としてさまざまな進路の実現を目指す。英語と数学は少人数授業を行い、基礎固めを行う。授業→家庭学習→朝テストのサイクルで基礎学力の定着を図る。また、受験に必要な小論文指導や面接指導も充実している。

「特進コース」

授業時間を十分に確保して、国公立大学や難関私立大学への進学を目指す。３年生から文系・理系・国際系に分かれ、一人ひとりの個性に合った受験校を幅広い視野で見つけていく。スポーツでトップレベルを目指す生徒も学ぶことができる。

〈国際系〉将来英語を生かした仕事や国際社会での活躍を目指す。オンライン英語学習や外国人講師による集中研修も実施。留学希望者を積極的にサポート。英語力を生かして、国内外の大学への進学できる。

「高大一貫コース」

新潟青陵大・短大部とのネットワークを生かした高大連携授業を行い、高校→大学→就職とつながる進路目標を実現。将来、看護、福祉、介護、幼児教育の仕事につくという目標を着実に実現していく。もちろん、国立大学をはじめ、他大学への進学もできる。

進　路

●**主な進学実績**

(国公立)　新潟大、富山大、茨城大、新潟県立看護大、新潟県立大、山形大、北海道教育大、北見工業大、長岡造形大、福井県立大、名桜大、山形県立米沢女子短期大(私立)　新潟薬科大、新潟医療福祉大、新潟国際情報大、新潟工科大、新潟経営大、新潟産業大、明治大、法政大、日本大、青山学院大、東洋大、東京農業大、國學院大、神奈川大、日本女子体育大、東北学院大、京都外国語大　他

部活動

バドミントン部は、インターハイにも出場する強豪である。ボクシング女子の部バンタムも優勝を果たしている。卓球部も新潟県高校総体、北信越高校体育大会出場の常連校である。また、美術部、写真部、吹奏楽部も数々のコンクールやコンテストで受賞経歴をもつ。

●**運動部**

バドミントン、卓球、テニス、バスケットボール、水泳、陸上、ボクシング、硬式野球、弓道、バレーボール、サッカー、ダンス、剣道、体操

●**文化部**

書道、華道、茶道、吹奏楽、バトントワリング、調理、演劇、メディア、サイエンス、文芸、美術、写真、ESS、AIC 同好会

年間行事

６月に行われる体育祭は、全校を５つの連合に分け、競技・応援合戦・衣装・パネルの各部門で競い合う。色とりどりの連合衣装が会場を埋めつくし、ひと月かけて準備した企画がグラウンドではじける大イベントとなっている。

また、青松祭は、ファッションショーや部活動の発表、各クラスの催し物や展示など、全校生徒が「青松祭大賞」を目指してがんばる見どころ満載の２日間である。

４月　オリエンテーション合宿
６月　体育祭
７月　球技大会
８月　勉強合宿、国内英語研修
９月　青松祭
10月　チャレンジウォーク
11月　国際理解講演会
12月　球技大会、修学旅行、国内英語研修
２月　チャレンジスキー

◎2023年度入試状況◎

学　科	推薦・専願	一般1月	一般2月	専願3月
募集数	360			
応募者数	非公表			
受験者数	非公表			
合格者数	非公表			

過去問の効果的な使い方

① **はじめに**　入学試験対策に的を絞った学習をする場合に効果的に活用したいのが「過去問」です。なぜならば，志望校別の出題傾向や出題構成，出題数などを知ることによって学習計画が立てやすくなるからです。入学試験に合格するという目的を達成するためには，各教科ともに「何を」「いつまでに」やるかを決めて計画的に学習することが必要です。目標を定めて効率よく学習を進めるために過去問を大いに活用してください。また，塾に通われていたり，家庭教師のもとで学習されていたりする場合は，それぞれのカリキュラムによって，どの段階で，どのように過去問を活用するのかが異なるので，その先生方の指示にしたがって「過去問」を活用してください。

② **目的**　過去問学習の目的は，言うまでもなく，志望校に合格することです。どのような分野の問題が出題されているか，どのレベルか，出題の数は多めか，といった概要をまず把握し，それを基に学習計画を立ててください。また，近年の出題傾向を把握することによって，入学試験に対する自分なりの感触をつかむこともできます。

過去問に取り組むことで，実際の試験をイメージすることもできます。制限時間内にどの程度までできるか，今の段階でどのくらいの得点を得られるかということも確かめられます。それによって必要な学習量も見えてきますし，過去問に取り組む体験は試験当日の緊張を和らげることにも役立つでしょう。

③ **開始時期**　過去問への取り組みは，全分野の学習に目安のつく時期，つまり，9月以降に始めるのが一般的です。しかし，全体的な傾向をつかみたい場合や，学習進度が早くて，夏前におおよその学習を終えている場合には，7月，8月頃から始めてもかまいません。もちろん，受験間際に模擬テストのつもりでやってみるのもよいでしょう。ただ，どの時期に行うにせよ，取り組むときには，集中的に徹底して取り組むようにしましょう。

④ **活用法**　各年度の入試問題を全問マスターしようと思う必要はありません。できる限り多くの問題にあたって自信をつけることは必要ですが，重要なのは，志望校に合格するためには，どの問題が解けなければいけないのかを知ることです。問題を制限時間内にやってみる。解答で答え合わせをしてみる。間違えたりできなかったりしたところについては，解説をじっくり読んでみる。そうすることによって，本校の入試問題に取り組むことが今の自分にとって適当かどうかが，はっきりします。出題傾向を研究し，合否のポイントとなる重要な部分を見極めて，入学試験に必要な力を効率よく身につけてください。

数学

各都道府県の公立高校の入学試験問題は，中学数学のすべての分野から幅広く出題されます。内容的にも，基本的・典型的なものから思考力・応用力を必要とするものまでバランスよく構成されています。私立・国立高校では，中学数学のすべての分野から出題されることには変わりはありませんが，出題形式，難易度などに差があり，また，年度によっての出題分野の偏りもあります。公立高校を含め，ほとんどの学校で，前半は広い範囲からの基本的な小問群，後半はあるテーマに沿っての数問の小問を集めた大問という形での出題となっています。

まずは，単年度の問題を制限時間内にやってみてください。その後で，解答の答え合わせ，解説での研究に時間をかけて取り組んでください。前半の小問群，後半の大問の一部を合わせて50%以上の正解が得られそうなら多年度のものにも順次挑戦してみるとよいでしょう。

英語

英語の志望校対策としては，まず志望校の出題形式をしっかり把握しておくことが重要です。英語の問題は，大きく分けて，リスニング，発音・アクセント，文法，読解，英作文の5種類に分けられます。リスニング問題の有無(出題されるならば，どのような形式で出題されるか)，発音・アクセント問題の形式，文法問題の形式(語句補充，語句整序，正誤問題など)，英作文の有無(出題されるならば，和文英訳か，条件作文か，自由作文か）など，細かく具体的につかみましょう。読解問題では，物語文，エッセイ，論理的な文章，会話文などのジャンルのほかに，文章の長さも知っておきましょう。また，読解問題でも，文法を問う問題が多いか，内容を問う問題が多く出題されるか，といった傾向をおさえておくことも重要です。志望校で出題される問題の形式に慣れておけば，本番ですんなり問題に対応することができますし，読解問題で出題される文章の内容や量をつかんでおけば，読解問題対策の勉強として，どのような読解問題を多くこなせばよいかの指針になります。

最後に，英語の入試問題では，なんと言っても読解問題でどれだけ得点できるかが最大のポイントとなります。初めて見る長い文章をすらすらと読み解くのはたいへんなことですが，そのような力を身につけるには，リスニングも含めて，総合的に英語に慣れていくことが必要です。「急がば回れ」ということわざの通り，志望校対策を進める一方で，英語という言語の基本的な学習を地道に続けることも忘れないでください。

国語

国語は，出題文の種類，解答形式をまず確認しましょう。論理的な文章と文学的な文章のどちらが中心となっているか，あるいは，どちらも同じ比重で出題されているか，韻文(和歌・短歌・俳句・詩・漢詩)は出題されているか，独立問題として古文の出題はあるか，といった，文章の種類を確認し，学習の方向性を決めましょう。また，解答形式は，記号選択のみか，記述解答はどの程度あるか，記述は書き抜き程度か，要約や説明はあるか，といった点を確認し，記述力重視の傾向にある場合は，文章力に磨きをかけることを意識するとよいでしょう。さらに，知識問題はどの程度出題されているか，語句(ことわざ・慣用句など)，文法，文学史など，特に出題頻度の高い分野はないか，といったことを確認しましょう。出題頻度の高い分野については，集中的に学習することが必要です。読解問題の出題傾向については，脱語補充問題が多い，書き抜きで解答する言い換えの問題が多い，自分の言葉で説明する問題が多い，選択肢がよく練られている，といった傾向を把握したうえで，これらを意識して取り組むと解答力を高めることができます。「漢字」「語句・文法」「文学史」「現代文の読解問題」「古文」「韻文」と，出題ジャンルを分類して取り組むとよいでしょう。毎年出題されているジャンルがあるとわかった場合は，必ず正解できる力をつけられるよう意識して取り組み，得点力を高めましょう。

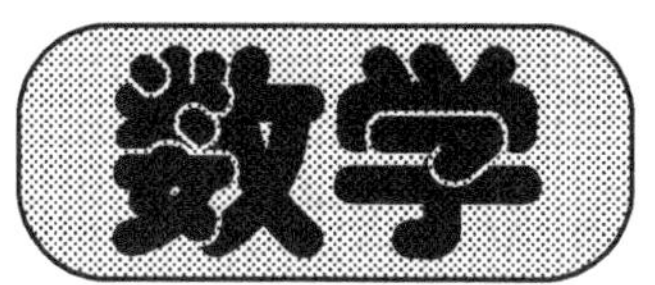

出題傾向の分析と合格への対策

●出題傾向と内容

本年度の出題数は専願が大問8題で小問35題，一般が大問8題で小問32題だった。出題形式，出題数ともほぼ昨年と同じだった。

出題内容は，1が正負の数の計算，2が文字式の計算，3が平方根の計算。4が1次方程式や2次方程式，5が専願では1次関数，一般では2乗に比例する関数，6が確率，7が統計，8が平面図形の問題で平行線と角，相似や三平方の定理，円周角の定理に関する問題だった。教科書の基本レベルの問題を中心に出題されており，特に4までの計算問題は平易。4以降の問題では多くが求め方を記述することが要求されている。

学習のポイント

計算をはじめ，教科書の基本的な問題を確実に解けるようにしておこう。求め方をしっかり書く習慣をつけておきたい。

●2024年度の予想と対策

来年度も量，レベルとも大きく変わることはないだろう。前半は基本的な計算問題。教科書の基本レベルの問題を正確に仕上げる力をつけておくことが重要になる。方程式や1次関数，確率については求め方を記述する欄があるので，日頃から考え方や途中式を書く習慣をつけておく必要がある。最頻値や中央値など統計分野についてもしっかり出題されるので，基本的な用語を覚え，使えるようにしておきたい。図形分野の出題は多くはないが，相似や三平方の定理についても学習はかかせない。

▼年度別出題内容分類表 ……

		出題内容	2021年 専願	2021年 一般	2022年 専願	2022年 一般	2023年 専願	2023年 一般
数と式		数の性質						
		数・式の計算	○	○	○	○	○	○
		因数分解		○		○	○	○
		平方根	○	○	○	○	○	○
方程式・不等式		一次方程式	○	○	○	○	○	○
		二次方程式	○	○	○	○	○	
		不等式						
		方程式・不等式の応用						○
関数		一次関数	○	○		○	○	○
		二乗に比例する関数			○			○
		比例関数						
		関数とグラフ					○	○
		グラフの作成						
図形	平面図形	角度	○	○	○	○	○	○
		合同・相似	○		○	○	○	
		三平方の定理				○		○
		円の性質			○		○	○
	空間図形	合同・相似						
		三平方の定理						
		切断						
	計量	長さ	○		○	○	○	○
		面積						○
		体積	○					
		証明						
		作図						
		動点						
統計		場合の数	○	○	○	○		
		確率	○	○	○	○	○	○
		統計・標本調査	○	○	○	○	○	○
融合問題		図形と関数・グラフ						
		図形と確率						
		関数・グラフと確率						
		その他						
その他								

新潟青陵高等学校

出題傾向の分析と
合格への対策

●出題傾向と内容

本年度は，専願・一般とも出題構成がほぼ同じで，語句補充問題2題，語句整序問題，会話文読解問題，絵を見て状況を説明する英作文問題，長文読解問題の計6題が共通していた。専願は資料読解問題，一般はSNSの読解問題が加わって，ともに大問7題の出題だった。昨年度まで出題されていた発音問題やアクセント問題は出題されなかった。中学校で学習した内容がまんべんなく出題されており，教科書に出てきた単語や文法を身につけていれば十分に対応できる。長文読解問題は文章量も多くなく，取り組みやすい。

試験時間45分に対して問題数が多いので，てきぱきと解き進めることが重要である。

学習のポイント

基礎・基本を大切にし，教科書で学んだ知識を確実に身につけよう。

●2024年度の予想と対策

来年度も本年度と同様の出題内容になると予想される。専願・一般の試験問題は，内容や構成がほぼ同じなので，どちらの志願者も必ず両方の過去問を解いておこう。教科書で学んだ知識が身についているかを問う，素直で基礎的な問題が出題されるので，日々の英語学習を丁寧に行うことが重要だ。単語を覚える時は，意味やつづりだけでなく，発音・アクセントも覚え，同意語や反意語も確認しよう。文法問題対策として基本例文を覚えておくと，語句整序問題や英作文対策にもなる。長文読解問題対策には，入試基礎レベルの問題集で，短めの文章を正確に読む練習をするとよいだろう。また，自分の撮った写真やお気に入りのイラストについて英語で説明する文を書く練習をしよう。

▼年度別出題内容分類表 ……

	出題内容	2021年		2022年		2023年	
		専願	一般	専願	一般	専願	一般
話し方・聞き方	単語の発音	○	○	○	○		
	アクセント	○	○	○	○		
	くぎり・強勢・抑揚						
	聞き取り・書き取り						
語い	単語・熟語・慣用句	○	○	○	○	○	○
	同意語・反意語	○		○			
	同音異義語						
読解	英文和訳(記述・選択)						
	内容吟味	○	○	○	○	○	○
	要旨把握		○				
	語句解釈	○	○				
	語句補充・選択	○	○	○	○		
	段落・文整序	○					
	指示語			○			○
	会話文	○	○	○	○	○	○
文法・作文	和文英訳						
	語句補充・選択	○	○	○	○	○	○
	語句整序	○	○	○	○	○	○
	正誤問題						
	言い換え・書き換え	○					
	英問英答						
	自由・条件英作文	○	○	○	○	○	○
文法事項	間接疑問文						
	進行形	○	○	○	○	○	○
	助動詞				○	○	○
	付加疑問文						
	感嘆文						
	不定詞	○		○	○		○
	分詞・動名詞		○	○	○	○	○
	比較	○	○	○	○	○	○
	受動態	○	○	○	○	○	
	現在完了	○	○	○	○		○
	前置詞	○		○	○	○	○
	接続詞				○		○
	関係代名詞	○	○		○		○

新潟青陵高等学校

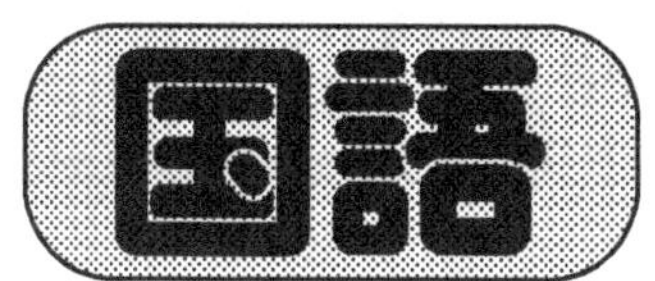

出題傾向の分析と 合格への対策

●出題傾向と内容

本年度も，専願，一般ともに論理的文章の読解問題が2題という大問構成であった。

論理的文章は，論説文が採用されているが，やや難しい内容のものもみられた。いずれも，言い換え表現の問題や，理由を問う問題を中心に，筆者の考えを正確にとらえさせる内容となっている。漢字の読み書きや，語句の意味など，幅広い知識問題が大問に含まれる形で出題されている。日常よく使われる外来語の意味は毎年問われている。

解答は記号選択式と記述式が併用されている。記述式は抜き出しを中心に，60字の作文も出題された。

学習のポイント

問題集に取り組み，文章内容を正確につかむ練習をしよう。語句の意味など言語知識もおさえておきたい。

●2024年度の予想と対策

論説文の二題構成は来年度も続くと思われるが，随筆や小説の出題も予想される。

指示語の問題，脱文・脱語補充，語句の意味は毎年度出題されており，今後も出題が予想される。いずれも，説明の筋道をたどって文脈をとらえさせる出題となっており，書かれていることを正確に読み取ることが求められている。記述問題も同様に文脈をとらえることが基本になる。自分の考えを述べる作文にも慣れておこう。

出題の中心は基本的な文脈把握や内容の読み取りであり，学校でのふだんの学習，家庭学習をしっかり行うことが重要である。

▼年度別出題内容分類表……

出題内容			2021年		2022年		2023年	
			専願	一般	専願	一般	専願	一般
内容の分類	読解	主題・表題						
		大意・要旨	○	○		○	○	○
		情景・心情						
		内容吟味	○	○	○	○	○	○
		文脈把握	○	○	○	○	○	○
		段落・文章構成						
		指示語の問題		○	○	○		
		接続語の問題	○				○	○
		脱文・脱語補充	○	○	○	○	○	○
	漢字・語句	漢字の読み書き	○	○	○	○	○	○
		筆順・画数・部首						
		語句の意味	○	○	○			○
		同義語・対義語						
		熟語	○					
		ことわざ・慣用句			○			
	表現	短文作成						
		作文(自由・課題)						○
		その他						
	文法	文と文節	○					
		品詞・用法						
		仮名遣い						
		敬語・その他						
	古文の口語訳							
	表現技法			○				
	文学史							
問題文の種類	散文	論説文・説明文	○	○	○	○	○	○
		記録文・報告文						
		小説・物語・伝記						
		随筆・紀行・日記						
	韻文	詩						
		和歌(短歌)						
		俳句・川柳						
	古文							
	漢文・漢詩							

新潟青陵高等学校

2023年度 合否の鍵はこの問題だ!!

（専願）

数学　2（3），4（4），7，8

2（3）　負の数を代入するときはかっこを用いて代入する。

4（4）　$ax^2+bx+c=0$の解の公式は，$x=\frac{-b\pm\sqrt{b^2-4ac}}{2a}$である。ここでも負の数を代入するときはかっこを用いること。

7　統計用語は正しく理解しておこう。

8　図形の定理や公式も正しく理解し，使いこなせるようにしておこう。

◎取り組みやすい内容なので，時間配分も考えながら，できるところからミスのないように解いていこう。

英語　6，7 問5

6　絵の状況を説明する英作文問題。本校では例年出題されているので，十分練習しておきたい。英作文問題では，ふつう減点方式で採点されるので，自分のよく知っている単語や構文を用いて，ミスのないようにしよう。特に，冠詞と名詞の単数・複数の関係(数えられる名詞が単数の場合には a を付け，数えられる名詞が複数の場合には a を付けずに名詞を複数形にする)にはよく注意すること。

「～が…にいる」という文を書くことが予想されるので，〈There is ＋単数名詞＋場所〉または〈There are ＋複数名詞＋場所〉の構文を書けるようにしておこう。

7 問5　本文の内容と一致する文を選ぶ問題。

ア（×）　トムのメールの最後から2番目の文参照。トムは8月初めに新潟に行く予定である。　イ（×）　トムのメールの第4文参照。アヤコと一緒に東京観光したとは書かれていない。　ウ（×）　トムのメールの第4，5文参照。トムは東京の名所にたくさん行き，今から日本の別の場所(東京以外の県)に行くつもりだ，とわかる。　エ（○）　トムのメールの最後から2番目の文に一致する。　オ（○）　アヤコのメールの第2段落第3文参照。　カ（○）　アヤコのメールの第2段落最終文参照。Shall we ～?「～しませんか」　キ（×）　アヤコのメールの第1段落第5，6文参照。アヤコの友人は自分で釣った魚を料理する。　ク（○）　アヤコのメールの第3段落最終文参照。〈show ＋人＋ around ＋場所〉「(人)に(場所)を案内する」

国語　二　問四

★ なぜこの問題が合否を分けたのか

本文を精読する力と解答の根拠をとらえる力が問われる設問である。根拠となる部分はどこか，よく考えて解答しよう！

★ こう答えると「合格できない」！

直前に「ため池の管理は」とあるので，「ため池」の説明を探すと，直前に「ため池全体が水草に覆われることを防ぎ，適度に開水面をもつ水草の豊かなため池では，異なる環境を好むトンボが，それぞれに適した生息環境を確保でき，多種類のトンボが共存できます」とある。「生息環境」に着目できるが，「高めるのに役立っていた」という文脈には合わないので正解ではないとわかる。他の部分を探してみよう！

★ これで「合格」！

「ため池」については，直前の段落に「ため池は，水田とは異なる役割でさとやまの生物多様性維持に寄与してきました」とある。この部分を「生物多様性(を高めるのに役立っていた)」と言い換えることができるので，これを根拠に「生物多様性(5字)」を抜き出そう！

ダウンロードコンテンツのご利用方法

※弊社 HP 内の各書籍ページより，解答用紙などのデータダウンロードが可能です。

※巻頭「収録内容」ページの下部 QR コードを読み取ると，書籍ページにアクセスが出来ます。（ **Step 4** からスタート）

Step 1 東京学参 HP（https://www.gakusan.co.jp/）にアクセス

Step 2 下へスクロール『フリーワード検索』に書籍名を入力

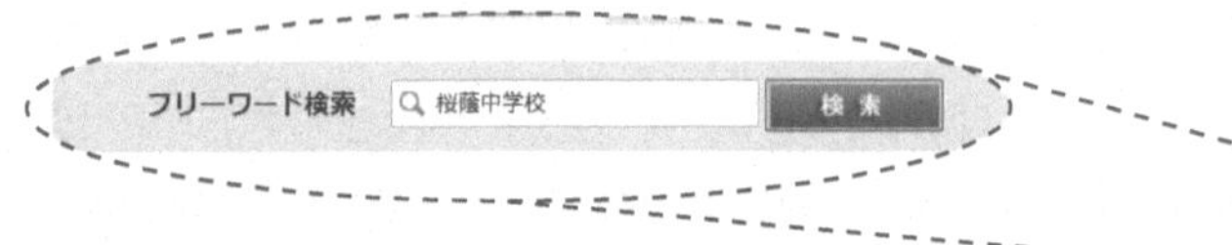

Step 3 検索結果から購入された書籍の表紙画像をクリックし，書籍ページにアクセス

Step 4 書籍ページ内の表紙画像下にある『ダウンロードページ』を

クリックし，ダウンロードページにアクセス

Step 5 巻頭「収録内容」ページの下部に記載されている

パスワードを入力し，『送信』をクリック

書籍を購入したお客様

「ダウンロード」ページを閲覧したい場合は、書籍に記載されているパスワードを入力してください。
「ダウンロード」ページでは、各学校のリスニングデータや書籍に収まりきらなかった問題・解答・解説などがダウンロードできます。

送信

解答用紙・+αデータ配信ページへスマホでアクセス！ ⇒ 

＊データのダウンロードは 2024 年 3 月末日まで。

＊データへのアクセスには、右記のパスワードの入力が必要となります。 ⇒ ●●●●●●

Step 6 使用したいコンテンツをクリック

※ PC ではマウス操作で保存が可能です。

2023年度

★★★★★★★★★★★★★★★★★★★★★★★

入　試　問　題

2023年度

新潟青陵高等学校入試問題(専願)

【数　学】（45分）　＜満点：100点＞

1　次の計算をしなさい。

(1)　$7-11$

(2)　$6\times(-3)+5$

(3)　$4-5.8$

(4)　$-3.4\times(-2.1)$

(5)　$\frac{2}{3}-\frac{7}{4}$

(6)　$-\frac{2}{9}\div(-4)$

2　次の問いに答えなさい。

(1)　$\frac{3x-1}{4}\times20+5$ を計算しなさい。

(2)　$4x-y-2(3x-5y)$ を計算しなさい。

(3)　$x=-3$，$y=2$ のとき，x^2+3xy の値を求めなさい。

(4)　x^2+6x+5　を因数分解しなさい。

3　次の問いに答えなさい。

(1)　$\sqrt{10}\times\sqrt{2}$　を計算しなさい。

(2)　$\sqrt{27}-\sqrt{3}$　を計算しなさい。

(3)　$\frac{3}{2\sqrt{5}}$ の分母を有理化しなさい。

(4)　$x=\sqrt{3}+\sqrt{2}$，$y=\sqrt{3}-\sqrt{2}$ のとき，次の値を求めなさい。

　①　xy

　②　x^2-y^2

4　次の問いに答えなさい。

(1)　方程式 $2x+3=5x-15$ を解きなさい。

(2)　連立方程式 $\begin{cases}2x-y=11 & \cdots① \\ 3x+y=4 & \cdots②\end{cases}$ を解きなさい。

(3)　2次方程式 $2x^2=6$　を解きなさい。

(4)　2次方程式 $x^2+x-1=0$　を解きなさい。

5 太郎さんは自宅から歩いてA店とB店へ行き，買い物をしました。次のグラフは，出発してからの時間 x 分と自宅からの距離 y mの関係を表したものです。このとき，次の問いに答えなさい。ただし，各区間で太郎さんの動く速さは一定であるとし，買い物にかかった時間は考えないものとします。

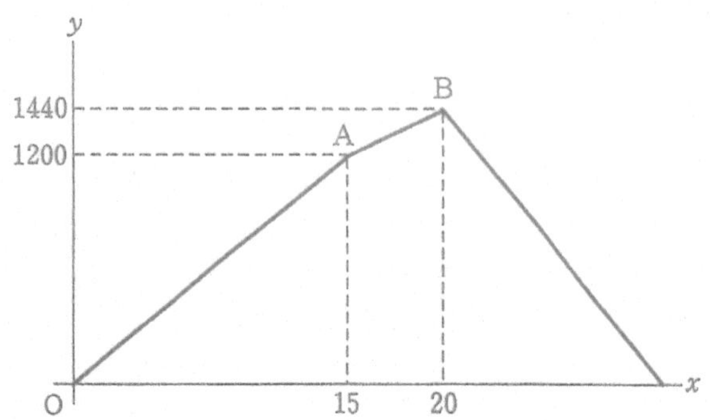

(1) 出発してからA店に到着するまでの速さは分速何mですか。

(2) (1)のとき，y を x の式で表しなさい。

(3) $15 \leqq x \leqq 20$ のとき，y を x の式で表しなさい。

(4) (1)で求めた速さの $\frac{3}{2}$ 倍の速さでB店から自宅まで走って帰りました。このとき，自宅を出発してから帰宅するまで何分かかったか。求めなさい。

6 次の問いに答えなさい。

(1) 1個のさいころを1回投げるとき，出た目の数が5以上である確率を求めなさい。

(2) 1個のさいころを2回投げるとき，出た目の数の和が5以下になる確率を求めなさい。

(3) 1個のさいころを2回投げる。1回目に出た目の数を a，2回目に出た目の数を b とし，得点を $a+2b$ 点とする。このとき，次の問いに答えなさい。

① 得点が3点である確率を求めなさい。

② 得点が9点である確率を求めなさい。

7 次の問いに答えなさい。

(1) 右の表は，あるクラスの生徒6人が1か月間に読んだ本の冊数を調べたものです。平均値と中央値を求めなさい。

生徒	A	B	C	D	E	F
冊数	3	6	2	7	4	2

(2) 右の度数分布表は，あるクラスの生徒20人の1か月間の読書時間を調べたものです。次の問いに答えなさい。

① 表の（ア），（イ）にあてはまる数を答えなさい。

② 最頻値を答えなさい。

③ この度数分布表を用いて平均値を求めなさい。

階級（時間）	階級値（時間）	度数（人）
1以上～3未満	2	4
3 ～5	4	2
5 ～7	6	（イ）
7 ～9	8	7
9 ～11	（ア）	1
11 ～13	12	1
計		20

8 次の問いに答えなさい。

(1) 右の図のように△ABCについて，PQ // BCであり，CRは∠ACBの二等分線です。

AC＝12，AQ＝8，PQ＝10のとき，次の問いに答えなさい。

① 辺BCの長さを求めなさい。

② AR：RBを求めなさい。

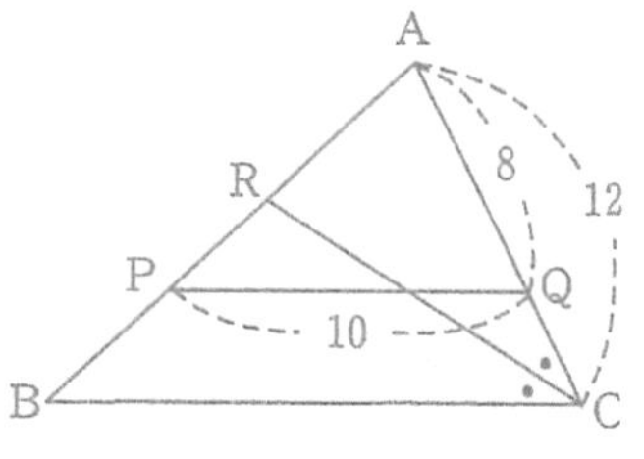

(2) 右の図のように，線分ABを直径とし，点Oを中心とする半円があり，円周上に∠AOC＝32°となるような点Cをとります。点Bを通り，直線OCと平行な直線が半円と交わる点をDとします。このとき，次の角の大きさを求めなさい。

① ∠OBD

② ∠BOD

③ ∠ODA

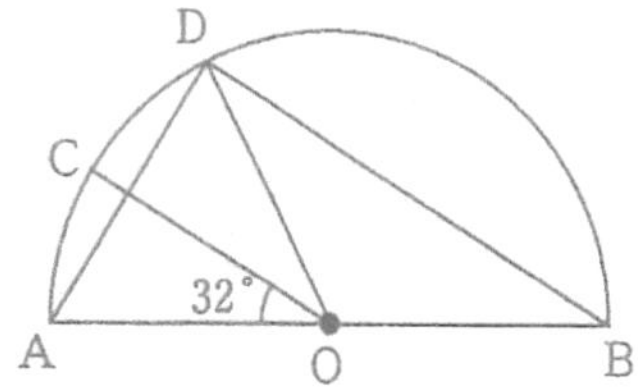

【英　語】（45分）　＜満点：100点＞

1　次の文が正しい英文になるように，ア～エからそれぞれ１つずつ選び，その符号を書きなさい。

(1) Mari（ ア climb　イ climbing　ウ climbed　エ climbs ） Mt. Fuji ten years ago.

(2) They（ ア don't　イ doesn't　ウ aren't　エ isn't ） have any dogs.

(3) Tom and Mike（ ア is　イ are　ウ was　エ were ） running in the park now.

(4) This car（ ア was made　イ make　ウ makes　エ making ） in China.

(5) （ ア When　イ What　ウ Who　エ Where ） are you making for Ken?

(6) She is good（ ア in　イ of　ウ at　エ to ） dancing.

(7) Ken has been playing soccer（ ア since　イ by　ウ until　エ for ） a long time.

(8) He is reading a book（ ア write　イ wrote　ウ written　エ was writing ） by Natsume Soseki.

(9) It is easy（ ア for　イ of　ウ to　エ about ） me to read this book.

(10) My dog runs（ ア fast　イ faster　ウ more fast　エ the fastest ） than yours.

2　次の会話の（　）の中に入る最も適当なものを，ア～エからそれぞれ１つずつ選び，その符号を書きなさい。

(1) A : How (　　) is that tower?
　B : It's about 100 meters.
　ア old　イ much　ウ tall　エ many

(2) A : Do you want another cup of tea?
　B : (　　).　I'm thirsty.
　ア No, thank you　イ Yes, please　ウ Excuse me　エ I don't

(3) A : Welcome to our basketball club.　(　　)?
　B : I'm from China.
　ア When is your birthday　イ Who is the man
　ウ Which is better　エ Where are you from

(4) A : Excuse me, can I walk to the City Hall from here?
　B : (　　).　It's very far.
　ア Yes, you should buy the ticket　イ No, you should take a bus
　ウ No, you must exercise　エ Yes, here it is

(5) A : Do you want to play tennis?
　B : (　　).
　ア See you tomorrow　イ Sure.　Let's go
　ウ Yes, it's very delicious　エ Yes, I'm full

3 次の日本文に合うように，（　）内の語句をそれぞれ正しい順序に並べ替えて，英文を完成させなさい。

(1) あなたはどんな音楽がいちばん好きですか。
What kind of (like / music / do / you) the best?

(2) 郵便局への道を教えていただけますか。
Could you (to / the way / tell / me) the post office?

(3) 私は，今週末に部屋を掃除するつもりです。
I (clean / will / this / my room) weekend.

(4) 私の妹はあなたの弟と同じ年齢です。
My sister (as / is / as / young) your brother.

(5) 私は朝早く起きられません。
I can't (early / up / in / get) the morning.

4 次の Diving Tour （ダイビングツアー）のポスターについて，あとの問いに答えなさい。

10th, May, 2023

*Diving Tour

Why don't you join us?

The Marine Park Diving Club is going to have a diving tour from August 7th to 12th.

You have to take lessons before the tour on August 2nd and 3rd.

If you think, "Can I dive?", don't worry.　Our diving teachers will help you!

If you say, "I cannot swim", don't worry.　It is not a problem for diving.

Let's enjoy diving with beautiful sea animals!

Ticket Prices

$600	If you don't have any goods for diving, you can use our goods: A *wetsuit, swimming glasses, a *snorkel, and *fins.
$300	If you have all the goods for diving.

< If you buy a ticket by the end of June, you will get a 50% *discount on your ticket. >

< Only 20 people can join our tour.　We will stop when we get 20 people. >

If you're interested or have any questions, call the Marine Park Diving Club at ☎ 1-800-×××-OOOO.

We are open every day from 9 a.m. to 5 p.m.

注） diving　潜水，ダイビング　　wetsuit　潜水服　　snorkel　シュノーケル　　fin　足ひれ
discount　割引

問１　ＡさんとＢさんが次の条件で申し込みをする場合，それぞれ支払う金額を書きなさい。

Ａさん		
申し込み人数	申込日	用具のレンタル
１人	６月２０日	なし

Ｂさん		
申し込み人数	申込日	用具のレンタル
１人	７月１日	あり

問２　本文の内容と合うものには○を，合わないものには×を書きなさい。ただし，すべて○，あるいはすべて×の解答には得点を与えない。

(1) You can join the four-day diving tour.
(2) You must take the lessons before the diving tour.
(3) You need to practice swimming.
(4) You must buy a wetsuit.
(5) Only twenty people can buy a ticket.
(6) You can ask the Diving Club questions any time.

5　次の会話文を読んで，(1)～(5)にあてはまるものをあとの**ア**～**キ**からそれぞれ１つずつ選び，その符号を書きなさい。

Patty: Hi, Naomi!
Naomi: Hello, Patty. The Spring Holidays are coming soon. ＿＿(1)＿＿?
Patty: Yes. I'm going to visit Kyoto with my sisters, Emi and Lucy, for three days.
Naomi: That's nice. But I don't want a long Spring Holiday.
Patty: Why? Why do you say that?
Naomi: My parents are going to visit their friends in Italy. And I have to stay at home with my grandmother for a week.
Patty: Oh, come on, Naomi. ＿＿(2)＿＿.
Naomi: I'm OK, but I hope I can do something special and have some fun.
Patty: Hey, ＿＿(3)＿＿.
Naomi: What's that?
Patty: If you can't go out, I can visit you. ＿＿(4)＿＿ a *BBQ party at your house after we come back from Kyoto? Emi and Lucy will probably want to come.
Naomi: That sounds great. I'll ask my parents about it. They can't say no because they'll have fun in Italy. Thanks, Patty. ＿＿(5)＿＿.
Patty: Good luck, Naomi!

注） BBQ　バーベキュー

ア	I have an idea	イ	Do you have any plans for the holidays
ウ	Good evening	エ	Let's eat dinner at a restaurant together
オ	See you tomorrow	カ	Don't be so sad
キ	How about		

6 次の（1）～（3）のイラストについて，動物たちがそれぞれどこにいるかや，何をしているかを英語による一文で説明しなさい。ただし一文には3語以上の単語を使いなさい。

（1）

（2）

（3）

7 次の英文は，昨年 Tom と Ayako の間で交わされたメールです。これを読んであとの問いに答えなさい。

From:Tom Thunders
To:Ayako Sato
Date:June 16th, 2022
Subject:My visit to Niigata

Dear Ayako

I'm sending you this e-mail about my trip to Niigata. As you know, I came to Japan to study Japanese culture. In these two years, I have learned about Japanese culture and Japanese language at university in Tokyo. And, I went to many places in Tokyo for sightseeing, for example, Tokyo Skytree, Ueno Zoo, and Harajuku. Now, I will visit many other places in Japan. My friend said to me, "Niigata is the best place to go. People there can swim every day because their houses are very close to the beach." I want to swim in *the Japan Sea during the summer vacation! You are in Niigata City, right? What do you enjoy in Niigata in summer? Please teach me the best things to do in Niigata. After three weeks, my summer vacation will start. I am going to stay in Niigata for three days from the beginning of August. I am looking forward to seeing you soon!

Your friend,
Tom Thunders

From:Ayako Sato
To:Tom Thunders
Date:June 17th, 2022
Subject:RE:My visit to Niigata

Dear Tom

Thank you for your e-mail. Yes, I live in Niigata City and near the Japan Sea. So, I swim in the sea every summer with my family and friends. The water is clean and you can see fish swimming. One of my friends likes to catch fish there. And, he cooks the fish he catches! You should enjoy the sea.

Every summer, I usually go to summer festivals. My favorite is Nagaoka HANABI Festival. This festival is on August 2nd and 3rd. It is one of the most famous summer festivals in Japan. In the festival, you can see about 20,000 HANABI, and more than 1,000,000 people go there. I felt sad because we could not see them for two years. But we will have the festival this summer!! I have already bought the seats for August 2nd. So, shall we see the HANABI together?

Yes, in Niigata, you can enjoy eating many delicious foods. A lot of fruits! Sushi! Edamame! Let's have these together when you are in Niigata. I will show you around Niigata.

Before you come to Niigata, please check the Internet about the "NIIGATA CITY AQUARIUM"!! I have been there many times, and I can still enjoy watching beautiful fish and animals there. You can also buy cute *souvenirs there. This is the best place to visit. See you this summer!!

Your friend,
Ayako

注） the Japan Sea 日本海　souvenirs おみやげ

問1 次の**ア**～**ウ**について，それぞれ日本語で説明しなさい。

ア Tomは何年間日本にいるか

イ Tomが学んでいること（２つ）

ウ Ayakoが住んでいる都市

問2 Tomの夏休みは何月から始まるか。英語で答えなさい。

問3 Tomが新潟へ旅行する際にしたいと思っていることを述べている一文を，Tomのメールから英語のまま抜き出しなさい。

問4 AyakoがTomに一番おすすめしたい場所はどこか。日本語で答えなさい。

問5 上の２つのメールの内容に合っているものを，あとの**ア**～**ク**から４つ選び，その符号を書きなさい。

ア Tomは３週間後に新潟に行く予定である。

イ TomはAyakoと東京の観光名所を巡った。

ウ　Tom は日本の様々な都道府県を訪れている。
エ　Tom の新潟での滞在期間は 3 日間の予定である。
オ　長岡花火は 2 日間おこなわれる。
カ　Tom は長岡花火に誘われている。
キ　Ayako の友人は，魚は釣るが料理はしない。
ク　Ayako は Tom を案内するつもりだ。

問三　——線部①とありますが、ここで述べられている「衰退の主要な原因」として適当なものを、次の(ア)～(カ)から三つ選び、符号で答えなさい。

(ア)　無酸素状態　　(イ)　水質悪化　　(ウ)　圃場整備
(エ)　耕作放棄　　(オ)　ツボカビによる病気　　(カ)　乾田化

問四　Ⅰ　に入ることばを、文章中から五字以内で抜き出して、書きなさい。

問五　——線部②とありますが、それは具体的に何ですか。文章中から抜き出して、書きなさい。

問六　——線部③とありますが、「侵略的」とはどのような意味ですか。当てはまる部分を文章中から二十五字で抜き出して、書きなさい。

問七　Ⅱ　に入ることばを、次の(ア)～(エ)から一つ選び、符号で答えなさい。

(ア)　生の池　　(イ)　死の池
(ウ)　自然の池　　(エ)　人工の池

問八　——線部④とありますが、その他の二つの要因を、それぞれ文章中から抜き出して、書きなさい。

かし、現在では、在来の水草の大半の種が、絶滅を危惧（きぐ）しなければならないほど衰退しています。そのなかには、かつてごく普通にみられたミズアオイなどの水田雑草も含まれています。淡水魚や両生類、水生昆虫や水草などに絶滅危惧種が多いのは、水田を中心とするさとやまの水域にそれだけ大きな変化が起こったからです。

ため池は、水田とは異なる役割でさとやまの生物多様性維持に寄与してきました。水田の中干しの時期に水をたたえたため池があれば、水がなければ生きられない水生昆虫も、そこに避難をすることが可能です。一方のため池も、管理のために定期的に干しあげられます(池干し)。ため池と水田とは、自然の(注5)氾濫原に存在する一時的な水域や永続的な水域のかわりとしての役割を、補完し合っていたのです。

池干しという伝統的な管理をすることで、ため池全体が水草に覆われることを防ぎ、適度に開水面を確保することができます。ほどよい開水面をもつ水草の豊かなため池では、異なる環境を好むトンボが、それぞれに適した生息環境を確保でき、多種類のトンボが共存できます。伝統的なため池の管理は、［Ⅰ］を高めるのに役立っていたといえそうです。

しかし、効率化心がⓓジュウシされる現代では、②伝統的な管理は廃（すた）れ、手間を省くためにコンクリートで護岸（ごがん）されたりします。こうしたため池の管理の放棄や消失が、水辺の生きものを窮地（きゅうち）においやった第二の要因です。

さらに、水草を除去する目的でソウギョが放たれることもあります。ソウギョは中国産の外来種(本来の分布範囲の外へ移動させられた生物)です。しかもソウギョは、生態系に大きな影響を及ぼす③侵略的外来種（しんりゃくてきがいらいしゅ）、すなわち生態系や生物多様性、人間活動などに悪影響をもたらす外来種です。

大きな体で植物を大量に食べるソウギョは、ため池における水草の除去には大きな効果を発揮します。しかしソウギョが放たれたため池では、沿岸帯の(注6)抽水植物まですっかり食べ尽くされて、水生植物がまったくみられなくなってしまいます。大食漢（たいしょくかん）のソウギョの糞（ふん）が池の底に大量にたまれば、その分解に大量の酸素がⓔショウヒされ、池の底は無酸素状態となり底生生物も水生昆虫も棲（す）めない［Ⅱ］に化してしまうこともあります。④このような外来種の増加が、水辺の生きものを脅かす第三の要因です。

（鷲谷　いづみ「さとやま　生物多様性と生態系模様」による）

(注1)　パイプライン＝流体を長距離にわたって輸送するための管路。
(注2)　三面張り＝川の両端、川の底がコンクリートで固められた状態。
(注3)　植生＝ある場所に生育している植物の集団。
(注4)　さとやま＝人里近くにある、生活に結びついた山や森林。
(注5)　氾濫原（はんらんげん）＝河川の流水が洪水時に氾濫する範囲にある低地部分。
(注6)　抽水植物＝比較的浅い水中に生え、根は水底の土壌中にあり、葉や茎が水面から出ている植物。

問一　══線部ⓐ～ⓔのカタカナを、漢字に直して答えなさい。

問二　［A］、［B］に入ることばの組合せとして適当なものを、次の(ア)～(エ)から一つ選び、符号で答えなさい。

(ア)　A：日本では　―　B：外国では
(イ)　A：一般には　―　B：例外としては
(ウ)　A：かつては　―　B：今では
(エ)　A：想像の上では　―　B：現実には

文章中から十五字以内で抜き出して、書きなさい。

問七　――線部④が指すものを、文章中から抜き出して、書きなさい。

問八　――線部⑤の説明として、最も適当なものを、次の（ア）～（エ）から一つ選び、符号で答えなさい。

（ア）ある自動車をつくっている部品がすべて、昨日と今日とで数的に同じ部品であれば、それは同じ車であると言えることと同様、すべての細胞が変化なく同じであれば、それは同じ人物であるといえる。

（イ）始めの時点の自動車と終わりの時点の自動車を比べると、部品交換をしても自動車が動くのであれば、生きている人間も同様に数的な同一性は保たれており、このことから、自動車の部品と人間の細胞は、そもそも何ら変わりがない。

（ウ）私たちの常識に当てはめれば、たとえ人間の細胞であっても、自動車の部品であっても、質的同一性と数的同一性に関しては、区別する必要はない。

（エ）人間の細胞が徐々に入れ替わっていくとしても、身体の大部分の細胞が共有されている限りは、その入れ替わりの始めから終わりまで、全体としての人物の数的な同一性が保たれている。

問九　［Ⅰ］、［Ⅱ］に入ることばを、次の（ア）～（エ）からそれぞれ一つずつ選び、符号で答えなさい。

［Ⅰ］…（ア）細胞分裂　（イ）種類選択　（ウ）新陳代謝　（エ）部品交換

［Ⅱ］…（ア）数的同一性　（イ）細胞的連続性　（ウ）部分的連続性　（エ）質的同一性

二　次の文章を読んで、後の問いに答えなさい。

湿地にⓐイゾンする生物たちの生息を脅かしているものは、第一に、開発や農地整備や水田の耕作放棄です。水田そのものを消失させてしまう土地開発がおこなわれたり、大型機械を入れて効率よくⓑサギョウをするために水田が乾田化されたり、用水路がパイプライン化され[注1]排水路がコンクリートで三面張りにされたり[注2]して、生息の条件が失われ、あるいは移動が妨げられ、かつて水田や水路で生活していた生きものの暮らしが次第に成りたたなくなりつつあります。水田耕作の放棄によって植生が[注3]変化することが、水辺の生きものの消失の原因になることもあります。

ニホンアカガエルなど、田植え前の水田に産卵するカエルは、乾田化や耕作放棄の影響を強く受けたと考えられています。産卵の時期に水田に水がなくなってしまい、産卵ができないのです。東日本ではトウキョウダルマガエル、西日本ではダルマガエルやトノサマガエルも、圃場整備(ほじょう)(効率のよい農業をおこなうための農地の整備)や水田の消失の影響で激減したと考えられています。両生類の急速な衰退は地球規模で認識されていて、その原因には地球ⓒオンダン化や水質悪化、開発やツボカビによる病気などが考えられていますが、①日本のカエルの場合は、水田とその周辺の環境の劇変が、その衰退の主要な原因であるといえそうです。

日本では、ゲンゴロウ類など多くの水生昆虫が、水田とため池を生活の場所として利用しながらさとやま[注4]で暮らしてきましたが、カエルやトンボなどと同様、水田環境の変化の犠牲となり多くの地域で激減しました。［A］普通にみられた大型のゲンゴロウ類は、［B］ごく限られた地域でしかみられない、めずらしい昆虫になってしまいました。

湿地としてのはたらきをもつ水田は、かつては水草の宝庫でした。し

わったのでしょうか。部品を一部分だけ交換する前後の連続する二つの時点で考えると、連続するどの二つの時点の間を見ても、大半の部品を一気に交換するというようなできごとは生じていません。したがって、連続するどの二つの時点の間でも、自動車の数的同一性が失われると思われるようなことは生じていません。それなのに、②部品の交換を始めた時点と交換を終えた時点を比べてみると、自動車の数的同一性は保持されていないように思われるのです。どう考えたらよいのでしょうか。

③このような自動車の部品交換は実際には誰もやらないでしょう。しかし、それと似たようなことが私たちの身体では実際に生じているのです。というのも、人間の身体は新陳代謝の過ⓒ程を通して、④それを構成している細胞を常にすこしずつ入れ替えて、数年のうちにすべてを入れ替えているからです（正確に言うと、脳の細胞ではこのような入れ替わりは生じないそうですが、ここでは、議論の都ⓓ合上その点を脇に置いておきます）。それでは、その数年間の始めの時点と終わりの時点とを比べたとき、私たちは数的に異なる人物へと置き換わってしまっているのでしょうか。自動車の場合に比べると、人物の場合の方が、数的に異なる人物になってしまうとは考えにくいですよね。しかし、どう考えたら、数的に異なる人物にはならないと言えるのでしょうか。

一つの考え方は、部分である細胞が徐々に入れ替わっていくとしても、連続するどの二つの時点の間を見ても身体の大部分の細胞が共有されている限りは、その入れ替わりの過程の始めから終わりまで全体としての人物の数的な同一性は保たれているというものです。このように、連続するどの二つの時点の間でも身体の大部分が共有されているということを「身体的連続性」と呼ぶことにしましょう。

つまり、この考え方は、⑤身体的連続性こそが人物の通時的な同一性の条件（時間を通してある人物であり続けることの本質）だと考える立場だということです。それゆえ、この立場のことを、人物の同一性についての「身体的連続性説」と呼ぶことにしましょう。身体的連続性説は、私たちの常識にも合ⓔ致しているので、少なくとも一見する限りでは尤（もっと）もな考え方であるように思われます。また、自動車のような事物の通時的同一性の条件に当てはめることもできると考える人も少なからずいるかもしれません。つまり、自動車の［Ⅰ］が一部分ずつ徐々に行われ、連続するどの二つの時点の間を見ても大部分の部品が共有されている限りは、全体としての自動車の［Ⅱ］は保たれているということです。

（金杉　武司「哲学するってどんなこと？」による）

問一　═══線部ⓐ～ⓔの漢字の読みを、ひらがなで答えなさい。

問二　［A］～［C］に入ることばを、次の（ア）～（オ）からそれぞれ一つずつ選び、符号で答えなさい。

（ア）なぜなら　（イ）しかし　（ウ）つまり　（エ）そして　（オ）もちろん

問三　──線部①とありますが、その二つを、「～自動車だ」に続くように、文章中から五字で抜き出して、それぞれ書きなさい。

問四　［　］に入ることばを、次の（ア）～（オ）から一つ選び、符号で答えなさい。

（ア）意見　（イ）時間　（ウ）次元　（エ）感情

問五　──線部②とありますが、それはなぜですか。その理由を、文章中のことばを用いて、三十五字以内で説明しなさい。

問六　──線部③とありますが、それはどのような「部品交換」ですか。

【国　語】（四五分）〈満点：一〇〇点〉

【注意】解答は、すべて解答用紙に書きなさい。字数指定のある問題では、句読点や「」などの記号も、それぞれ一字として数えます。

一　次の文章を読んで、後の問いに答えなさい。

「この自動車は、きのう大学で見かけた自動車と同じ自動車だ」という発言にはⓐ曖昧なところがあります。それはそこで使われている「同じ」という語が少なくとも①二とおりの意味をもっているからです。一つは、同じ種類のという意味での「同じ」です。つまり先の発言が、この自動車はきのう大学で見かけた自動車と同じ種類の自動車だということを意味する場合です。それに対して、この自動車はきのう大学で見かけた自動車とたんに同じ種類の自動車だというだけでなく、その自動車と同じ一個の自動車だということを意味して、「同じ」と言う場合もあります。前者の意味で「同じ」であることを「質的同一性」と呼びます。あるものと別のものが同じ種類であるとは、それらが同じ性質をもっているということだ、というわけです。他方、後者の意味で「同じ」であることを「数的同一性」と呼びます。AとBが異なる二個のものではなく同じ一個のものとして数えられるということを指して「数的に同じ」を表現するというわけです。

数的同一性の意味で「この自動車は、きのう大学で見かけた自動車と同じ自動車だ」と言う場合、この「同じ」にはさらに、それが異なる［　］を通して同じ一個のものであり続けているという意味も含まれています。それゆえ、この意味で「同じ」であることを、「通時的同一性」と言います。「現在のAさんは、一〇年前のAさんと同一の人物である」と言うときの「同一」もこれと同様に、人物の通時的同一性を意味します。

（中略）

ところで、「この自動車は、きのう大学で見かけた自動車と質的に同じであるだけでなく数的に同じ自動車だ」となぜ言えるのでしょうか。一つには、この自動車をつくっている部品はすべて、きのう大学で見かけた自動車をつくっている部品と数的に同じ部品だと言えるからでしょう。［A］、一部の部品がⓑ故障してしまったときには、それを数的に異なる新しい部品に交換することもあります。そしてその交換が部分的なものに留(とど)まるならば、その自動車が数的に異なる別の自動車になってしまうなどと考えられることはないでしょう。［B］、その自動車の通時的同一性がその間に失われることはないということです。［C］、その部品交換が一部に留まらず、一気にほとんどの部品が交換されたとしたらどうでしょうか。その答えは微妙なところかもしれませんが、「それはもはや元の自動車と数的に同じ自動車ではない」というのも十分に考えられる一つの答えでしょう。

それでは、その自動車の部品を一部分ずつ徐々に交換していくとしたらどうでしょうか。一部分ずつ交換していくので、交換の前後で自動車の大部分の部品が一気に交換されるということはどの時点にも生じていません。しかし、部品の交換を始めた時点と交換がすべて終わった時点を比べてみると、自動車の部品はすべて元の部品とは数的に別のものになっています。したがって、始めの時点の自動車と終わりの時点の自動車を比べると、それらは数的に異なる自動車であると言わねばならないように思われます。しかし、どの時点で数的に異なる自動車に置き換

2023年度

新潟青陵高等学校入試問題（一般２月）

【数　学】（45分）　＜満点：100点＞

1　次の計算をしなさい。

(1)　$-5-4$

(2)　-4^2

(3)　$-2.3+4.5$

(4)　-3.2×5

(5)　$\frac{1}{3}-\frac{1}{2}$

(6)　$-6\times\frac{2}{15}$

2　次の問いに答えなさい。

(1)　$x=-5$，$y=8$のとき，$-x+\frac{3}{4}y$の値を求めなさい。

(2)　$9x-2(4x-1)$ を計算しなさい。

(3)　$(x+5)(x-3)$ を展開しなさい。

(4)　x^2-x-6 を因数分解しなさい。

3　次の問いに答えなさい。

(1)　$4\sqrt{5}\times 3\sqrt{2}$ を計算しなさい。

(2)　$5\sqrt{3}+\sqrt{3}$ を計算しなさい。

(3)　$\frac{\sqrt{2}}{\sqrt{7}}$ の分母を有理化しなさい。

(4)　$(\sqrt{5}+1)(\sqrt{5}-1)$ を計算しなさい。

4　次の問いに答えなさい。

(1)　方程式 $(5x+1)=3x-1$ を解きなさい。

(2)　生徒40人にワークブックＡとワークブックＢの２種類を販売しました。全員がどちらか１冊は必ず購入し，両方を購入した生徒もいました。ワークブック１冊の値段は，消費税を含めてそれぞれＡが200円，Ｂが240円であり，売り上げの合計金額は，ＡとＢを合わせて12160円でした。また，Ａの販売冊数をx，Ｂの販売冊数をyとするとき，$x:y=4:3$でした。

このとき，次の問いに答えなさい。

①　ワークブックＡの売り上げ金額をxで表しなさい。

②　ワークブックＡとワークブックＢの販売冊数を，それぞれ求めなさい。

5　次の問いに答えなさい。

(1)　一次関数 $y=-2x+5$ について，x の変域が $-1 \leqq x \leqq 3$ であるとき，y の変域を求めなさい。

(2)　下の図のように，関数 $y=ax^2$ のグラフ上に点P（２，－４）があります。このとき，次の問いに答えなさい。

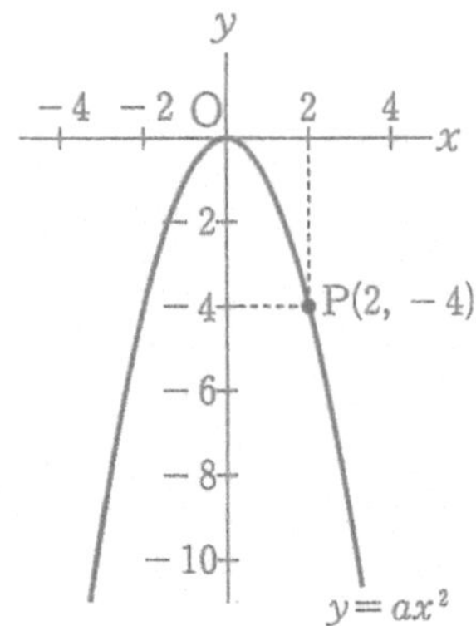

①　a の値を求めなさい。

②　$y=ax^2$ のグラフ上の点で x 座標が -1 である点をQとするとき，点Qの y 座標を求めなさい。

③　２点P，Qを通る直線の式を求めなさい。

6　次の問いに答えなさい。

(1)　大きさの同じ赤玉３個，黄玉４個，青玉５個が入っている箱から玉を１個取り出すとき，赤玉を取り出す確率を求めなさい。

(2)　次の５枚のカードが入っている箱があります。

この箱からよくかきまぜて，カードを１枚ずつ続けて合計２枚取り出すとき，次の確率を求めなさい。ただし，１枚目に取り出したカードはもとに戻さないものとします。

①　１枚目に１，２枚目に２が書かれたカードを取り出す確率。

②　取り出したカードに書かれた数の和が６である確率。

③　取り出したカードに書かれた数が２枚とも偶数である確率。

7　次の問いに答えなさい。

(1)　下の表は，生徒８人の10点満点の小テストの結果です。平均値が6.5(点）のとき，次の問いに答えなさい。

生徒	A	B	C	D	E	F	G	H
得点	3	x	7	y	10	6	2	8

①　Ｂさんの得点を x，Ｄさんの得点を y とするとき，$x+y$ の値を求めなさい。

②　最頻値が７(点) のとき，x，y の値を求めなさい。
　　ただし，x，y は $x \leqq y$ をみたす整数とします。

(2)　下の表は，生徒８人の10点満点の小テストの結果です。第１四分位数と第３四分位数を求めなさい。

生徒	A	B	C	D	E	F	G	H
得点	8	3	9	6	5	7	8	4

8　次の問いに答えなさい。

(1)　下の図のように，点Oを中心とする円があります。

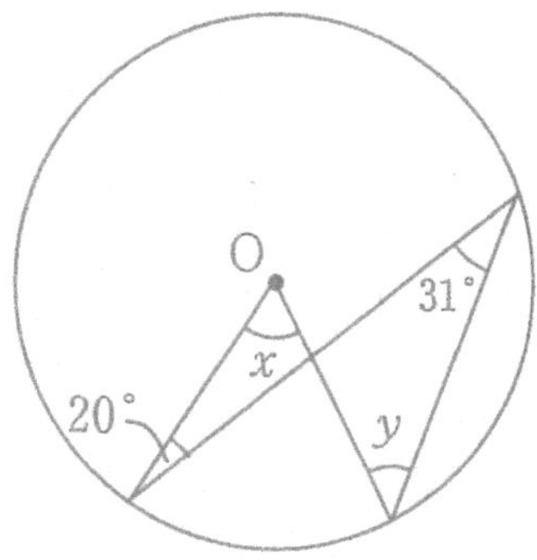

①　$\angle x$ の大きさを求めなさい。

②　$\angle y$ の大きさを求めなさい。

(2)　下の図のように，AB＝AC＝９㎝，BC＝６㎝の二等辺三角形ABCがあり，点Aから辺BCに垂線を引き，辺BCとの交点をHとします。

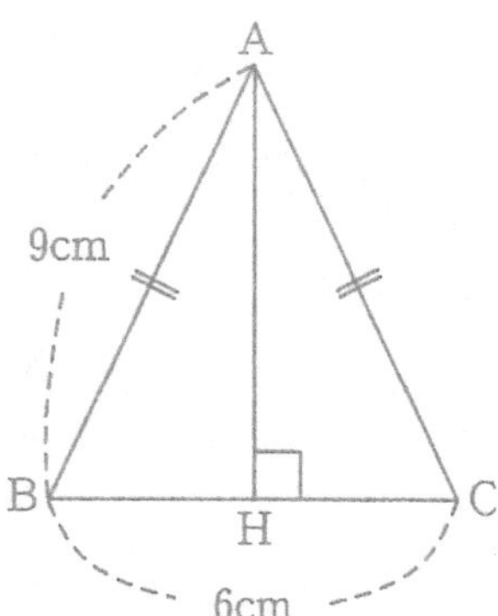

①　線分AHの長さを求めなさい。

②　三角形ABCの面積を求めなさい。

【英　語】（45分）　＜満点：100点＞

1　次の文が正しい英文になるように，ア～エからそれぞれ１つずつ選び，その符号を書きなさい。

(1) There（ア is　イ are　ウ was　エ were）six books in my bag now.
(2) My car is old, but（ア I　イ he　ウ Tom　エ his）car is new.
(3) Ken speaks English（ア good　イ well　ウ better　エ best）than me.
(4)（ア Wasn't　イ Don't　ウ Haven't　エ No）be shy. You can do it!
(5) I（ア can　イ could　ウ have to　エ will）be 16 years old next month.
(6) Have you ever（ア done　イ been　ウ had　エ visited）to Okinawa?
(7) I ate（ア a　イ an　ウ many　エ much）apple for lunch.
(8) Do you have something（ア drink　イ to drink　ウ drinking　エ drunk）?
(9) Many people climb Mt. Fuji（ア from　イ between　ウ in　エ too）July to September.
(10)（ア Take　イ Took　ウ Taking　エ Taken）care of cats is fun.
(11) The hotel（ア that　イ who　ウ whose　エ where）stands by the river is old.
(12)（ア How　イ What　ウ Why　エ That）cute this cat is!
(13) He is happy（ア get　イ to get　ウ getting　エ gotten）a new bike.
(14) Hurry up,（ア and　イ or　ウ but　エ so）you'll be late.
(15) Mr. Suzuki（ア gives　イ gets　ウ receives　エ teaches）us English this year.

2　次の各文の（　）に入る最も適当なものを，ア～エからそれぞれ１つずつ選び，その符号を書きなさい。

(1) My family went to the（　）last Sunday. We enjoyed seeing many animals.
　ア station　イ zoo　ウ library　エ hospital

(2) A：Ken, this is my sister, Cathy.
　B：Hi, Cathy.（　）to meet you.
　ア Light　イ Kind　ウ Nice　エ New

(3) A：It has already been three years since Tom came to Japan.
　B：Yes. The years go by so（　）.
　ア easily　イ around　ウ down　エ quickly

(4) The town is famous（　）its beautiful parks.
　ア of　イ at　ウ for　エ to

(5) Ken was reading comic books（　）Emily called him.
　ア if　イ because　ウ that　エ when

3　次の日本文に合うように，（　）内の語句をそれぞれ正しい順序に並べ替えて，英文を完成させなさい。ただし，文頭にくる文字も小文字で表してある。

(1)　私は彼に花を買うように頼みました。
　I asked (buy / him / flowers / to).

(2)　あなたは彼をどこで見ましたか。
　(did / where / see / you) him?

(3)　彼らはその犬をポチと名づけました。
　(named / they / Pochi / the dog).

(4)　窓を開けましょうか。
　(I / the window / open / shall)?

(5)　私の母と話している女の子はケイトです。
　The girl (with / my mother / is / talking) Kate.

4　次の会話文を読んで，あとの問いに答えなさい。

Ken　: Where are you from, Linda?
Linda : I'm from the United States.
Ken　: Do you speak Japanese?
Linda : A little.
Ken　: How long have you been in Niigata?
Linda : 2 years.
Ken　: Did you go to many places?
Linda : Yes, I did.
Ken　: Where did you go yesterday?
Linda : I went to Yahiko.
Ken　: Did you have a good time?
Linda : Yes.
Ken　: What did you do there?
Linda : I climbed the mountain, but I am very tired.
Ken　: Did you eat some food at Yahiko?
Linda : Yes.　I ate Japanese soba.　It was very delicious.
Ken　: I'm happy you had a good time last Sunday.
Linda : I hope I can go there again.

問　Lindaの会話について，次の(1)～(5)の英文にまとめるとき，（　）に入る適語を答えなさい。

(1)　She came (　　　　) the United States.
(2)　She (　　　　) Japanese a little.
(3)　She (　　　　) been in Niigata (　　　　) 2 years.
(4)　She is very (　　　　) because she (　　　　) Mt. Yahiko.
(5)　She had a (　　　　)(　　　　) yesterday.

5 次の（1）～（3）のイラストについて，動物たちがそれぞれどこにいるかや，何をしているかを英語による一文で説明しなさい。ただし一文には３語以上の単語を使いなさい。

（1）　　（2）　　（3）

イラスト非公表

6 今日，John と Sakura が一緒に昼食をとることになっており，John と Sakura はメールでやりとりをしています。あとの問いに答えなさい。

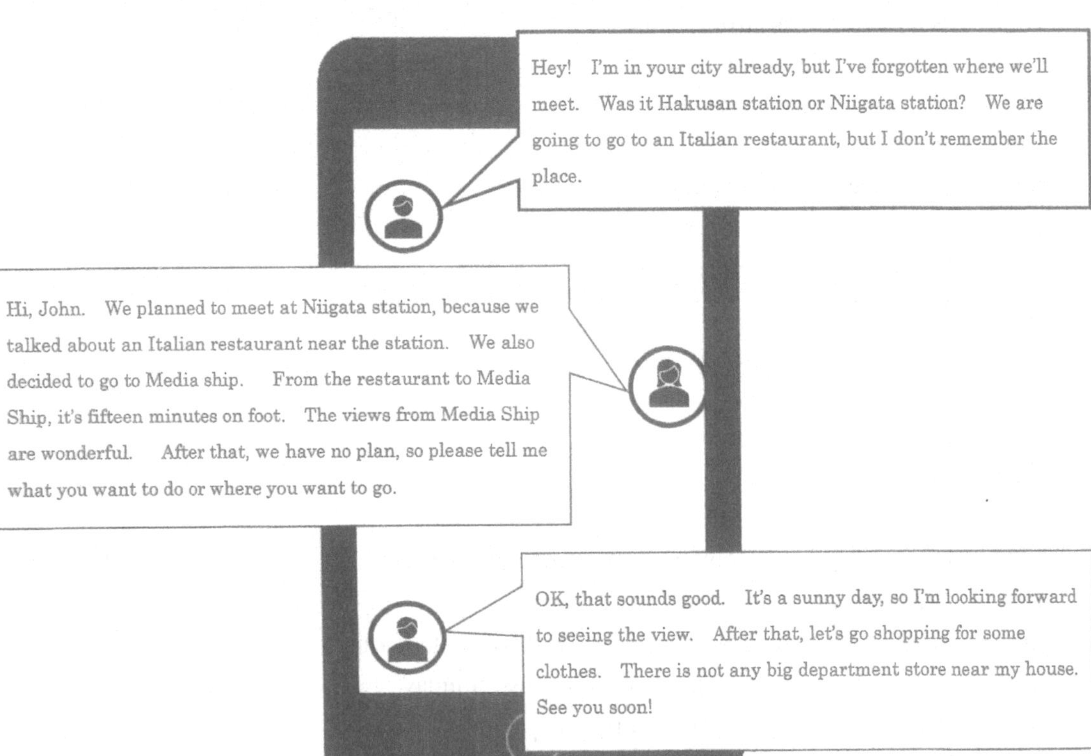

問１　次の(1)～(3)の答えを，それぞれア～エから１つずつ選び，その符号を書きなさい。

(1)　John と Sakura が待ち合わせをする場所はどこか。

ア　白山駅　　イ　新潟駅　　ウ　イタリアンレストラン　　エ　メディアシップ

(2)　John と Sakura が待ち合わせをしたあと，最初に行く場所はどこか。

ア　イタリアンレストラン　　イ　メディアシップ　　ウ　デパート　　エ　白山駅

(3) John と Sakura が会う日はどんな天気か。

ア 晴れ　イ 曇り　ウ 雨　エ 雪

問２ 次の(1), (2)の内容の答えを，それぞれ日本語で答えなさい。

(1) イタリアンレストランとメディアシップまで歩いてかかる時間。

(2) ２人がデパートで何を買うつもりでいるか。

7 以下の英文を読み，各問いに答えなさい。

Shuya went to Australia when he was in his first year of high school and studied there for a year as *an exchange student. Now Shuya has come back to Japan, and he is a second-year student at Seiryo High School. At first, Shuya was going to stay in Australia for only six months. However, because of *Covid-19, Shuya had to stay there for a year.

Shuya was good at English and he wanted to learn ① it more in Australia. Before going, he became a little nervous. After he found out that his host family was very nice, he was happy. And, his host mother could speak a little Japanese. The host brothers were younger than Shuya. They were very excited to have Shuya as their guest. Shuya could talk a lot and play with them, and sometimes his host mother taught him about events in Australia. He could learn a lot about Australian culture, too. For example, they try very hard to save water. Shuya was very careful not to *waste water when he took a bath.

He started studying at a high school in Sydney, Australia. However, ② sometimes it was difficult to study in his classroom. The teachers and his classmates spoke fast. Their Australian English sound was too difficult for him to understand. He was too shy to ask for help. He felt very sad. However, there was a student who talked to him very slowly and kindly. She was Lee, another exchange student from *Beijing, China. They soon became good friends. Shuya also found there were a lot of Chinese people living in Sydney. In this way, he learned more English from Lee than from other Australian classmates. Shuya was surprised to learn that there are many foreign people living together in Australia.

After a six months, Shuya couldn't go back to Japan because of Covid-19. So, he had to stay in Australia longer. It was a very hard time. Shuya sometimes missed his family and felt lonely. But he was happy to stay longer in Australia. His host family and his best friend, Lee helped him a lot. She always listened to him.

Now, Shuya is back home and safe with many happy memories. He studies hard. Now, his next goal is to visit Lee in Beijing.

注） an exchange student　交換留学生　Covid-19　新型コロナウイルス感染症
waste　無駄づかいする　Beijing　北京（中国の首都）

問１　Shuya は今，どこにいるか，次の**ア**～**エ**から選び，符号を書きなさい。

ア　Australia　　**イ**　Japan　　**ウ**　China　　**エ**　Beijing

問２　第１段落に書かれている内容に合うように，次の文中の**ア**～**ウ**に入る日本語を答えなさい。

Shuya は高校（　**ア**　）年生の時に留学のために Australia へ出発し，新型コロナウイルス感染症の影響で留学期間が（　**イ**　）から（　**ウ**　）になった。

問３　下線部分①の it が指すものを，本文中から英語のまま抜き出しなさい。

問４　下線部分②について，Shuya がそのように思った理由として本文の内容と合っているものを**ア**～**エ**から２つ選び，その符号を書きなさい。

ア　先生やクラスメイトがあまりにもたくさん話しかけてきたため。

イ　Australia 独自の発音を聞き取ることが難しかったため。

ウ　分からないことを聞くことができなかったため。

エ　Sydney に暮らす日本人といる時間が多かったため。

問５　本文の内容に合っているものを，次の**ア**～**エ**から２つ選び，その符号を書きなさい。

ア　Shuya learned only English in Australia.

イ　Lee helped Shuya learn English the most.

ウ　Shuya learned that many people from other countries live together in Australia.

エ　Shuya went to China soon after Australia.

聞き助言をする。

（エ） 子どもの教育について教員同士が互いに連携をとり、その子に合った指導を工夫する。

問七 この文章では、明治以降、日本でも近代化が進み、日本人の生活に大きな変化がもたらされたと述べられています。この変化について、あなたは「よいこと」と考えますか、「よくないこと」と考えますか。理由を含め六十字以内で書きなさい。なお、どちらの考えを選んでも、採点には影響しません。

より公正なものになっていった。じっさい鉄道の運行はきわめて正確だし、郵便の遅配も停電もめったにない国になった。安心、安全、衛生、快適、便利なまち、つまりクオリティとアメニティの高い都市生活ができ上がっていった。

（鷲田　清一「しんがりの思想」による）

（注１）看取り＝病人のそばにいて、いろいろと世話をすること。看病。また、その人の臨終に付き添うこと。

（注２）清拭（せいしき）＝ふいてきよめること。特に、寝たままの病人や亡くなった人の体を布などでふいて清潔にすること。

（注３）葺（ふ）き替え＝屋根の瓦・板などを新しいものと替えること。屋根替え。

（注４）追善法要（ついぜんほうよう）＝仏教で、人の死後七日目ごとに四十九日までと、百ヵ日、一周忌などに亡者の冥福を祈って行う法要。

（注５）煎（せん）じ薬＝植物・動物・鉱物などを、そのまま、または簡単な処理をしたものを煎じた飲み薬。

（注６）師範学校＝小学校、国民学校の教員を養成した旧制の学校。第二次大戦後に廃止。

（注７）法曹（ほうそう）＝法律専門家のことで、法律実務に従事する裁判官、検察官、弁護士の総称。

問一　＝＝線部ⓐ～ⓔの漢字の読みを、ひらがなで答えなさい。

問二　次の①～④の意味を表すカタカナ語を、それぞれ文章中より抜き出し、書きなさい。

①　品質　　②　組織的・計画的

③　専門家　　④　仕事・商売

問三　――線部①に該当しないものはどれですか。次の（ア）～（キ）から三つ選び、符号で答えなさい。

（ア）　子ども　　（イ）　医療スタッフ

（ウ）　プロの教師　　（エ）　レストランスタッフ

（オ）　高齢者　　（カ）　近隣のひとたち

（キ）　自衛隊員

問四　――線部②を、筆者はどう言い換えていますか。文章中から五字以内で抜き出しなさい。

問五　――線部③について、「消火と埋葬」が断たれなかったのはなぜですか。その理由として最も適当なものを、次の（ア）～（エ）から一つ選び、符号で答えなさい。

（ア）　その二つを守らない村人に対しては、何らかの形で罰を与えないといけないから。

（イ）　その二つを行わないと、村全体や他の村人への悪影響があるから。

（ウ）　その二つに関しては「はじく・はぶく」ことと関係がないから。

（エ）　その二つは特に、他の業者などの手を借りないとできないことだから。

問六　――線部④について、「相互ケア」に該当するものはどれですか。最も適当なものを次の（ア）～（エ）から一つ選び、符号で答えなさい。

（ア）　事故があったら近所の人が連絡し、すぐさま病院に搬送して医師の治療を受ける。

（イ）　農家で採れた野菜を工場で加工し、お店で食材として買った物を家庭で調理する。

（ウ）　住民の間でトラブルが生じたら、その地域住民の代表者が話を

いに協力することが義務づけられた十の仕事がある。出産の手助け、看病、改築・葺き替えの手伝い、消火、水害時の助けあい、成人式・結婚式の手伝い、埋葬と追善法要の手伝い、旅行の世話である。「村八分」という制裁は、このうち③消火と埋葬を除く八分を断つことを意味した（「八分」は「はぶく・はじく」の意味だという異説もある）。二分の一つ、消火の手伝いは、村人の家への延焼を防ぐためである。いま一つの埋葬の手伝いは、死体を放置すると腐乱し、伝染病の原因となるからである。ⓑ翻って考えてみるに、この二分にかぎらず村十分のいったいどれだけを、今日わたしたちはしているだろうか、できるだろうか。たぶんゼロであろう。出産、看病は医師にまかせ、消火や災害時の助けあいは消防署員や自衛隊員にまかせ、成人式、結婚式、旅行、葬儀は業者にまかせている。

事のⓒ経緯をいますこし詳しく見ておこう。わたしたちには、生きるうえでどうしても削除できないいとなみが少なからずある。出産、つまり種の再生産がそうだし、日々の食（食材の調達と調理）と排泄（糞便の処理）、つまり個の再生産がそうだ。生まれたこどもを養育し、教育すること、これも省きようのないことだ。病気になったときに治療し看病すること、高齢者を介護し、障碍のあるひとたちを介助すること、ともに生き存えてゆくうえで外せないことだ。そして看取り、見送り。これら生老病死にじかにかかわることだけではない。防災に防犯。そして住民たちのあいだのもめ事の解決、これらもまた、共同生活のなかでどうしても削除できないいとなみだ。これらすべてを、わたしたちは長らく家族ならびに近隣のひとたちとともに、④相互ケアというかたちで担ってきた。出産も近所に助産婦さんがいて、自宅で家族が手伝って出産していたし、食材の調達も地産地消でやってきた。排泄物処理は農家と連携して、治療もたいていはそれなりの応急処置の術を体得し、煎じ茶を吞ませたり、体のツボを押したりして、とりあえずしのぐ知恵をもっていた。看取りも遺体の清拭も、葬儀ももめ事解決も、防火対策（防火用水、「火の用心」）もⓓ交替で任についた。

ところが、明治期よりこの国が「近代化」されてゆく過程で、西洋列強に一気に追いつくために国力のⓔ増強が最大の課題とされ、議会の設置やさまざまの行政機関の制度化や、「富国強兵」「殖産興業」とならんで、国民の知力、体力の向上という課題を国家が一身に担うことになった。生活の質を上げるために、国家が国力の基礎である国民の《いのちの世話》をシステマティックに担うことをはじめたのである。出産、治療、看護、死亡認定については、病院を建設し、医療関係の専門学校で教育を受け、国家資格を取得した医師、看護師、放射線技師というプロフェッショナルに一括してあたらせることにした。排泄物処理については、地方自治体が下水道を設置して処理することで衛生度を高めることにした。教育に関しては、師範学校(注6)において教師を国家免許をもったプロとして養成した。都市の安全であれば消防士や警察官の養成。もめ事解決には公正な調停、仲裁にあたる法曹(注7)のプロを養成する、などなど。

このように社会の近代化は、《いのちの世話》のプロフェッショナルを国家が養成し、国民はその専門職たちにじぶんたちがやってきた《いのちの世話》を委託する代わりに税金やサービス料を支払うという仕組みを築いていった。このことによって、不治の病は減り、世界でも最速で長寿化をなしとげた。まちは衛生的になり、治安もよくなって、夜一人で歩いていても危険を感じないでいられるくらい安全になった。調停も

最後の五字を、それぞれ書きなさい。

問六　――線部④とありますが、筆者がそのように考えるのはなぜですか。理由として最も適当なものを、次の（ア）～（エ）から一つ選び、符号で答えなさい。

（ア）未来をよりよい方向にもっていくために、現在の行動を変えることができるから。

（イ）外れることがあるからこそ、予測が当たったときの喜びを実感することができるから。

（ウ）天気予報と同じ方法を活用することで、環境問題の解決策を探ることができるから。

（エ）未来の予測を積み重ねることで、その正確性を向上させていくことができるから。

問七　――線部⑤について、筆者はどのようなものだと説明していますか。次の（ア）～（エ）のうち、あてはまるものには〇、あてはまらないものには×を、それぞれ、解答欄に記入しなさい。

（ア）日常生活で目にすることが多い。

（イ）まどろっこしく直感的に理解しにくい。

（ウ）解釈に個人差が生まれやすい。

（エ）人々の行動の根拠となりにくい。

問八　――線部⑥とありますが、それはなぜですか。四十五字以内で説明しなさい。

二　次の文章を読んで、後の問いに答えなさい。

社会の「近代化」とともに、ひとびとはそれまで家族や地域社会で担っていた相互のいのちの世話を社会全体でおこなうようになった。出産や死亡、看病や看護は病院の医療スタッフが担うようになった。子どもの教育は学校のプロの教師に委託されるようになった。食材の調達や調理は流通産業やレストランが引き受けることになった。排泄（はいせつ）物も農家の手を借りることなく自治体が敷設（ふせつ）した下水道で処理する。地域のもめごとの最終的な解決は、区役所や弁護士にまかせる……。代わりにわたしたちは自治体に税金を納める。企業にサービス料を支払う。ひとびとの相互の世話は、このようにして自治体もしくは業者と住民とのサービスの授受関係となる。そう、①サービスの提供者とサービスの消費者に。

いまあらためてⓐ顧みて、ひとびとが生き存（なが）えるためにどうしてもしなければならないこと、たとえば出産の助け、②食材の調達、排泄物の処理、病や傷の手当て、看護や介護、看取り（注1）や清拭（注2）や埋葬といったいとなみをひとびとはどれだけじぶんたちの手でできるだろうか。ほぼすべてできないし、したこともないのではないか。生き存えるためにひとがどうしてもしなければならないこと、けっして免除されることのないこと、つまりは《いのちの世話》の能力をわたしたちはほぼすべて失っている。それは地域社会のだれかがやってくれるからではなく、わたしたちが税金やサービス料を払って、これらをことごとく行政サービスやサービス・ビジネスに委託してきたからだ。生き存えるために欠くことができない仕事を、じぶんではしなくなった、おたがいにやりあわなくなった。

「村八分（はちぶ）」という言葉がある。かつて村の掟（おきて）や約束を破った者、秩序を乱した者に対してなされた制裁行為のことである。村での生活にはたが

℃になるだろう」という予測があったとする。これに信頼区間の考え方を加えると、「二〇五〇年の気温上昇は一・三℃から一・七℃の間に入る可能性は九〇%」のような表現になるのだ。うーん、確かにこの表現はまどろっこしい。直感的に理解しづらいのは確かだ。日常生活では、「気温上昇は『およそ』一・五℃」みたいな表現をするところだ。

しかし、単に「およそ」と言ったのでは、それがどのくらいの範囲を表すのか個人差が生まれてしまう。ある人は、およそ一・五℃とは一・四から一・六の範囲内と考えるかもしれない。別の人は一℃から二℃の間ならOK、なんておおざっぱな考え方を持つかもしれない。解釈に個人差が生まれるような表現では、客観的に考えることはむずかしい。とくに地球温暖化は、全世界で何兆円という<u>ⓔテンモン</u>学的な予算が動く大問題である。みんなの行動の根拠として、しっかりと数字で信頼区間を出すことが大事なのだ。

信頼区間で表現することができて、科学者は大いに助かっている。厳密な未来予測なんてそもそも不可能だからだ。温暖化をぴったり一・五〇℃と言い切ってしまったら、実際には一・五一℃だったとき、その予測は失敗、価値なし、ゼロ点、なんて評価を受けてしまう。それは科学者にとってとても残酷な話で、そんな仕打ちが待ってるなら、<u>⑥未来予測なんて怖くてできない気がする。</u>

（伊勢　武史「２０５０年の地球を予測する」による）

（注１）　因果応報＝仏教用語。前世やその人の過去の行いが原因で、さまざまの結果を報いとして受けること。

（注２）　統計学＝数学の一分野。データの収集、提示、説明を専門とする学問領域。

問一　＝＝線部ⓐ〜ⓔのカタカナを、漢字に直して答えなさい。

問二　［Ａ］〜［Ｃ］に入ることばを、次の（ア）〜（オ）からそれぞれ一つずつ選び、符号で答えなさい。

（ア）また　（イ）たとえば
（ウ）さて　（エ）しかし
（オ）確かに

問三　——線部①とはどういうことですか。その説明として最も適当なものを、次の（ア）〜（エ）から一つ選び、符号で答えなさい。

（ア）環境問題は、広い視野をもって未来を考えることの必要性を伝えてくれるということ。
（イ）未来予測は、人間の行いがどのよう変化したかを教えてくれるということ。
（ウ）環境問題は、現代人の行動の積み重ねの影響であることを示してくれるということ。
（エ）未来予測は、今の行動が将来与える影響を知らせてくれるということ。

問四　——線部②とありますが、どのような点で「おなじ」なのですか。それを説明した次の文の［Ⅰ］、［Ⅱ］に入る言葉を、文章中から抜き出して、それぞれ書きなさい。

「いま［Ⅰ］をしたら、よくない未来が待っているということを可視化して、人々に自分がすべきことを決めるための［Ⅱ］をしている点。」

問五　——線部③とは何ですか。それが書かれている部分を、「〜こと。」につながる形で、文章中から三十五字以内で抜き出し、最初と

【国　語】（四五分）〈満点：一〇〇点〉

【注意】　解答は、すべて解答用紙に書きなさい。字数指定のある問題では、句読点や「」などの記号も、それぞれ一字として数えます。

一　次の文章を読んで、後の問いに答えなさい。

環境問題について考えるときは、未来の予測がつきものになる。未来予測は、いま僕らがどのように行動したら未来はどうなるか、ということを教えてくれる。①それは、未来をのぞく望遠鏡のようなもの。現代に生きる僕らの行動が、将来どんな影響を及ぼすのか。仏教の教えでは因果応報（注1）という考え方があるけれど、科学による未来予測も意味合いは共通していて、僕らの行動が将来どのような影響を招くか考えること。これにより、「いま環境にわるいことをしたら、こんなわるい未来が待ってますよ」というのを市民に示すことができる。そのむかし、お寺のお坊さんは「わるいことをしたら地獄に落ちますよ」と説法（せっぽう）を行い、説得力を増すために地獄の情景を描いた絵を用いたりした。現代の科学者は、未来予測のシミュレーションを行い、その結果をコンピュータグラフィックスで可視化する。②やっていることはお坊さんも科学者もおなじだ。僕らの前には行動の選択肢がある。僕らひとりひとりが未来を見据えて自分のすべきことを決めるための情報提供をしているのである。

未来予測について、③大事な事実がある。科学者はいまだにタイムマシンの開発に成功していない。だから、未来を予測しても、それが正解かどうか厳密な意味では確かめようがないのだ。「そんな不確かなものは信じられない」「未来を完璧に予測するのは不可能だから、未来予測なんてする価値ないよ」なんて言う人もいる。しかし、④たとえ不完全であっても、未来を予測することにはそれなりの価値があると思う。

とても③ミヂカな未来予測の例として、天気予報がある。天気予報のおかげで、僕らは雨を予期して傘を持ち歩いたりして、ずぶぬれになるのを避けることができる。［　Ａ　］天気予報には⑥ジツヨウ的な価値があるだろう。しかし、天気予報はいつでも確実に当たるわけではない。朝の天気予報ではいい天気だと言っていたのに、夕方になって雨に降られたなどの©ケイケンは、みんな持っていることだろう。天気予報は、当たることもあるが外れることもある。たとえ外れることがあっても、「ないよりはずっとまし」ということには、きっとみんな⑪ドウイしてくれることだろう。

天気予報で明日の最高気温が三〇℃といわれても、実際には三一℃だったり、二九℃だったりすることも多い。［　Ｂ　］、三〇℃の予報なのに実際には二〇℃、なんてことはほとんどないだろう。未来の予測は、「だいたいこの範囲」というのを教えてくれる。その範囲の近くでずれることは多々あるけど、大きくずれることはそんなにないだろう。地球温暖化など環境問題に関する未来予測も、天気予報と似たようなものである。未来予測は、しないよりはしたほうが「ずっとまし」。予測があるからこそ、僕らは未来のために、いま行動を変えることができる。雨の天気予報に接したら傘をかばんにいれるみたいに、将来の温暖化予測に接したとき、いま行動を変えることが可能なのだ。

科学的な予測は、どのように行われているだろうか。それを知るには、統計学（注2）という学問に触れることが重要だ。日常生活をふつうに送っているとあまり触れることのない考え方に、⑤「信頼区間」というものがある。［　Ｃ　］、「二〇五〇年の気温上昇は（産業革命前とくらべて）一・五

専願

2023年度

解答と解説

《2023年度の配点は解答欄に掲載してあります。》

<数学解答>

1 (1) -4 (2) -13 (3) -1.8 (4) 7.14 (5) $-\frac{13}{12}$ (6) $\frac{1}{18}$

2 (1) $15x$ (2) $-2x+9y$ (3) -9 (4) $(x+1)(x+5)$

3 (1) $2\sqrt{5}$ (2) $2\sqrt{3}$ (3) $\frac{3\sqrt{5}}{10}$ (4) ① 1 ② $4\sqrt{6}$

4 (1) $x=6$ (2) $x=3,\ y=-5$ (3) $x=\pm\sqrt{3}$ (4) $x=\frac{-1\pm\sqrt{5}}{2}$

5 (1) 分速80m (2) $y=80x$ (3) $y=48x+480$ (4) 32分

6 (1) $\frac{1}{3}$ (2) $\frac{5}{18}$ (3) ① $\frac{1}{36}$ ② $\frac{1}{12}$

7 (1) 平均値 4冊，中央値 3.5冊 (2) ① (ア) 10 (イ) 5 ② 8時間 ③ 6.2時間

8 (1) ① 15 ② 4：5 (2) ① 32° ② 116° ③ 58°

○推定配点○

1 各2点×6 2 各2点×4 3 各3点×5 4 各3点×4 5 各3点×4
6 各3点×4 7 (1) 各2点×2 (2) ① 各2点×2 ②・③ 各3点×2
8 各3点×5 計100点

<数学解説>

基本 1 (正負の数)

(1) $7-11=-(11-7)=-4$

(2) $6\times(-3)+5=-18+5=-13$

(3) $4-5.8=-1.8$

(4) $-3.4\times(-2.1)=7.14$

(5) $\frac{2}{3}-\frac{7}{4}=\frac{8}{12}-\frac{21}{12}=-\frac{13}{12}$

(6) $-\frac{2}{9}\div(-4)=\frac{2}{9}\times\frac{1}{4}=\frac{1}{18}$

基本 2 (式の計算，式の値，因数分解)

(1) $\frac{3x-1}{4}\times20+5=(3x-1)\times5+5=15x-5+5=15x$

(2) $4x-y-2(3x-5y)=4x-y-6x+10y=4x-6x-y+10y=-2x+9y$

(3) $x^2+3xy=(-3)^2+3\times(-3)\times2=9+(-18)=-9$

(4) 和が6，積が5となる2数は1と5だから，$x^2+6x+5=(x+1)(x+5)$

基本 3 (平方根，式の値)

(1) $\sqrt{10}\times\sqrt{2}=\sqrt{5\times2\times2}=2\sqrt{5}$

(2) $\sqrt{27}-\sqrt{3}=\sqrt{9\times3}-\sqrt{3}=3\sqrt{3}-\sqrt{3}=2\sqrt{3}$

(3) $\frac{3}{2\sqrt{5}}=\frac{3\times\sqrt{5}}{2\sqrt{5}\times\sqrt{5}}=\frac{3\sqrt{5}}{10}$

(4) ① $xy=(\sqrt{3}+\sqrt{2})(\sqrt{3}-\sqrt{2})=(\sqrt{3})^2-(\sqrt{2})^2=3-2=1$

② $x^2-y^2=(x+y)(x-y)=\{(\sqrt{3}+\sqrt{2})+(\sqrt{3}-\sqrt{2})\}\{(\sqrt{3}+\sqrt{2})-(\sqrt{3}-\sqrt{2})\}=2\sqrt{3}\times2\sqrt{2}=4\sqrt{6}$

基本 4 (1次方程式，連立方程式，2次方程式)

(1) $2x+3=5x-15$　$2x-5x=-15-3$　$-3x=-18$　$x=6$

(2) $2x-y=11\cdots$①，$3x+y=4\cdots$②　①＋②より，$5x=15$　$x=3$　これを②に代入して，$3\times3+y=4$　$y=4-9$　$y=-5$

(3) $2x^2=6$　$x^2=3$　$x=\pm\sqrt{3}$

(4) $x^2+x-1=0$　解の公式を用いて，$x=\frac{-1\pm\sqrt{1^2-4\times1\times(-1)}}{2\times1}=\frac{-1\pm\sqrt{5}}{2}$

基本 5 (1次関数の利用一速さ)

(1) (速さ)＝(道のり)÷(時間)より，1200÷15＝80　よって，分速80m

(2) (道のり)＝(速さ)×(時間)より，$y=80x$

(3) 直線ABの傾きは，$\frac{1440-1200}{20-15}=\frac{240}{5}=48$　直線ABの式を$y=48x+b$とすると，A(15，1200)を通るから，$1200=48\times15+b$　$b=1200-720=480$　よって，$y=48x+480$

(4) 走る速さは，$80\times\frac{3}{2}=120$より，分速120m　(時間)＝(道のり)÷(速さ)より，1440÷120＝12(分)　よって，自宅を出発してから帰宅するまでにかかった時間は，20＋12＝32(分)

基本 6 (確率)

(1) 出た目の数が5か6のときだから，求める確率は，$\frac{2}{6}=\frac{1}{3}$

(2) さいころの目の出方の総数は，6×6＝36(通り)　題意を満たすのは，(1回，2回)＝(1，1)，(1，2)，(1，3)，(1，4)，(2，1)，(2，2)，(2，3)，(3，1)，(3，2)，(4，1)の10通りだから，求める確率は，$\frac{10}{36}=\frac{5}{18}$

(3) ① $a+2b=3$を満たすのは，$(a,\ b)=(1,\ 1)$の1通りだから，求める確率は，$\frac{1}{36}$

② $a+2b=9$を満たすのは，$(a,\ b)=(1,\ 4)$，$(3,\ 3)$，$(5,\ 2)$の3通りだから，求める確率は，$\frac{3}{36}=\frac{1}{12}$

基本 7 (資料の整理)

(1) 平均値は，$(3+6+2+7+4+2)\div6=\frac{24}{6}=4$(冊)　中央値は，冊数の少ない順に並べたときの3番目と4番目の平均だから，$\frac{3+4}{2}=3.5$(冊)

(2) ① (ア)＝$\frac{9+11}{2}=10$，(イ)＝$20-(4+2+7+1+1)=5$

② 最頻値は，最も度数の大きい階級の階級値で，8時間

③ (階級値)×(度数)の総和÷20より，$(2\times4+4\times2+6\times5+8\times7+10\times1+12\times1)\div20=\frac{124}{20}=6.2$(時間)

8 (平面図形, 角度)

重要 (1) ① 平行線と比の定理より, PQ:BC=AQ:AC $BC=\frac{PQ\times AC}{AQ}=\frac{10\times 12}{8}=15$

② 角の二等分線の性質より, AR:RB=CA:CB=12:15=4:5

基本 (2) ① 平行線の同位角だから, ∠OBD=∠AOC=32°

② OB=ODだから, △OBDは二等辺三角形なので, ∠BOD=180°−32°×2=116°

③ ABは直径だから, ∠ADB=90° よって, ∠ODA=90°−32°=58°

★ワンポイントアドバイス★

ここ数年, 出題構成や難易度に大きな変化はない。基礎を固めたら, 過去の出題例をよく研究して慣れておこう。

<英語解答>

1 (1) ウ (2) ア (3) イ (4) ア (5) イ (6) ウ (7) エ (8) ウ (9) ア (10) イ

2 (1) ウ (2) イ (3) エ (4) イ (5) イ

3 (1) music do you like (2) tell me the way to (3) will clean my room this (4) is as young as (5) get up early in

4 問1 Aさん $150 Bさん $600 問2 (1) × (2) ○ (3) × (4) × (5) ○ (6) ×

5 (1) イ (2) カ (3) ア (4) キ (5) オ

6 (1) There are birds in the sky./Birds are flying (in the sky). (2) There is a lion under the tree./A lion is (sitting) under the tree. (3) There are two cats in the box./Two cats are in the box.

7 問1 ア 2年 イ 日本文化, 日本語 ウ 新潟市 問2 July 問3 I want to swim in the Japan Sea during the summer vacation! 問4 (新潟市)水族館(マリンピア日本海) 問5 エ, オ, カ, ク

○推定配点○

3・6 各3点×8 他 各2点×38(7問1イ完答) 計100点

<英語解説>

基本 1 (語句補充・選択:時制, 進行形, 受動態, 疑問詞, 熟語, 前置詞, 分詞, 比較)

(1) 「マリは10年前に富士山に登った」 過去形の文。climb「〜に登る」は規則変化動詞。

(2) 「彼らは犬を1匹も飼っていない」 一般動詞の現在形の否定文。主語 They は複数なので don't を用いて否定文を作る。

(3) 「トムとマイクは今, 公園で走っている」 現在進行形の文。主語が複数なのでbe動詞は are を用いる。

(4) 「この車は中国で作られた」 受動態〈be動詞+過去分詞〉「〜された」

(5) 「あなたはケンのために何を作っているのですか」 疑問詞 what「何を」

(6) 「彼女は踊ることが得意だ」 be good at ~ing「~することが得意だ」
(7) 「ケンは長い間サッカーをしている」 現在完了進行形の文。for a long time「長い間」
(8) 「彼は夏目漱石によって書かれた本を読んでいる」 形容詞的用法の過去分詞句 written by Natsume Soseki が book を後ろから修飾する。
(9) 「この本を読むのは私にとって簡単だ」 形式主語構文〈It is … for +人+ to +動詞の原形〉「(人)にとって~することは…」
(10) 「私の犬はあなたの犬より速く走る」 〈比較級+ than ~〉「~よりも…」

基本 2 (語句補充・選択:口語表現)
(1) A:あの塔はどのくらいの高さですか。/B:100mくらいです。How tall は高さを尋ねる。
(2) A:お茶をもう1杯いかがですか。/B:はい,お願いします。私はのどが渇いています。
(3) A:私たちのバスケ部へようこそ。出身はどこですか。/B:中国出身です。
(4) A:すみません,ここから市役所まで歩けますか。/B:いいえ,バスに乗るべきです。とても遠いですよ。
(5) A:テニスをしたい?/B:もちろん。行こう。

基本 3 (語句整序:助動詞,比較,熟語)
(1) 〈What kind of +名詞?〉「どんな種類の~」 like ~ the best「~が一番好き」
(2) 〈tell +人+もの〉「(人)に(もの)を教える」 the way to ~「~への道」
(3) will「~するつもりだ」は未来の予定・意志を表す助動詞。助動詞は動詞の前に置く。
(4) as … as ~「~と同じくらい…」 直訳は「私の妹はあなたの弟と同じくらい若い」。
(5) get up「起きる」 early in the morning「朝早く」

重要 4 (長文読解問題・資料読解:内容一致)

(全訳) 2023年5月10日

ダイビングツアー
あなたも参加しませんか?

マリンパーク・ダイビングクラブは8月7日から12日にダイビングツアーをする予定です。
ツアーの前に,8月2日と3日にレッスンを受けなくてはなりません。
もし「私はダイビングできるの?」と思っているなら,心配いりません。私たちのダイビング講師がお手伝いします!
もし「私は泳げません」と言うなら,心配いりません。それはダイビングで問題ではありません。
美しい海の動物たちと共にダイビングを楽しみましょう!
チケット料金

$600	ダイビング用品を何も持っていなければ,私たちの用品を使うことができます。 潜水服,水中眼鏡,シュノーケル,足ひれ
$300	ダイビング用品を全て持っている場合

〈6月末までにチケットを購入すると,チケット代が半額になります。〉
〈ツアーには20名しか参加できません。20名集まった時点で募集を停止します。〉
ご興味,ご質問があれば,マリンパーク・ダイビングクラブに電話してください。
毎日午前9時から午後5時まで営業しています。

問1 Aさん 用具レンタル不要の場合は$300ドル。6月末までに申し込むと半額なので$150。
Bさん 用具のレンタルをする場合は$600ドル。
問2 (1) 「4日間のダイビングツアーを楽しむことができる」(×)

(2) 「ダイビングツアーの前にレッスンを受けなくてはならない」(○)
(3) 「泳ぐ練習をする必要がある」(×)
(4) 「潜水服を買わなくてはならない」(×)
(5) 「20人しかチケットを購入できない」(○)
(6) 「そのダイビングクラブにはいつでも質問できる」(×)

5 (会話文読解：文補充・選択)

パティ：こんにちは，ナオミ！
ナオミ：こんにちは，パティ。もうすぐ春休みね。(1)あなたは休暇に何か予定がある？
パティ：うん。私は姉のエミとルーシーと一緒に3日間京都を訪問する予定よ。
ナオミ：それはいいね。でも私は長い春休みはほしくないわ。
パティ：どうして？　どうしてそんなことを言うの？
ナオミ：私の両親はイタリアの友人を訪問する予定なの。それで私は祖母と一緒に1週間家にいなくてはいけないのよ。
パティ：えー，大丈夫よ，ナオミ。(2)そんなに悲しまないで。
ナオミ：私は大丈夫，でも何か特別なことをして楽しみたいな。
パティ：ねえ，(3)私に考えがあるわ。
ナオミ：それは何？
パティ：あなたが出かけられないなら，私があなたのところに行くわ。私たちが京都から帰ってからあなたの家でバーベキューパーティー(4)はどう？　エミとルーシーも来たがるかもしれないわ。
ナオミ：それはすごい。両親に聞いてみるね。彼らはイタリアで楽しむんだから，ノーとは言えないわ。ありがとう，パティ。(5)また明日ね。
パティ：頑張って，ナオミ！

重要 **6** (英作文：進行形，熟語)

(解答例の訳) (1) 「空に鳥がいる」「鳥が(空を)飛んでいる」 (2) 「木の下にライオンがいる」「ライオンが木の下に(座って)いる」 (3) 「箱の中に2匹の猫がいる」「2匹の猫が箱にいる」

「～が…にいる」という文は〈There is ＋単数名詞＋場所〉または〈There are ＋複数名詞＋場所〉で表す。〈主語＋be動詞＋場所〉という文でもよい。

7 (長文読解・メール文：内容吟味，内容一致)

(全訳)

送信者：トム・サンダース
受信者：サトウ・アヤコ
日付　：2022年6月16日
件名　：新潟訪問

アヤコへ，

僕の新潟旅行について，君にメールを送っています。知っての通り，僕は日本文化を学ぶために日本に来ました。この2年間，僕は東京の大学で日本文化と日本語を学んできました。そして東京の多くの場所に観光のため行きました。例えば東京スカイツリー，上野動物園，原宿などです。今，僕は日本の他の場所もたくさん訪れるつもりです。友人は僕に「新潟は行くのに最適な場所だ。そこの人たちは家が海岸にとても近いので毎日泳ぐことができる」と言いました。僕は夏休みの間に日本海で泳ぎたい！　君は新潟市にいるんだよね？　君は新潟で夏に何を楽しみますか。新潟で最もするべきことを僕に教えてください。3週間後に僕の夏休みが始まります。僕は8月の初めから3日間新潟に滞在するつもりです。もうすぐ君に会えるのを楽しみにしています！
　君の友人,
　トム・サンダース

送信者：サトウ・アヤコ
受信者：トム・サンダース
日付　：2022年6月17日
件名　：RE:新潟訪問

　トムへ,
　メールありがとう。そう，私は新潟市で日本海の近くに住んでいます。だから私は毎年夏に，家族や友人たちと海で泳ぎます。水はきれいで魚が泳いでいるのが見えます。私の友人の1人はそこで魚を釣るのが好きです。そして彼は自分で捕まえた魚を料理します！　あなたも海を楽しむといいですよ。
　毎年夏に，私はたいてい夏祭りに行きます。私が大好きなのは長岡の花火大会です。この祭りは8月2日と3日です。それは日本で最も有名な夏祭りの1つです。その祭りではおよそ2万の花火が見られ，100万人以上がそこに行きます。私は2年間それを見ることができなかったので悲しかったです。でも今年の夏はその祭りがあります！　私はすでに8月2日の席を買いました。だから，一緒に花火を見ませんか？
　そう，新潟ではたくさんのおいしいものを食べて楽しめます。たくさんの果物！　お寿司！　枝豆！　あなたが新潟にいる間にこれらを一緒に食べましょう。私があなたに新潟を案内します。
　新潟に来る前に，インターネットで「新潟市水族館」についてチェックしてください！！　私はすでに何度もそこに行っていますが，今でもそこで美しい魚や動物たちを見て楽しめます。そこではかわいいお土産も買えます。ここが訪問するのに最も良い場所です。今年の夏に会いましょう！
　あなたの友達,
　アヤコ

問1　ア　トムのメールの第3文に in these two years とある。　イ　同じくトムのメールの第3文参照。　ウ　トムのメールの第9文およびアヤコのメールの第2文参照。

問2　トムのメールの最後から3つ目の文に「3週間後に夏休みが始まる」とある。メールの日付は6月16日なので，3週間後は7月(July)である。

重要　問3　トムのメールの第8文を抜き出す。〈want to ＋動詞の原形〉「～したい」

重要　問4　アヤコのメールの最終段落参照。NIIGATA CITY AQUARIUM「新潟市水族館」について述べ，This is the best place to visit.「ここが訪問するのに最も良い場所だ」と言っている。

問5　全訳参照。

★ワンポイントアドバイス★

4のような広告文の読解問題では，料金計算がよく出題される。割引の条件に注意が必要である。

<国語解答>

一　問一　ⓐ　あいまい　ⓑ　こしょう　ⓒ　かてい　ⓓ　つごう　ⓔ　がっち
問二　A　オ　B　ウ　C　イ　問三　・同じ種類の(自動車だ)　・同じ一個の(自動車だ)　問四　イ　問五　(例)　自動車の部品がすべて元の部品とは数的に別のものになっているから。(32字)　問六　一部分ずつ徐々に交換していく(14字)
問七　人間の身体　問八　エ　問九　Ⅰ　エ　Ⅱ　ア

二　問一　ⓐ　依存　ⓑ　作業　ⓒ　温暖　ⓓ　重視　ⓔ　消費　問二　ウ
問三　ウ・エ・カ　問四　生物多様性　問五　池干し　問六　生態系や生物多様性，人間活動などに悪影響をもたらす　問七　イ　問八　・開発や農地整備や水田の耕作放棄　・ため池の管理の放棄や消失

○推定配点○

一　問一・問二・問四・問九　各2点×11　問五　8点　他　各5点×5
二　問一　各2点×5　他　各5点×7　計100点

<国語解説>

一　(論説文―漢字の読み，脱語補充，接続語，文脈把握，内容吟味，要旨)

問一　ⓐ　「曖昧(あいまい)」は，物事がはっきりしない様子。　ⓑ　「故」を使った熟語はほかに「事故」「故意」など。訓読みは「ゆえ」。　ⓒ　「過」を使った熟語はほかに「過去」「経過」など。訓読みは「す(ぎる)」「す(ごす)」「あやま(つ)」「あやま(ち)」。　ⓓ　「都」を「ツ」と読む熟語はほかに「都度」など。音読みはほかに「ト」。熟語は「都市」「首都」など。訓読みは「みやこ」。　ⓔ　「合」を使った熟語はほかに「合宿」「合算」など。音読みはほかに「ゴウ」「カッ」。熟語は「合同」「合戦」など。訓読みは「あ(う)」「あ(わす)」「あ(わせる)」。

問二　A　直前に「数的に同じ部品だと言えるからでしょう」とあり，直後で「一部の部品が故障してしまったときには……こともあります。」と但し書きをつけ加えているので，後の内容を肯定し，言うまでもなく，という意味の「もちろん」が入る。　B　後の「ということです。」に呼応する語として，言い換え・説明を表す「つまり」が入る。　C　直前に『……失われることはないということです』とあり，直後で「……交換されたとしたらどうでしょうか。」と別の視点を示しているので，逆接を表す「しかし」が入る。

問三　「二とおり」については，直後に「一つは，同じ種類のという意味での『同じ』です。」，「それに対して，……その自動車と同じ一個の自動車だということです。」と説明されているので，「同じ種類の(自動車だ)」「同じ一個の(自動車だ)」とする。

問四　直前で「『通時的同一性』」と言い換えているので，「時間(を通して同じ一個のものであり続けている)」とするのが適切。

やや難　問五　同様のことは，前に「部品の交換を始めた時点と交換がすべて終わった時点を比べてみると，自動車の部品はすべて元の部品とは数的に別のものになっています。したがって，始めの時点の自動車と終わりの時点の自動車を比べると，それは数的に異なる自動車であると言わねばならないように思われます。」と説明されている。「自動車の部品はすべて元の部品とは数的に別のもの」になっているから，数的同一性は保持されていないように思われる。という文脈になるので，この部分を押さえて，「自動車の部品がすべて元の部品とは数的に別のものになっているから。」などとする。

やや難　問六　「このような部品交換」は，直後で「新陳代謝の過程を通して，それを構成している細胞を

常にすこしずつ入れ替えて」と説明されており，同様のことは，「それでは……」で始まる段落で「一部分ずつ徐々に交換していく(14字)」と言い換えられている。

問七　直前の「人間の身体」を指す。人間の身体が新陳代謝の過程を通して，それを構成している細胞を常にすこしずつ入れ替えて，数年のうちにすべてを入れ替えていることを「自動車の部品を一部分ずつ交換していく」ことと置き換えて説明しているのである。

問八　直前に「この考え方」とあり，直前の「部分である細胞が徐々に入れ替わっていくとしても，連続するどの二つの時点の間を見ても身体の大部分の細胞が共有されている限りは，その入れ替わりの過程の始めから終わりまで全体としての人物の数的な同一性は保たれている」という考え方を指すので。この内容と合致するエが適切。アの「すべて，昨日と今日とで数的に同じ」，イの「自動車が動くのであれば」，ウの「区別する必要なない」は，本文の内容と合致しない。

問九　直前に「通時的同一性に当てはめることもできる」とあり，「通時的同一性」については，「それでは……」で始まる段落に「部品を一部分だけ交換する前後の連続する二つの時点で考えると，連続するどの二つの時点の間を見ても，大半の部品を一気に交換するというようなできごとは生じていません。したがって，連続するどの二つの時点の間でも，自動車の数的同一性が失われると思われるようなことは生じていません」とあるので，Ⅰには「部品交換」，Ⅱには「数的同一性」が入る。

二　(論説文―漢字の書き取り，脱語補充，文脈把握，内容吟味，要旨)

問一　ⓐ「依」を使った熟語はほかに「依然」「依頼」など。「帰依(きえ)」という読み方もある。訓読みは「よ(る)」。　ⓑ「作」を「サ」と読む熟語はほかに「作法」「動作」など。音読みはほかに「サク」。熟語は「作為」「作物」など。訓読みは「つく(る)」。　ⓒ「温」を使った熟語はほかに「温室」「温和」など。訓読みは「あたた(か)」「あたた(かい)」「あたた(まる)」「あたた(める)」。　ⓓ「重」を使った熟語はほかに「重要」「重鎮」など。音読みはほかに「チョウ」。訓読みは「おも(い)」「かさ(なる)」「かさ(ねる)」「え」。　ⓔ「消」を使った熟語はほかに「消失」「消耗」など。訓読みは「き(える)」「け(す)」。

問二　A　直後で「普通にみられた」と過去形になっているので，以前，と言う意味の「かつて」が入る。　B　Aの「かつて」と対になっているので，「今では」が入る。

問三　「原因」については，直前に「ニホンアカガエルなど，田植え前の水田に産卵するカエルは，乾田化や耕作放棄の影響を強く受けたと考えられています」「東日本ではトウキョウダルマガエル，西日本ではダルマガエルやトノサマガエルも圃場整備……や水田の消失の影響で激減したと考えられます」と説明されているので，ウの「圃場整備」，エの「耕作放棄」，カの「乾田化」があてはまる。

やや難　問四　直前に「ため池の管理」とあり，「ため池」については，「ため池は……」で始まる段落に「ため池は……さとやまの生物多様性維持に寄与してきました」とあるので，「生物多様性」が適切。

問五　「伝統的な管理」は，直前の段落に「池干しという伝統的な管理」とあるので，「池干し」が適切。

問六　直後に「すなわち生態系や生物多様性，人間活動などに悪影響をもたらす外来種です」と具体的に説明されているので，ここから「生態系や生物多様性，人間活動などに悪影響をもたらす(25字)」を抜き出す。

問七　Ⅱの直前に「池の底は無酸素状態となり底生生物も水生昆虫も棲めない」とあるので，生物が棲めない環境を意味する「死の池」が適切。

やや難　問八　「外来種の増加」の要因については，冒頭に「湿地にイゾンする生物たちの生息を脅かしているものは，第一に，開発や農地整備や水田の耕作放棄です。」とあり，「しかし……」で始まる段落には「こうしたため池の管理の放棄や消失が，水辺の生きものを窮地においやった第二の要因です」とあるので，「開発や農地整備や水田の耕作放棄」と「ため池の管理の放棄や消失」の二点を書き抜く。

★ワンポイントアドバイス★

現代文の読解は，言い換え表現や指示内容をすばやく的確にとらえる練習をしておこう！　論説文は，さまざまな例文にあたり，要旨をまとめる練習をしておこう！

一般2月

2023年度

解　答　と　解　説

《2023年度の配点は解答欄に掲載してあります。》

＜数学解答＞

1　(1)　-9　(2)　-16　(3)　2.2　(4)　-16　(5)　$-\frac{1}{6}$　(6)　$-\frac{4}{5}$

2　(1)　11　(2)　$x+2$　(3)　$x^2+2x-15$　(4)　$(x+2)(x-3)$

3　(1)　$12\sqrt{10}$　(2)　$6\sqrt{3}$　(3)　$\frac{\sqrt{14}}{7}$　(4)　4

4　(1)　$x=-3$　(2)　①　$200x$円　②　A　32冊，B　24冊

5　(1)　$-1\leqq y\leqq 7$　(2)　①　$a=-1$　②　-1　③　$y=-x-2$

6　(1)　$\frac{1}{4}$　(2)　①　$\frac{1}{20}$　②　$\frac{1}{5}$　③　$\frac{1}{10}$

7　(1)　①　$x+y=16$　②　$x=7$，$y=9$　(2)　第1四分位数　4.5点，第3四分位数　8点

8　(1)　①　62度　②　51度　(2)　①　$6\sqrt{2}$ cm　②　$18\sqrt{2}$ cm^2

○推定配点○

1　各3点×6　2　各3点×4　3　各3点×4　4　(1)　3点　(2)　①　3点　②　4点

5　各3点×4　6　各3点×4　7　(1)　各3点×2　(2)　各2点×2　8　(1)　各3点×2

(2)　各4点×2　計100点

＜数学解説＞

基本 1　(正負の数)

(1)　$-5-4=-(5+4)=-9$

(2)　$-4^2=-4\times4=-16$

(3)　$-2.3+4.5=2.2$

(4)　$-3.2\times5=-16$

(5)　$\frac{1}{3}-\frac{1}{2}=\frac{2}{6}-\frac{3}{6}=-\frac{1}{6}$

(6)　$-6\times\frac{2}{15}=-\frac{4}{5}$

基本 2　(式の値，式の計算，因数分解)

(1)　$-x+\frac{3}{4}y=-(-5)+\frac{3}{4}\times8=5+6=11$

(2)　$9x-2(4x-1)=9x-8x+2=x+2$

(3)　$(x+5)(x-3)=x^2-3x+5x-15=x^2+2x-15$

(4)　和が-1，積が-6となる2数は2と-3だから，$x^2-x-6=(x+2)(x-3)$

基本 3　(平方根)

(1)　$4\sqrt{5}\times3\sqrt{2}=12\sqrt{10}$

(2)　$5\sqrt{3}+\sqrt{3}=6\sqrt{3}$

(3) $\frac{\sqrt{2}}{\sqrt{7}}=\frac{\sqrt{2}\times\sqrt{7}}{\sqrt{7}\times\sqrt{7}}=\frac{\sqrt{14}}{7}$

(4) $(\sqrt{5}+1)(\sqrt{5}-1)=(\sqrt{5})^2-1^2=5-1=4$

4 (1次方程式，方程式の利用)

基本 (1) $5(x+1)=3x-1$　$5x+5=3x-1$　$5x-3x=-1-5$　$2x=-6$　$x=-3$

基本 (2) ① (売り上げ金額)＝(単価)×(個数)より，$200\times x=200x$(円)

② Bの売り上げ金額は$240y$(円)より，売り上げ金額の合計について，$200x+240y=12160$…(ⅰ) 販売冊数について，$x:y=4:3$より，$4y=3x$　$y=\frac{3}{4}x$…(ⅱ)　(ⅱ)を(ⅰ)に代入して，$200x+240\times\frac{3}{4}x=12160$　$380x=12160$　$x=32$　これを(ⅱ)に代入して，$y=\frac{3}{4}\times32=24$

基本 5 (1次関数，2乗に比例する関数)

(1) $y=-2x+5$に$x=-1$，3をそれぞれ代入して，$y=-2\times(-1)+5=7$，$y=-2\times3+5=-1$ よって，$-1\leqq y\leqq7$

(2) ① $y=ax^2$は点Pを通るから，$-4=a\times2^2$　$a=-1$

② $y=-x^2$に$x=-1$を代入して，$y=-(-1)^2=-1$

③ 直線PQの傾きは，$\frac{-4-(-1)}{2-(-1)}=\frac{-3}{3}=-1$　直線PQの式を$y=-x+b$とすると，点Pを通るから，$-4=-2+b$　$b=-2$　よって，$y=-x-2$

基本 6 (確率)

(1) 求める確率は，$\frac{3}{3+4+5}=\frac{1}{4}$

(2) ① カードの取り出し方の総数は，$5\times4=20$(通り)　題意を満たすのは1通りだから，求める確率は，$\frac{1}{20}$

② 題意を満たすのは，(1枚目，2枚目)＝(1，5)，(2，4)，(4，2)，(5，1)の4通りだから，求める確率は，$\frac{4}{20}=\frac{1}{5}$

③ 題意を満たすのは，(1枚目，2枚目)＝(2，4)，(4，2)の2通りだから，求める確率は，$\frac{2}{20}=\frac{1}{10}$

基本 7 (資料の整理)

(1) ① 平均値について，$(3+x+7+y+10+6+2+8)\div8=6.5$　$x+y+36=52$　$x+y=16$

② 最頻値が7点だから，x，yのどちらかは7点。$x\leqq y$より，$x=7$，$y=16-7=9$

(2) 得点の低い順に並べると，3，4，5，6，7，8，8，9だから，第1四分位数は$\frac{4+5}{2}=4.5$(点) 第3四分位数は$\frac{8+8}{2}=8$(点)

8 (角度，平面図形)

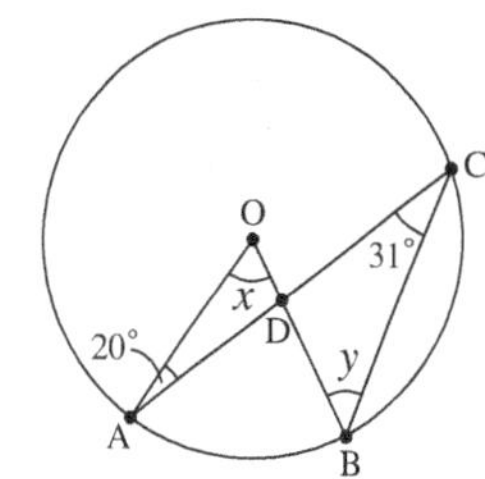

基本 (1) ① 円周角の定理より，$\angle x=2\times31°=62°$

基本 ② 図のように4点A～Dをとると，$\angle\mathrm{ADO}=180°-62°-20°=98°$ 対頂角は等しいから，$\angle\mathrm{BDC}=\angle\mathrm{ADO}=98°$　よって，$\angle y=180°-98°-31°=51°$

重要 (2) ① $\mathrm{BH}=\frac{1}{2}\mathrm{BC}=\frac{1}{2}\times6=3$　△ABHに三平方の定理を用いて，

$AH=\sqrt{AB^2-BH^2}=\sqrt{9^2-3^2}=\sqrt{72}=6\sqrt{2}$ (cm)

基本 ② $\triangle ABC=\frac{1}{2}\times BC\times AH=\frac{1}{2}\times 6\times 6\sqrt{2}=18\sqrt{2}$ (cm^2)

★ワンポイントアドバイス★
出題構成は専願とほぼ同じだが，難易度はやや高い。あらゆる分野の基礎をしっかり固めておきたい。

＜英語解答＞

1 (1) イ (2) エ (3) ウ (4) イ (5) エ (6) イ (7) イ (8) イ (9) ア (10) ウ (11) ア (12) ア (13) イ (14) イ (15) エ

2 (1) イ (2) ウ (3) エ (4) ウ (5) エ

3 (1) him to buy flowers (2) Where did you see (3) They named the dog Pochi (4) Shall I open the window (5) talking with my mother is

4 (1) from (2) speaks (3) has, for (4) tired, climbed (5) good time

5 (Two) Dolphins are swimming (in the sea.)／There are (two) dolphins in the sea. A monkey is eating a banana. A dog is running.

6 問1 (1) イ (2) ア (3) ア 問2 (1) (約)15分間 (2) 洋服

7 問1 イ 問2 ア 1 イ 6ヶ月 ウ 1年 問3 English 問4 イ，ウ 問5 イ，ウ

○推定配点○

1～4 各2点×30 5 各3点×3 6 各2点×5 7 問2 各3点×3 他 各2点×6 計100点

＜英語解説＞

基本 1 (語句補充・選択：構文，代名詞，比較，助動詞，現在完了，不定詞，前置詞，動名詞，関係代名詞，感嘆文，接続詞)

(1) 「今，私のカバンの中には本が6冊ある」〈There are ＋複数名詞〉で「～がいる，ある」

(2) 「私の車は古いが彼の車は新しい」 his「彼の」

(3) 「ケンは私より上手に英語を話す」 well「上手に」の比較級は better。

(4) 「恥ずかしがらないで。あなたはできる！」 否定の命令文〈Don't be ＋形容詞〉「～しないで，～にならないで」

(5) 「私は来月16歳になる」 助動詞 will は未来の予定を表す。

(6) 「あなたは沖縄に行ったことがありますか」 have been to ～「～へ行ったことがある」

(7) 「私は昼食にリンゴを1個食べた」 apple「リンゴ」は数えられる名詞。母音で始まるので冠詞は an を用いる。

(8) 「あなたは何か飲み物を持っていますか」 something to drink「飲み物」

(9) 「大勢の人が7月から9月に富士山に登る」 from A to B「AからB」

(10) 「猫の世話をすることは楽しい」 動名詞 ~ing「~すること」 動名詞句 Taking care of cats「猫の世話をすること」が文全体の主語になっている。take care of ~「~の世話をする」

(11) 「川の横に立っているホテルは古い」 that は主格の関係代名詞。that stands by the river「川の横に立っている」が hotel を後ろから修飾する。

(12) 「この猫はなんてかわいいの!」〈How +形容詞+主語+動詞!〉「なんて~」

(13) 「彼は新しい自転車をもらってうれしい」〈形容詞+ to +動詞の原形〉「~して…」

(14) 「急ぎなさい,さもないと遅刻します」〈命令文~, or …〉「~しなさい,さもないと…」

(15) 「スズキ先生は今年私たちに英語を教える」〈teach +人+もの〉「~に…を教える」

基本 **2** (語句補充・選択:単語,口語表現,熟語,前置詞,接続詞)

(1) 「私たちの家族はこの前の日曜日に動物園に行った。たくさんの動物を見て楽しんだ」 zoo「動物園」

(2) A:ケン,これは私の妹のキャシーよ。/B:やあ,キャシー。初めまして。 Nice to meet you.「始めまして」 初対面の時のあいさつ。

(3) A:トムが日本に来てからもう3年だね。/B:うん。時が過ぎるのはとても早い。 quickly「素早く」

(4) 「その町は美しい公園で有名だ」 be famous for ~「~で有名だ」

(5) 「エミリーが電話してきた時,ケンは漫画を読んでいた」 when は時を表す接続詞。

3 (語句整序:不定詞,疑問詞,構文,助動詞,分詞)

(1) 〈ask +人+ to +動詞の原形〉「(人)に~するように頼む」

(2) 疑問詞 Where「どこで」を文頭に置き,その後は疑問文の語順〈did +主語+動詞の原形〉にする。

(3) name A B「AをBと名付ける」

(4) Shall I ~?「~しましょうか」 相手に「私が~しましょうか」と申し出る時の言い方。

(5) 形容詞的用法の現在分詞句 talking with my mother「私の母と話している」が後ろから girl を修飾する。

4 (会話文読解:要旨把握,語句補充)

(全訳) ケン:リンダ,君はどこの出身?
リンダ:私はアメリカ出身よ。
ケン　:日本語を話す?
リンダ:少し。
ケン　:新潟にどのくらいいるの?
リンダ:2年よ。
ケン　:たくさんの場所に行った?
リンダ:うん,行ったよ。
ケン　:昨日はどこに行ったの?
リンダ:弥彦に行ったわ。
ケン　:楽しい時間を過ごした?
リンダ:うん。
ケン　:そこで何をしたの?
リンダ:山に登ったわ。とても疲れているの。
ケン　:弥彦で何か食べた?
リンダ:うん。日本そばを食べたよ。とてもおいしかったわ。

ケン　：君がこの前の日曜日に楽しい時を過ごせて僕もうれしいよ。
リンダ：またそこに行けるといいな。
問　(1)「彼女はアメリカから来た」 come from ～「～から来る」 (2)「彼女は日本語を少し話す」 主語が3人称単数なので speak に -s を付ける。 (3)「彼女は新潟に2年間いる」 継続を表す現在完了の文。〈for ＋時間〉は期間を表す。 (4)「彼女は弥彦山に登ったのでとても疲れている」 リンダの最後から3番目の発言参照。 (5)「彼女は昨日楽しい時を過ごした」 have a good time「楽しい時を過ごす」

重要 **5** **(英作文：進行形，熟語)**

解答例の訳 (1)「(2頭の)イルカが(海で)泳いでいる」「海にイルカが(2頭)いる」 (2)「1匹の猿がバナナを食べている」 (3)「1匹の犬が走っている」

現在している動作を説明する文では，動詞は現在進行形にする。また，〈There is ＋単数名詞〉または〈There are ＋複数名詞〉で「～がいる，ある」という文もよい。

重要 **6** **(長文読解問題・SNS：内容吟味)**

(全訳)

やあ！　僕はすでに君の街にいるけれど，どこで会うのか忘れてしまった。
白山駅，それとも新潟駅だったっけ？　僕たちはイタリアンレストランに行くことになっているけれど，僕は場所が思い出せない。

こんにちは，ジョン。私たちは新潟駅で会う計画だったよ，駅の近くのイタリアンレストランについて話していたからね。メディアシップにも行くと決めたよね。そのレストランからメディアシップまで徒歩15分よ。メディアシップからの景色はとても素晴らしいのよ。その後の計画はないから，何がしたいか，どこに行きたいか教えてください。

わかった，良さそうだね。天気が良いから景色を見るのが楽しみだよ。
その後，洋服を買いに行こう。僕の家の近くには大きなデパートが全くないんだ。もうすぐ会おう！

問1 (1) サクラのメッセージより新潟駅で待ち合わせとわかる。 (2) サクラのメッセージより，新潟駅で待ち合わせた後，イタリアンレストランに行き，その後メディアシップに行くとわかる。 (3) ジョンの2番目のメッセージより，晴れとわかる。sunny「晴れの」

問2 (1) サクラのメッセージ参照。イタリアンレストランからメディアシップまで徒歩15分。
(2) ジョンの2番目のメッセージ参照。メディアシップの後，デパートに洋服を買いに行く。

7 **(長文読解・物語文：内容吟味，指示語，内容一致)**

(全訳) シュウヤは高校1年の時にオーストラリアに行き，交換留学生として1年間勉強した。今，シュウヤは日本に戻っており，青陵高校の2年生だ。最初シュウヤは6か月間だけオーストラリアに滞在するつもりだった。しかし新型コロナウィルス感染症のため1年間滞在しなければならなくなった。

シュウヤは英語が得意で，①それをオーストラリアでもっと学びたかった。行く前に彼は少し不安になった。ホストファミリーがとても良い人たちだとわかって，彼はうれしかった。そしてホストマザーは少し日本語が話せた。ホストブラザーたちはシュウヤより年下だった。彼らはシュウヤをお客さんとして迎えてとても興奮していた。シュウヤは彼らとたくさん話して遊ぶことができ，時にはホストマザーがオーストラリアの行事について教えてくれた。彼はオーストラリア文化についてもたくさん学ぶことができた。例えば，彼らは水を節約するために非常に努力している。シュウヤはお風呂に入る時に水を無駄遣いしないようとても気を付けた。

彼はオーストラリアのシドニーの高校で学び始めた。しかし，②教室で学ぶのは時に難しかった。先生たちやクラスメートは早口で話した。彼らのオーストラリア英語の発音は彼には難しすぎてわからなかった。彼は内気すぎて助けを頼むことができなかった。彼はとても悲しかった。しかし彼に非常にゆっくりと優しく話しかける生徒が1人いた。彼女はリーといい，中国の北京出身のもう1人の交換留学生だった。彼らはすぐに仲良くなった。シュウヤはシドニーにたくさんの中国人が住んでいることにも気づいた。このようにしてシュウヤは他のオーストラリア人のクラスメートたちよりもリーから英語を学んだ。シュウヤはオーストラリアでは多くの外国人が共に暮らしているということを知って驚いた。

6ヶ月後，シュウヤは新型コロナのため日本に帰国することができなかった。そのため彼はオーストラリアにもっと長く滞在しなくてはならなかった。それは非常につらい時だった。シュウヤはときどき家族を恋しく思い，孤独に感じた。しかし彼はオーストラリアに長くいられてうれしかった。ホストファミリーと親友のリーが彼を大いに助けてくれた。彼女はいつも彼の話を聞いてくれた。

今，シュウヤは帰国し，多くの幸せな記憶と共に無事に暮らしている。彼は一生懸命勉強する。今，彼の次の目標は北京のリーを訪ねることだ。

問1　第1段落第2文および最終段落第1文参照。シュウヤは日本に帰国している。

重要 問2　(ア)　第1段落第1文 in his first year of high school「高校の最初の年に」から，高校1年とわかる。　(イ)　第1段落第3文に for only six months とある。　(ウ)　第1段落最終文に for a year とある。

問3　下線部①を含む文の前半の English を指す。

問4　下線部②の次の3文に理由が述べられている。アは「あまりにもたくさん」が誤り。「あまりにも早口で」が正しい。エは本文に記述がない。

重要 問5　ア「シュウヤはオーストラリアで英語だけを学んだ」(×)　イ「リーはシュウヤが英語を学ぶのを最も手助けした」(○)　ウ「シュウヤは，オーストラリアでは多くの他国の出身者が一緒に暮らしていると知った」(○)　エ「シュウヤはオーストラリアのすぐ後に中国へ行った」(×)

★ワンポイントアドバイス★

語句補充問題の問題数が多い。基礎的な内容なので確実に正解したい。

<国語解答>

一　問一　ⓐ　身近　ⓑ　実用　ⓒ　経験　ⓓ　同意　ⓔ　天文　問二　A　オ　B　エ　C　イ　問三　エ　問四　Ⅰ　わるいこと　Ⅱ　情報提供　問五　未来を予測～ようがない(こと)　問六　ア　問七　ア　×　イ　○　ウ　×　エ　×　問八　(例)　厳密な数値で予測をして，わずかでも外れたら，失敗，価値なしなどの評価を受けてしまうから。(44字)

二　問一　ⓐ　かえり(みて)　ⓑ　ひるがえ(って)　ⓒ　けいい　ⓓ　こうたい　ⓔ　ぞうきょう　問二　①　クオリティ　②　システマティック　③　プロフェッショナル[プロ]　④　ビジネス　問三　ア・オ・カ　問四　個の再生産　問五　イ　問六　ウ　問七　(例)　よいことだと考えます。なぜなら，ひとびとの生活の質が上がり，安全，安心で便利に暮らしていくことができるからです。　(例)　よくないことだと思います。生きていく力だけでなく，ひとびとが互いに協力し合うことがなくなり，絆も失われてしまうからです。

○推定配点○

一　問一・問二・問七　各2点×12　問八　10点　他　各4点×5

二　問一～問三　各2点×12　問七　10点　他　各4点×3　計100点

<国語解説>

一　(論説文―漢字の書き取り，脱語補充，接続語，文脈把握，内容吟味，要旨)

問一　ⓐ　「身」を使った熟語はほかに「身内」「身軽」など。音読みは「シン」。熟語は「身長」「身辺」など。　ⓑ　「実」を使った熟語はほかに「実際」「実例」など。訓読みは「み」「みの(る)」。　ⓒ　「経」を使った熟語はほかに「経過」「経路」など。音読みはほかに「キョウ」。熟語は「経木」「経典」など。訓読みは「へ(る)」「た(つ)」。　ⓓ　「同」を使った熟語はほかに「同感」「同情」など。訓読みは「おな(じ)」。　ⓔ　「天」を使った熟語はほかに「天然」「天変地異」など。訓読みは「あめ」「あま」。

問二　A　直後の「元気予報にはジツヨウ的な価値があるだろう」に係る語としては，はっきりしていて誤りのない，と言う意味の「確かに」が適切。　B　直後で「……なんてことはないだろう」と打ち消しているので，逆接を表す「しかし」が入る。　C　直後で，「……という予測があったとする」と，仮の例を示しているので，例示を表す「たとえば」が入る。

問三　直後で「現代に生きる僕らの行動が，将来どんな影響を及ぼすのか。……というのを市民に示すことができる」と説明されているので，エが適切。

問四　直前に「お寺のお坊さんは『わるいことをしたら地獄に落ちますよ』と説法を行い，説得力を増すために地獄の情景を描いた絵を用いたりした。現代の科学者は，未来予測のシミュレーションを行い，その結果をコンピュータグラフィックスで可視化する」と「同じ」であることの説明があり。直後で「情報提供をしているのである」と言い換えているので，Ⅰには「わるいこと」，Ⅱには「情報提供」が入る。

問五　直後に「科学者はいまだにタイムマシンの開発に成功していない。だから，未来を予測しても，それが正解かどうか厳密な意味では確かめようがないのだ」とあるので，ここから「未来を予測しても，それが正解かどうか厳密な意味では確かめようがない(こと。)」とするのが適切なので，「未来を予測」と「ようがない」を抜き出す。

問六　直後で「天気予報」の例を示し，「たとえ外れることがあっても，『ないよりはずっとまし』」

とあり，筆者は，「未来予測は，しないよりはしたほうが『ずっとまし』。予測があるからこそ，僕らは未来のために，いま行動を変えることができる。……将来の温暖化予測に接したとき，いま行動を変えることが可能なのだ」と述べているので，「現在の行動を変えることができるから」とするアが適切。

やや難 問七 「『信頼区間』」については，「確かにこの表現はまどろっこしい。直接的に理解しづらいのは確かだ」とあるので，イは○。「日常生活をふつうに送っているとあまり触れることのない考え方」とあるので，アは×。「解釈に個人差が生まれるような表現では，客観的考えることはむずかしい。……みんなの行動の根拠として，しっかりと数字で信頼区間を出すことが大事なのだ」とある。「信頼区間」は，解釈に個人差が生まれないよう，はっきりとした数字を示して行動の根拠とするもの，と説明されているので，ウ・エは×。

やや難 問八 「怖くてできない」理由については，直前に「厳密な未来予測なんてそもそも不可能だからだ。温暖化をぴったり1.50℃と言い切ってしまったら，実際には1.51℃だったとき，その予測は失敗，価値なし，ゼロ点なんて評価を受けてしまう。」と説明されているので，これらを要約して「厳密な数値で予測をして，わずかでも外れたら，失敗，価値なしなどの評価を受けてしまうから。(44字)」などとする。

二 (論説文一漢字の読み，語句の意味，文脈把握，内容吟味，要旨，作文)

問一 ⓐ 「顧」の音読みは「コ」。熟語は「顧客」「回顧」など。 ⓑ 「翻」の訓読みは「ひるがえ(す)」「ひるがえ(る)」。音読みは「ホン」。熟語は「翻訳」「翻意」など。 ⓒ 「緯」を使った熟語はほかに「緯度」「北緯」など。 ⓓ 「交」を使った熟語はほかに「交互」「交錯」など。訓読みは「ま(ざる)」「まじ(える)」「ま(じる)」「まじ(わる)」「ま(ぜる)」「か(う)」「か(わす)」。 ⓔ 「増」を使った熟語はほかに「増幅」「増量」など。訓読みは「ふ(える)」「ふ(やす)」「ま(す)」。

問二 ① 「品質」は，本文最後の「クオリティ」と言い換えられている。 ② 「組織的・計画的」は，「《いのちの世話》をシステマティックに担う」の「システマティック」が適切。 ③ 「専門家」は，「プロの教師」「看護師，放射線技師というプロフェッショナル」などとあるので，「プロフェッショナル」が適切。 ④ 「仕事・商売」は，「サービス・ビジネスに委託してきた」の「ビジネス」が適切。

問三 「サービス」については，直前に「看病や看護は病院の医療スタッフが担うようになった」「子どもの教育は学校のプロの教師に委託されるようになった」「食材の調達や調理は流通産業やレストランが引き置けることになった」とあり，さらに，次の段落には「消火や災害時の助けあいは消防隊員や自衛隊員にまかせ」とあるので，イ・ウ・エ・キは「サービスの提供者」に該当する。ア・オ・カは「サービスの提供者」には該当せず，「サービスの消費者」に該当する。

やや難 問四 「食材の調達，排泄物の処理」と同様のことは，「事の経緯を……」で始まる段落に「日々の食(食材の調達と調理)と排泄(糞便の処理)，つまり個の再生産」と表現されているので，「個の再生産」が適切。

問五 直後に「消火の手伝いは，村人の家への延焼を防ぐためである。いま一つの埋葬の手伝いは，死体を放置すると腐乱し，伝染病の原因となるからである」と説明されているので，「村全体や他の村人への悪影響があるから」とするイが適切。

やや難 問六 直後に「出産も近所に助産婦さんがいて，自宅で家族が手伝って出産していたし，食材の調達も地産地消でやってきた。排泄物処理は農家と連携して，治療もたいていはそれなりの応急処置の術を体得し，煎じ薬を呑ませたり，体のツボを押したりして，とりあえずしのぐ知恵をもっていた。看取りも遺体の清拭も，葬儀ももめ事解決も，防火対策(防火用水，『火の用心』)も交替で任についた」と説明されている。専門家にまかせるのではなく，家族や地域社会で担っていたことを「相互ケアというかたち」と表現しているので，「その地域住民の代表者が話を聞き助言する」とするウが「相互ケア」に該当する。アの「病院に搬送」，イの「お店で食材として買った」，エの「教員」は，「相互ケア」ではなく，「社会全体でおこなう」「サービスの授受関係」に該当する。

やや難 問七　「近代化」が進み，かつては家族や地域社会が担ってきたことを社会全体でおこなうようになった，とする本文の内容を踏まえ，自分の考えを述べることがテーマである。設問の条件は，「近代化」が進み相互ケアではなく社会的なサービスを受けるようになったことを「よいこと」と考えるか，「よくないこと」と考えるか，立場をはっきりさせて，そう考える理由をわかりやすく説明してまとめる，というものである。書き始めは「よいことだと考えます。」あるいは「よくないことだと考えます。」と立場を明示し，続いて，「なぜなら～からです。」という形で，理由を端的に示せばよい。

★ワンポイントアドバイス★

読解問題は，言い換え表現や指示内容を的確にとらえる練習をしておこう！
本文の内容をふまえ，自分の意見を述べる形の記述練習をしておこう！

2022年度

★★★★★★★★★★★★★★★★★★★★★★★

入　試　問　題

2022年度

新潟青陵高等学校入試問題（専願）

【数　学】（50分）〈満点：100点〉

1　次の計算をしなさい。

(1)　$2-(5-7)$

(2)　$(-2)\times(-3)-4$

(3)　$2.3\times(-5)$

(4)　$\dfrac{1}{4}-\dfrac{1}{3}$

2　次の問いに答えなさい。

(1)　$(-4)\div\dfrac{4}{3x-1}$ を計算しなさい。

(2)　次の2つの式で，左の式から右の式をひきなさい。

$$-3x+y,\ 5x-y$$

(3)　$x=-2$ のとき，$-x^2+4x+1$ の値を求めなさい。

(4)　$(3a+2b)^2$ を展開しなさい。

3　次の問いに答えなさい。

(1)　$\sqrt{3}\times2\sqrt{3}$ を計算しなさい。

(2)　$\sqrt{20}+\sqrt{45}$ を計算しなさい。

(3)　$\dfrac{2}{\sqrt{8}}$ の分母を有理化しなさい。

(4)　$x=\sqrt{7}+\sqrt{3}$，$y=\sqrt{7}-\sqrt{3}$ のとき，xy の値を求めなさい。

4　次の問いに答えなさい。

(1)　方程式 $3x-5(2+x)=6$ を解きなさい。

(2)　連立方程式 $\begin{cases} x=4y-1 & \cdots① \\ 2x-y=12 & \cdots② \end{cases}$ を解きなさい。

(3)　2次方程式 $x^2-x-12=0$ を解きなさい。

(4)　2次方程式 $5x^2-x-2=0$ を解きなさい。

5 次の図は，方眼に1段，2段，3段，・・・と段数を1段ずつ増やして，階段状の図形を描いたものです。方眼の1メモリを1 cmとしたとき，次の問いに答えなさい。

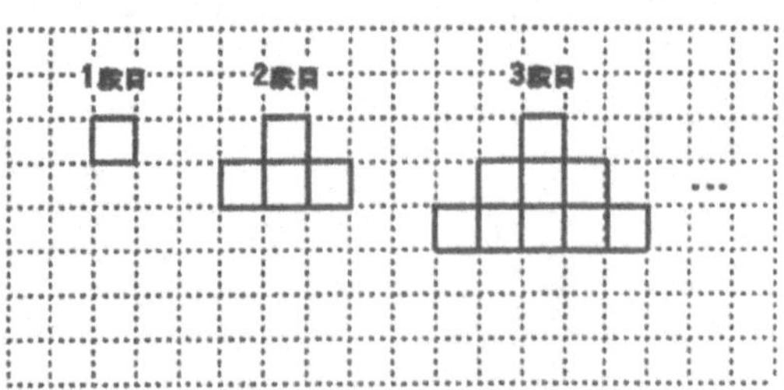

(1) 表を完成させなさい。

段数(段)	1	2	3	4	5	…
図形の面積(㎠)	1	4				…

(2) 段数をx，図形の面積をyとしたとき，yをxで表しなさしい。

(3) 20段目まで増やしたとき，図形の面積を求めなさい。

6 大小2つのさいころを投げるとき，大きいさいころの出た目をaとし，小さいさいころの出た目をbとする。このとき，次の問いに答えなさい。

(1) $a+b=8$ となる目の出方は何通りあるか求めなさい。

(2) (1)となる場合の確率を求めなさい。

(3) $a-b=3$ となる場合の確率を求めなさい。

7 AさんからJさんまでの合計10人でゲームを行った。次の表は10人の得点を記入したものであるが，IさんとJさんの得点が分からなくなっている。

名前	A	B	C	D	E	F	G	H	I	J
得点	9	5	3	1	9	3	8	6		

(1) AさんからHさんまでの得点の中央値（メジアン）を求めなさい。ただし，小数第1位まで答えなさい。

(2) AさんからHさんまでの得点の平均値を求めなさい。ただし，小数第1位まで答えなさい。

(3) 10人の得点の平均値が5.9点だと分かった。このとき，IさんとJさんの得点の合計を求めなさい。

8　次の問いに答えなさい。

(1)　下の図において，$l /\!/ m$であるとき，$\angle x$の大きさを求めなさい。

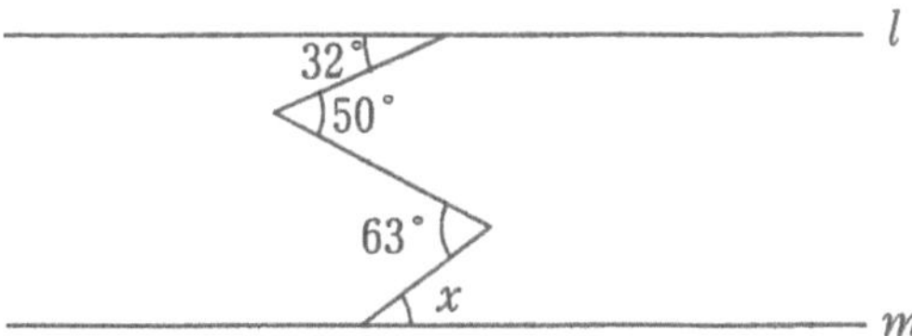

(2)　下の図において，DE//BCであるとき，xの値を求めなさい。

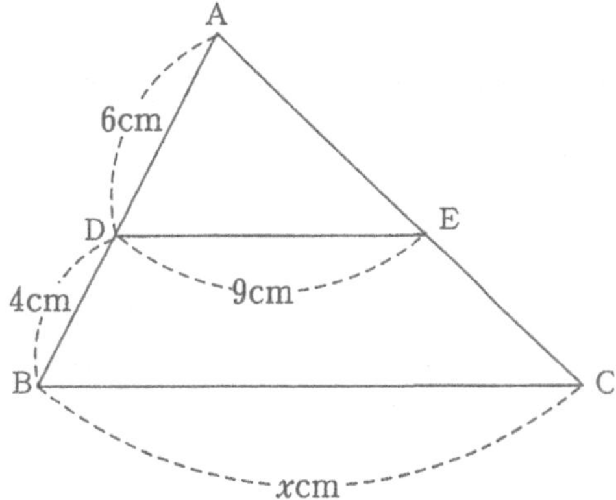

(3)　下の図のように，円Oの円周上に3つの点A，B，Cがあり，線分OCと線分ABの交点をDとする。$\angle AOC = 92^\circ$，$\angle OCB = 64^\circ$のとき，$\angle x$の大きさを求めなさい。

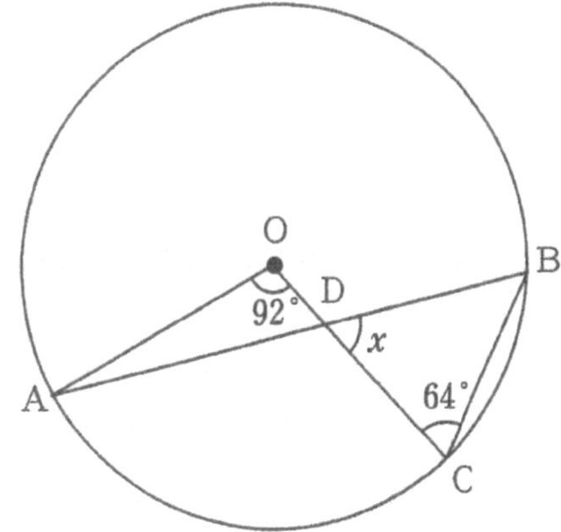

【英　語】（50分）〈満点：100点〉

1 下線部の発音が他の3語と異なるものを選び，記号で答えなさい。

（1） ア arrive　イ sit　ウ build　エ winter

（2） ア Thursday　イ thank　ウ this　エ three

2 次の各組で，最も強く発音する部分の位置が他の3語と異なるものを選び，記号で答えなさい。

（1） ア to-day　イ coun-try　ウ sug-ar　エ al-ways

（2） ア be-come　イ a-gain　ウ be-fore　エ mu-sic

（3） ア fam-i-ly　イ im-por-tant　ウ ca-mer-a　エ Sat-ur-day

3 次の語に対立する意味をもつ語を[　　]から選び，答えなさい。

（1） east　（2） bright　（3） begin　（4） right　（5） front

[dark　back　north　left　end　west　near]

4 次の各文が正しい英文になるように，(　　)の中から最も適切な語句を選び，記号で答えなさい。

（1） My father (ア watch　イ watches　ウ watching　エ watched) TV every day.

（2） Mr. Tanaka (ア don't　イ doesn't　ウ aren't　エ isn't) our teacher.

（3） All the windows (ア be　イ is　ウ are　エ been) closed.

（4） That is (ア you　イ your　ウ yours　エ you're) card.

（5） Shinji goes to school (ア up　イ in　ウ to　エ by) bus.

（6） Where are you (ア from　イ for　ウ at　エ of)?

（7） Yuko is (ア wait　イ waits　ウ waiting　エ waited) for you at the gate.

（8） I'm (ア young　イ younger　ウ youngest　エ more young) than your sister.

（9） The girl (ア talk　イ talks　ウ talking　エ talked) with him is my sister.

（10） Yumi (ア has　イ have　ウ having　エ to have) lived here for 10 years.

5 次の会話の空所に入れるものとして最も適切なものを選び，記号で答えなさい。

（1） A：How many members are there in your club?

B：There are ____________________. Six boys and five girls.

ア eight　イ nine　ウ ten　エ eleven

（2） A：Whose book is this?

B：____________________.

ア Yes, it is　イ It's mine

ウ It's on the table　エ It is about Japanese history

（3） A：Why did you go to the supermarket?

B：____________________. I wanted to make pancakes.

ア By bicycle　イ No, I didn't

ウ I didn't know the place　エ To buy some milk

（4） A：Excuse me, but what time is it now?
B：____________________.
ア It's two o'clock　　イ It's in twenty minutes
ウ It's two times　　エ No, it isn't

（5） A：Hello. This is Mary. May I speak to Cathy, please?
B：____________________. Shall I take a message?
ア Yes, you may　　イ Hello. This is Cathy
ウ I'm sorry, she is out　　エ No, you may not

6 次の日本文に合うように，(　　)内の語句を並べかえなさい。ただし，文頭にくる文字は大文字で書きなさい。

（1） 次の電車に乗りなさい。　(train / next / take / the).
（2） あなたに会えてうれしいです。　I'm (glad / see / to / you).
（3） 私たちは，昨日札幌にいました。　We (in / Sapporo / were / yesterday).
（4） 誰がこの家に住んでいるのですか。　(house / in / lives / who / this)?
（5） 彼は毎年夏に私たちをキャンプに連れて行きます。
He (camping / every / us / takes) summer.

7 次の掲示の内容に関して，以下の問いに答えなさい。

The British Theater Company presents

Time Traveler

From November 17th to November 20th

*The world-famous theater company BTC (The British Theater Company) will play *Time Traveler* at the Niigata City Hall.
BTC will play in Niigata for the first time, so don't miss this chance.　Doors open at 5:30 pm.

Ticket　You can get seats only *online *in advance.

Ticket	Price	*Status
Seat S	5,000 yen	Available (You can buy)
Seat A	3,000 yen	Sold out
Seat B	2,000 yen	Available (You can buy)

- Students can get *discount seating tickets only at the ticket store in the Niigata City Hall on the day.
- You can get *up to 4 tickets at a time.

注） The world-famous theater company　世界的に有名な劇団　　online　インターネットで
in advance　前もって　　Status　販売状況　　discount seating　割引シート　　up to ～　～まで

本文の内容と一致するものには○を，異なるものには×を書きなさい。ただし，全て○，あるいは全て×の解答は認めません。

（1） *Time Traveler* will be played only on November 17th and November 20th.
（2） BTC has never played in Niigata.
（3） People can buy tickets at the store in the Niigata City Hall in advance.

（4） Seat S is the most expensive ticket.

（5） Students can buy discount seating tickets on the Internet.

（6） You can buy 3 tickets at a time.

8 次の会話文を読んで，（1）～（5）にあてはまるものを下のア～キから選び，記号で答えなさい。

ブライアンはカナダ出身で，日本の高校へ交換留学生として来ました。今クラスメイトのみゆきと話しています。

Miyuki：Hi, Brian. ＿＿(1)＿＿

Brian　：It's great. Everyone is very kind. I really feel at home here.

Miyuki：That's good. Hey, I want to ask you something. ＿＿(2)＿＿ Is this true?

Brian　：Yes, it's true. A lot of Japanese comics are being *translated into English and other languages. They are really popular.

Miyuki：＿＿(3)＿＿

Brian　：Of course. I read *Doraemon books in English when I was *an elementary school student.

Miyuki：Really? That's interesting.

Brian　：Now I want to read them in Japanese. ＿＿(4)＿＿

Miyuki：That's a great idea. ＿＿(5)＿＿ I'm sure he will be happy to lend them to you.

Brian　：Thanks, Miyuki.

注） translate 翻訳(ほんやく)する　Doraemon ドラえもん　an elementary school student 小学生

ア You know, my little brother has Doraemon books.
イ Did you read manga when you were in Canada?
ウ I read Doraemon books, too.
エ How is your life here in Japan?
オ Do you like Japanese games?
カ I heard that Japanese manga are popular in Canada.
キ I think it will be a good way to study Japanese.

9 次の絵は家庭の様子を表しています。状況を説明する英文を3つ書きなさい。
ただし，1文に4語以上の単語を使いなさい。

10 次の英文を読んで，以下の問いに答えなさい。

タケシが図書館について話しています。

When I was young, I liked a library. [1] There were many picture books and I could read them there, so I spent a few hours there with my parents almost every weekend. I read only picture books then, but there were many kinds of books, for example *novels, history books, and magazines. [2] When we wanted to read them at home, we could *borrow them for about two weeks, and we could borrow them *for free. [3]

Now, I am a high school student. I have to study a lot every day. Usually I study and do my homework at home, but ア I sometimes study in the library. First, I can study in a quiet place. I have two younger brothers, and they are only ten and six years old, so they play and listen to music at home. It is [4] to *concentrate on studying. On the other hand, in the library, people *basically don't talk. Second, it's cool in summer and also warm in winter. *Especially in summer, it's very hot outside and inside my house, so I can't study there. Third, I can learn many things with books and on the Internet. In my high school, we learn about SDGs (*the Sustainable Development Goals). SDGs are *the Global Goals made in 2015. We should *take actions to help all people to have good lives by 2030. I use computers to learn about SDGs in the library. I want to see many kinds of books, and the library has a lot of books I like.

注） novel 小説　borrow 借りる　for free 無料で　concentrate 集中する　basically 基本的に
Especially 特に　the Sustainable Development Goals 持続可能な開発目標
the Global Goals グローバル目標　take actions 行動する

問１ 空所[1]～[3]に入るものとして適する文を下の（１）～（４）から選んで書きなさい。

（１） My parents were often reading novels.
（２） I bought many magazines there.
（３） There was a public library near my house.
（４） We could read books without any money.

問２ 下線部アの具体的な理由について，本文の内容から３つ日本語で書きなさい。

問３ 空所[4]に入れるのに適する語を下の[　　]の中から選んで書きなさい。

[easy　hard　hot　cool]

問４ 本文の内容と一致するものには○を，異なるものには×を書きなさい。ただし，全て○，あるいは全て×の解答は認めません。

（１） Takeshi went to the library to read many books after school.
（２） Takeshi could borrow books from the library for one month.
（３） Takeshi must study hard every day because he is a high school student.
（４） Takeshi learned about SDGs in his junior high school with the computers.
（５） The library has a lot of books which Takeshi wants to read.

合う場合に使う言葉なのに対して、「息が合う」は相手の雰囲気や印象によって判断する点。

（ウ）「肌が合う」、「息が合う」の両方とも相手によって変えることができる点は同じであるが、無理に「息を合わせる」と居心地の悪さや嫌悪感が増してしまう点。

（エ）「肌が合わない」は本質的に合わないという場合に使う表現であり、「息が合わない」は考え方や価値観だけが合わない際に使う表現である点。

問九 ――線部⑥「［3］肌が立つ」とありますが、［3］にあてはまる漢字一字を答えなさい。

「息が合う」の場合は、何かを一緒にやってみて、相手とテンポや考え方が合うというときに使う言葉だろう。それに対して「肌が合う」の場合には、何かをする以前から、相手の雰囲気や印象から直感的に「合う―合わない」を判断しているのではないだろうか。「生理的に嫌い」という言い方もできる。

同じように「［3］肌が立つほど嫌い」という言い方もある。

それは、相手の出している「気」のような雰囲気に触れて、肌が拒否反応を起こしているわけだ。その皮膚感覚が脳に伝わって「嫌いだ」と感じるのである。

それでは「息が合わない」ときと、「肌が合わない」ときとでは、どちらが本質的に合わないといえるだろうか。

息は自分で変えることができる。嫌な相手でも自分の息を変えて（表面的に）合わせることができる。すなわち相手と「合わせる」ことはできる。これが人間関係のコツというものだろう。自分の考え方や価値観までを合わせる必要はない。相手の息を感じてそれに合わせるようにするだけで、居心地の悪さは軽減するに違いない。

それに対して、「肌が合わない」というのはどうしようもない面がある。無理に「肌を合わせる」ことはできても、相手に対して嫌悪感が増すだけで、何の解決にもならない。

『子供の「脳」は肌にある』　山口創　（光文社）

問一　══線部ⓐ～ⓔのカタカナは漢字に直し、漢字はその読みをひらがなで答えなさい。

問二　～～線部A「気づまり」、B「テンポ」の意味として最も適切なものをそれぞれ選び、記号で答えなさい。

A　「気づまり」　（ア）集中していること。
（イ）気持ちがのびのびしないこと。
（ウ）空気が汚れていること。
（エ）心配していること。

B　「テンポ」　（ア）話題　（イ）心情
（ウ）信念　（エ）速度

問三　――線部①「不快な皮膚感覚」、②「好きな皮膚感覚」とありますが、それぞれの感覚を抱くものに触れたとき、私たちはどのように行動しますか。本文中の語句を用いて答えなさい。

問四　――線部③「見た目で好きなもの」の例として、具体的に本文中にあげられているものを、十五字以内で抜き出しなさい。

問五　――線部④「後者」の指す内容を答えなさい。

問六　［1］にあてはまることばを本文から四字で抜き出しなさい。

問七　［2］には、「視覚」、「触覚」のどちらが入りますか。答えなさい。

問八　――線部⑤「「肌が合う」と似た言葉に、「息が合う」というのもある」とありますが、この二つの違いはどのような点にありますか。説明として最も適切なものを次から選び、記号で答えなさい。

（ア）「肌が合う」は直感的で自分ではどうすることもできない感覚なのに対して、「息が合う」は嫌な相手でも意図的に合わせることができるものである点。

（イ）「肌が合う」は何かを一緒にやってみて考え方などが

【国　語】（五〇分）〈満点：一〇〇点〉

〈答えはすべて解答用紙に記入しなさい。字数指定のある問題では、句読点や「　」などの記号もそれぞれ一字として数えます。〉

一　※問題に使用された作品の著作権者が二次使用の許可を出していないため、問題を掲載しておりません。

『動物を守りたい君へ』高槻成紀（岩波書店）

二　次の文章を読んで、後の問いに答えなさい。

私たちが普段、モノに触れたときに感じる①不快な皮膚感覚には、どういったものがあるだろうか。たとえば「べとべと」「ぬるぬる」「ねちねち」などを思いつく。さらには「ざらざら」「とげとげ」「ちくちく」という痛みに関係する感覚もある。

反対に、②好きな皮膚感覚といえば、「すべすべ」「さらさら」といった柔らかい毛布のような手触り、あるいは「ぽかぽか」「ぬくぬく」という温かさを表すような感覚などもあげられる。

これらの感覚は、ヒトがサルから進化する過程で、たとえば、腐った食べ物やトゲのある植物などは危険なものとして近づかないように認識し、逆に、柔らかい毛布のような心地よい感触は、母親の肌と類似した心地よい刺激として近づくように認識する、などして培ⓐってきたのではないか、とスイソクⓑすることができる。

同じことを触覚でなく視覚で考えてみよう。③見た目で好きなものは、「美しいもの」「きれいなもの」で、その反対の「醜(みにく)いもの」「汚いもの」は嫌悪感をもよおす。前者はたとえば新鮮な果実や、健康な個体の特徴であり、④後者は腐った食べ物や病気になった個体の性質である。

視覚的な好悪の判断基準は、その外見の美醜(びしゅう)、それに対して触覚的な判断基準は、そのものが持つ性質、つまり内容や特性だということがわかる。

人の性格を［1］を用いた言葉で表現するときを考えても、嫌われる性格として「ねちねち」「べたべた」「とげとげ」「陰湿な」といった［2］による比喩(ひゆ)で表されることが多い。見た目だけでなく、人を中身で判断しようとするときに、私たちは皮膚感覚を言葉にしているのだ。

こうした感覚は、じつは人間関係では特に重要なことである。必ずしも相手に触れる必要はない。相手と話してみて相手の「気」のようなⓒ雰囲気に触れると、何かしら感じるものである。もちろん、相手の肌に直接触れたり、触れられたりすればより確実にわかる。

自分が相手に触れようとするときに、抵抗感はあったか、その手はどんな触れ方になったか、などをカンサツⓓしてみる。また相手に触れられたときはどう感じたであろうか。肌の感覚は、鍛えれば鍛えるほど敏感に、また確実に信頼できる手がかりになっていくものである。

そして、このような皮膚感覚から、「あの人とは肌が合わない」というような直感が生まれる。「この部屋はA気づまりだ」とか「緊張した空気に包まれている」といった直感も、やはり肌で感じる性質のものなのである。

ところで⑤「肌が合う」と似た言葉に、「息が合う」というのもある。この二つはどこが違うのだろうか。

2022年度

新潟青陵高等学校入試問題(一般２月)

【数　学】（50分）〈満点：100点〉

1　次の計算をしなさい。

(1)　$-15-7$

(2)　$-6-(-10)$

(3)　$6+(-8)\times 2$

(4)　$3.6-7$

(5)　-3.2×0.5

(6)　$\dfrac{5}{8}-\dfrac{7}{4}$

(7)　$\left(-\dfrac{21}{5}\right)\times\left(-\dfrac{15}{7}\right)$

2　次の問いに答えなさい。

(1)　$x=-3$ のとき，x^3-x^2 の値を求めなさい。

(2)　$7x-4(2x-3)$ を計算しなさい。

(3)　$(x+5)(x-4)$ を展開しなさい。

(4)　$x^2+7x+12$ を因数分解しなさい。

3　次の問いに答えなさい。

(1)　$\sqrt{20}\times\sqrt{5}$ を計算しなさい。

(2)　$\sqrt{20}+\sqrt{5}$ を計算しなさい。

(3)　$\dfrac{2}{\sqrt{5}}$ の分母を有理化しなさい。

(4)　$(2\sqrt{3}+\sqrt{5})^2$ を計算しなさい。

(5)　$(\sqrt{3}+2)(\sqrt{3}-2)$ を計算しなさい。

4　次の問いに答えなさい。

(1)　連立方程式 $\begin{cases} 5x+4y=18 & \cdots① \\ x+2y=3 & \cdots② \end{cases}$ を解きなさい。

(2)　連立方程式 $\begin{cases} 3x+2y=16 & \cdots① \\ y=2x+1 & \cdots② \end{cases}$ を解きなさい。

(3)　2次方程式 $x^2-5x-14=0$ を解きなさい。

(4)　2次方程式 $3x^2-7x+1=0$ を解きなさい。

5　ＡさんとＢさんは自分の家の水道代について調べ，表にまとめた。水道代は基本料金と使用料金の合計である。このとき，次の問いに答えなさい。

	基本料金(月額)	使用料金
Ａさん	１，５００円	１㎥あたり　４０円
Ｂさん	２，０００円	１㎥あたり　３０円

(1)　Ａさんの家の1か月の水道代をy円，使用量をx m^3とする。このとき，yをxを用いた式で表しなさい。

(2)　Ａさんの家で，1か月16 m^3使用したときの，1か月の水道代を求めなさい。

(3)　1か月30 m^3使用したとき，水道代が安いのはＡさんとＢさんのどちらの家かを求めなさい。

6　下の図のように三角形ABCの頂点Ａに点Ｐがある。大小2個のさいころを同時に投げて出た目の和の数だけ，点Ｐを頂点Ａ→頂点Ｂ→頂点Ｃ→頂点Ａ→・・・の順に1つずつ移動させる。次の問いに答えなさい。

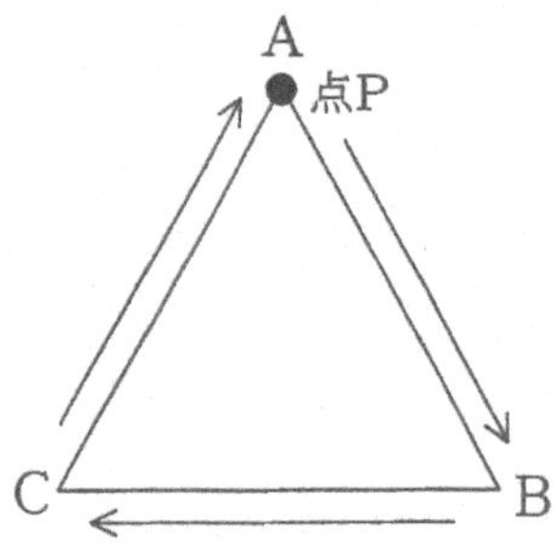

(1)　2個のさいころの出た目の和が6になる場合は何通りあるかを求めなさい。

(2)　点Ｐが三角形ABCを1周して頂点Ｃにいるときのさいころの目の出方は何通りあるかを求めなさい。

(3)　点Ｐが三角形ABCを1周して頂点Ｃにいる確率を求めなさい。

7　下の度数分布表は，あるクラスの生徒20人で行ったゲームの得点をまとめたものです。次の問いに答えなさい。

得点(点)	人数(人)
1	2
2	x
3	8
4	y
5	2
計	２０

(1)　$x=1$，$y=7$のとき，得点の最頻値（モード）は何点かを求めなさい。

(2)　$x=3$，$y=5$のときの平均値を求めなさい。

(3)　20人の得点の平均値が3点となるとき，xとyの値を求めなさい。

8　次の問いに答えなさい。

(1)　下の図において，$m /\!/ n$ のとき，$\angle x$ の大きさを求めなさい。

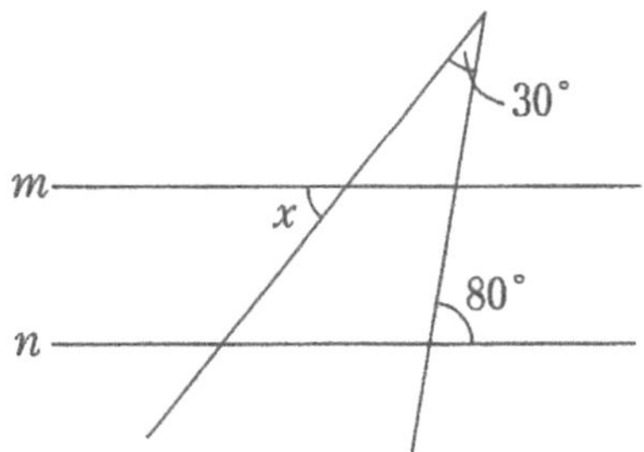

(2)　下の図において，$l /\!/ m /\!/ n$ のとき，x の値を求めなさい。

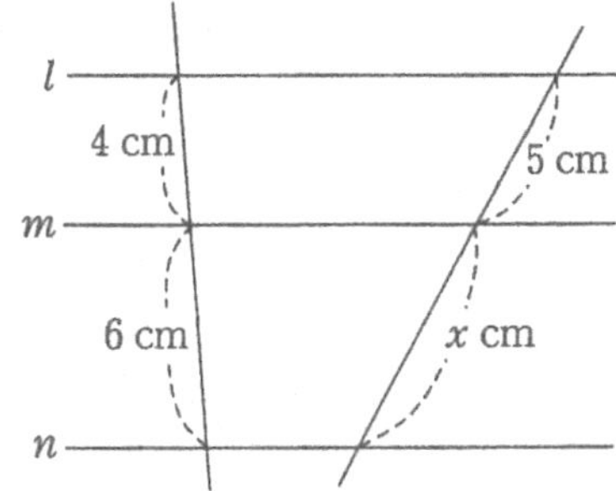

(3)　下の図は，AB＝7 cm，AC＝3 cm，∠ACB＝90°の直角三角形である。辺BCの長さを求めなさい。

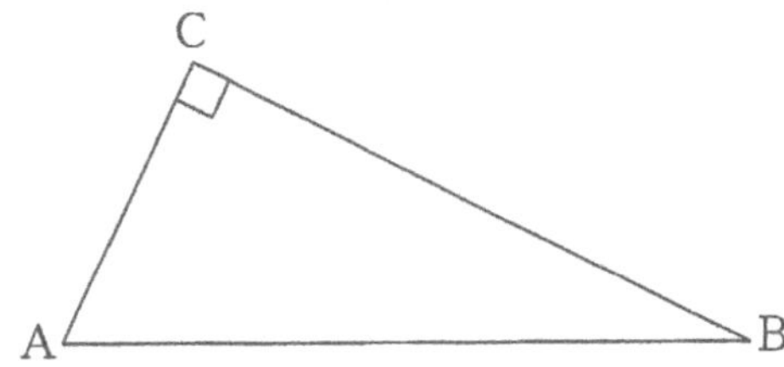

【英　語】（50分）〈満点：100点〉

1 次の各組で，下線部の発音が同じものは○，異なるものは×で答えなさい。ただし，全て○または，全て×の解答は認めません。

（１）climb / bread　　（２）book / school　　（３）earth / learn

2 次の各語を読むとき，最も強く発音する部分を選び，記号で答えなさい。

（１）vol-un-teer（ア イ ウ）　　（２）tel-e-vi-sion（アイウ エ）　　（３）con-ven-ience（ア イ ウ）

3 次の＿に１文字ずつ入れて，日本語の意味を表す単語にしなさい。

（１）夢　dr _ _ m　　（２）新聞　newsp _ _ er

（３）野球　baseb _ _ l　　（４）2月　Febr _ _ ry

（５）窓　wind _ _

4 次の各文が正しい英文になるように，（　　）の中から最も適切な語句を選び，記号で答えなさい。

（１）Nick and I（ア aren't　イ weren't　ウ wasn't　エ isn't）busy yesterday.

（２）This bag is（ア she's　イ her　ウ hers　エ her's）.

（３）They（ア walk　イ walks　ウ walking　エ walkers）in the park.

（４）Did the boy（ア go　イ going　ウ went　エ goes）there?

（５）（ア Swim　イ Swam　ウ Swimming　エ Swimmer）in the sea is fun.

（６）He practiced hard,（ア so　イ but　ウ or　エ if）he lost the game.

（７）He sent a letter（ア me　イ of me　ウ on me　エ to me）.

（８）I go to school（ア in　イ by　ウ with　エ on）bus.

（９）My cell phone is（ア newer　イ more new　ウ the newest　エ the most new）of all.

（10）It is difficult（ア change　イ of changing　ウ to changing　エ to change）the plan.

5 次の（１）～（５）の語句を読んで，意味に合う単語を下の語群から選び答えなさい。

（１）wanting to eat something

（２）feeling unhappy

（３）moving quickly

（４）better than anything else

（５）someone who has a lot of money

語群【 fast　sad　kind　few　hungry　best　rich　famous 】

6 次の日本文に合うように，（　　）内の語句を並べかえて英文を完成させなさい。

（１） この英語の授業では日本語を話してはいけません。

You (speak / not / Japanese / must) in this English class.

（２） 私は，東京に行ったことはありません。

I (been / never / to / have) Tokyo.

（３） トムは今，数学の勉強をしていません。

Tom (math / is / studying / not) now.

（４） この本は英語で書かれています。

This book (English / is / in / written).

（５） ピアノを弾ける女の子を知っています。

I (play / a girl / know / who / can) the piano.

7 次の会話を読んで，（１）～（５）に入るものを下のア～キから選び，記号で答えなさい。

Koji : Hey, Yuko! What are you going to do tomorrow? I am thinking of going to Bandai to buy some clothes.

Yuko : Oh, really? Well, Bandai is the best place for shopping. *Actually, I want to buy a book.

Koji : There is a big book shop there. ＿＿(1)＿＿ You can help me with finding a good T-shirt!

Yuko : Sure, Koji. I like fashion. ＿＿(2)＿＿

Koji : What about meeting at eight o'clock?

Yuko : I think that is too early. I have to help my mom to put *garbage out in the morning.

＿＿(3)＿＿

Koji : That sounds good. Let's meet at ten o'clock in front of our school gate. By the way, what book are you going to buy?

Yuko : I will buy a new text book for *Eiken, of course. I should study English!

Koji : Really? I thought you were going to buy a comic book.

＿＿(4)＿＿

Yuko : Oh, just for 2 weeks. You can do Eiken study easily, Koji, because you are so good at English.

Koji : Really? I don't like speaking in English. English is too difficult for me.

Yuko : ＿＿(5)＿＿ I can help you.

注） Actually　実際に　　Eiken＝英検（実用英語技能検定）　　garbage　ゴミ

ア	What about ten?	イ	Don't worry.
ウ	I finished reading the comic books a week ago	エ	So let's go together
オ	What time do we start tomorrow?	カ	I want to be a fashion designer!
キ	How long have you studied for Eiken?		

8 次の絵は町の一場面を表しています。状況を説明する英文を３つ書きなさい。ただし，１文に４語以上の単語を使いなさい。

9 次の表は，Emilyの予定表です。この表に関して，以下の問いに答えなさい。

August

1	Mon	Music club
2	Tue	Piano lesson
3	Wed	English test
4	Thu	Piano lesson
5	Fri	
6	Sat	Trip to Kyoto
7	Sun	Trip to Kyoto
8	Mon	Trip to Kyoto
9	Tue	Visit Grandmother
10	Wed	Music Club Camp in Nagano
11	Thu	Music Club Camp in Nagano
12	Fri	

問い　次の質問に日本語で答えなさい。

（１） How many times is she going to have a piano lesson?

（２） What day of the week is she going to be free?

（３） What is her plan during the 3 days of holidays?

（４） How long is her Music Club Camp?

（５） When is she going to visit Grandmother?

10 英文を読んで，以下の問いに答えなさい。

Which is better, *bottled water or *tap water? Some people think that bottled water tastes better than tap water. But actually, the *World Wildlife Fund (WWF) says that tap water is a better choice.

First, the WWF says that tap water is as safe as bottled water. The rules for tap water are often stronger than the rules for bottled water in Europe and the U.S.

Second, tap water is much cheaper than bottled water. The WWF says that bottled water costs 500 to 1,000 times as much as tap water! Actually, tap water is better for the environment than bottled water. ①A 500ml bottle of water needs about 125ml of oil to get the water, make the plastic bottle, and *transport the water.

Third, tap water and bottled water taste the same. *ABC News in New York City asked people to drink four kinds of water. 45% liked New York City tap water. ②Only 36% (the / of / bottled water brands / liked / one). ③Sometimes tap water doesn't taste very good because it has a *chemical. This chemical is called *chlorine and it is used in swimming pools. However, you can use a water filter to *take out the chlorine taste. Also, keep the water cold. Cold water tastes better.

Drinking tap water can help you save money, and protect the environment. You should drink from a glass and carry water in a water bottle. Why don't you try it?

注） bottled water　ペットボトル　　tap water　水道水　　WWF　世界自然保護基金
transport　～を輸送する　　ABC　アメリカの放送局　　chemical　薬品
chlorine　塩素系の　　take out　～を取り除く

問１　WWFは水道水とペットボトルの水のどちらを飲むほうが良いと言っていますか。日本語で答えなさい。

問２　下線部①について，「500 mlのペットボトルの水は125 mlの石油を必要とする」と述べられていますが，何をするために石油を必要とするのですか。日本語で３つ答えなさい。

問３　下線部②の(　　)内の語を英文の流れに合うように並べかえなさい。

問４　下線部③について，なぜ水道水の味があまりおいしくないことがあるのですか。その理由を日本語で答えなさい。

問５　本文の内容と一致するものには○を，異なるものには×を書きなさい。ただし，全て○あるいは全て×の解答は認めません。

（１）ヨーロッパやアメリカでは，ペットボトルの水の安全基準は水道水より厳しいことが多い。

（２）ペットボトルの水は水道水よりもずっと安い。

（３）水道水は，冷やすと味がよりおいしくなる。

（４）水道水を飲むことは環境の保護につながる。

生徒Ａ　「最初に筆者は、自動運転が進むと運転が禁止されてしまうことに疑問を持っているね。便利になることはいいことだ、という考えに、全面的に賛成しているわけではなさそうだ。」

生徒Ｂ　「そうだね。よりよい未来のために、今のままの状態を続けるのか、それとも、昔の多少不便だったころに戻るのかを考えてみよう、という発想を読者に示しているね。」

生徒Ｃ　「小説や映画などフィクションの例を挙げて、ロボットやＡＩが進歩した先に待ち受ける未来は暗いことを紹介している。便利さと、人としての幸せとは別だ、という考えなんだろう。」

生徒Ｄ　「それはどうかな。仕事をせずに済んだり、人間関係に悩まなくてよくなったりする例も多く紹介しているよ。少なくともＡＩの進化については賛成派だといえるよ。」

ます。そして、乗組員の一人であるナナという女性は、宇宙の果ての流刑星で異形の植物にメタモルフォーゼ（変身）しました。そして、④それは自ら望んでのことだと言うのです。

植物は意識を持たないものだと仮定します。そうすると、植物は生きてゆくのに自ら手間をかけません。手間だと感じるのも「意識」ですから。また、当然、頭も使いません。とすると、さきの極論を使った思考実験によれば、ナナは究極の豊かさを手に入れたことになります。

この作品でナナがこの選択をしたのは、別の豊かさを求めてでした。ナナの恋人は、死ぬことができないという罰を受け、動物が生きるには過酷な流刑星で永遠に生き続けねばなりませんでした。この恋人のそばにいるため、ナナは過酷な流刑星で生きてゆける植物の身になったのです。砂漠に生えるサボテンのような見た目です。

『不便益のススメ』川上浩司（岩波書店）

（注1）ディズニーとピクサー……ともに、アメリカ合衆国の映像制作会社。
（注2）オコノミボックス……漫画「ドラえもん」に登場する架空の道具。

問一　――線部ⓐ～ⓔのカタカナは漢字に直し、漢字はその読みをひらがなで答えなさい。

問二　――線部①「「不便だからやらなくてもいいよ」が、「やっちゃいけない」になるかもしれません」とありますが、そのことの何が問題なのですか。本文中の語句を用いて、二十字以内で答えなさい。

問三　［1］、［2］にあてはまる語を、それぞれ次から選び、記号で答えなさい。

1　（ア）便利　（イ）素直　（ウ）機械　（エ）不幸
2　（ア）楽しみ　（イ）正直　（ウ）横着　（エ）わがまま

問四　――線部②「人は何もしなくても生きてゆける、という世界」とありますが、これと反対のことが述べられている部分を本文から十五字以内で抜き出しなさい。

問五　――線部③「人類の風貌も、動かす必要のない部分は退化していきます」とあり、本文では足の退化が述べられています。足以外にはどのような体の部分が退化すると考えられますか。「退化する体の部分」と「そのように考えられる理由」を予想し、答えなさい。

問六　――線部④「それは自ら望んでのことだと言うのです」について、次の問いに答えなさい。

（1）「それ」の指す内容を答えなさい。
（2）「ナナ」が「それ」を望んだのはなぜですか。その具体的な理由を本文から十字で抜き出しなさい。

問七　次の会話は、本文を読んだ生徒の感想や意見です。「生徒A」から「生徒D」、それぞれの発言内容が、筆者の述べている内容と合致していれば「○」を、合致していなければ「×」を答えなさい。

は今の半分で済むと試算されているようです。しかし、手動と自動が混在すると事故の原因になるので、その高速道路は手動運転が禁止になるでしょう。つまり「運転しなくていいよ」だったはずが「運転してはいけない」になります。全部が他人や機械任せで楽だけど、自分がやることの喜びが奪われます。

この流れはあるⓑテイドまで進んでしまうと、逆らい難くなります。「みんなが［１］になるんだからええやん。自分で運転したいなんて［２］や」と大勢に言われたら、なかなか言い返せないでしょう。だからといって何もかも今のままがいいとか、古き良き時代に戻れというのも無理です。ほかの道はないものでしょうか。

（注１）ディズニーとピクサーが制作し2008年に公開された「ＷＡＬＬ・Ｅ」（邦題「ウォーリー」）という映画があります。この映画は、近未来を描くＣＧアニメーションで、そこでは究極の便利ライフが描かれています。②人は何もしなくても生きてゆける、という世界です。労働は全てロボットやＡＩが代替してくれます。やらなくてよい、だらけになっています。

③人類の風貌（ふうぼう）も、動かす必要のない部分は退化しています。足などは、ほとんど退化しています。生活の全ての場面でパーソナルモビリティ（一人乗り用のコンパクトな形の移動支援機器）が利用できるのでしょう。または、すでに移動する必要さえなく、生まれた時から同じ場所で生きていけるぐらい便利な社会なのかもしれません。

ⓒ真偽のほどはわかりませんが、ＡＩに人の仕事が奪われる時代が来るという人がいます。もし奪われるとしても、逆に仕事をしなくても生きていけるのならいいじゃないかという考えもあります。しかし、本当に「いいじゃないか」でしょうか？

「ＷＡＬＬ・Ｅ」を観ていると、何をやっても意味がない社会が来たら嫌だな、何をやっても無駄だったら嫌だな、と思わされました。つまり、現代は何かすることに価値がある世界なので良かったね、ということです。

ほかにも色々な小説や映画で便利追求の行き着く先はフィクションのネタにされていますが、どうも楽しい世界として描かれないことが多いようです。便利を無条件に受け入れた先は、ユートピア（理想郷）のようで、実は新たなタイプのディストピア（反理想郷、暗黒世界）かもしれません。

人との関係も作らなくてよさそうです。時間を紡（つむ）ぐパートナーは、学校の同級生でも部活動のチームメイトでもなく、便利なドラえもんの（注２）「オコノミボックス」（１章参照）がやってくれます。またはＡＩ搭載の癒（いや）し系ロボットが、あなたの愚痴（ぐち）に相槌（あいづち）を打ってくれるでしょう。

「徹底的に手間をⓓ省き、頭を使わずに済ませれる先に、究極の豊かさがあるのだ」と、ここまで極論すると、みんながみんな、首をかしげます。ところが今、この極論に通じる事態を私たちは知らず知らずに受け入れてしまっているような気がしませんか？

先の「徹底的に……」の思考実験をしていた時に、たまたま手塚治虫（てづかおさむ）の『火の鳥⑨宇宙・生命編』を手に取りました。ここで取り上げるのは「宇宙編」の方です。26世紀に宇宙船が隕石（いんせき）にⓔショウトツし、４名の乗組員たちがそれぞれ一人乗りのカプセル（緊急脱出船）で宇宙空間に放り出されるというフィクションです。

４名は無線で連絡をとり合いながらも次第に離れ離れになってゆき

問三　――線部②「ヒートアイランド現象」とありますが、その対策として有効な手段は何ですか。本文から二つ抜き出しなさい。

問四　――線部③「遮音効果の高い理想的な森林はどのようなものでしょうか」とありますが、その答えは何ですか。本文中の語句を用いて、四十字以上、五十字以内の一文で答えなさい。

問五　――線部④「このような森林」とは、どのような森林ですか。「外敵」、「影」、「居心地」の三話を用いて説明しなさい。

問六　次の文は、本文の［Ⅰ］～［Ⅳ］のどこに入れるのが最も適切ですか。記号で答えなさい。

> 街路樹や生垣（いけがき）も見た目の美観や目隠しの働き以外に遮音壁としての役目を立派に果たしていました。

問七　文章の最後にある［Ａ］に入る文として、最も適切なものを次から選び、記号で答えなさい。

（ア）森林にとって、貴重な産業である漁業を守るために藻が大切であることを訴えたものです。

（イ）森林にとって、貴重な産業である藻を守るために漁業が大切であることを訴えたものです。

（ウ）藻にとって、貴重な産業である漁業を守るために森林が大切であることを訴えたものです。

（エ）藻にとって、貴重な産業である森林を守るために漁業が大切であることを訴えたものです。

問八　次の（ア）～（カ）から本文の内容と合致するものを三つ選び、記号で答えなさい。解答の順序は問いません。

（ア）皇居と明治神宮の森とをサーモグラフィーで比較してみると、温度は、皇居周辺の方が低い。

（イ）ヒートアイランド現象の影響からか、東京では熱帯夜の続く記録が、次々と更新されている。

（ウ）季節を問わず、地表からの放熱を遮ってくれる木の葉や枝のおかげで、森林の気温は低い状態が保たれる。

（エ）風に揺れる葉音や鳥のさえずりは、音を吸収する効果があるため、森林では外の音がまったく聞こえない。

（オ）日比谷公園の道路に面した場所では、公園の中心部よりも騒音が大きくなる。

（カ）海水中の鉄分不足により、平成一三年には有明海の海苔が黒くならないという事態が発生した。

二　次の文章を読んで、後の問いに答えなさい。原文は横書きですが、出題の都合上、縦書きにしています。

世の中は、「便利になるのはいいことだ」というゼンテイ[ⓐ]で進んでいます。しかし、このままだと[①]「不便だからやらなくてもいいよ」が、「やっちゃいけない」になるかもしれません。たとえば車の自動運転を考えてみます。「ＡＩ（人工知能）はそこまで賢くなれないよ」という意見があることは承知の上で、仮にどのような状況下でも車を運転する、レベル５の完全自動運転が実現したとしましょう。そうなると、道路を効率よく使えるようになるので、たとえば高速道路の車線

に、森林が騒音の発生源に近いことです。できるだけまわりに音が広がらないうちに吸収してしまおうということです。第二に、森林の幅は三〇メートル以上あったほうが効果的です。第三は、冬になっても音を吸収することのできる常緑樹がよいようです。第四は、大きい樹木、中くらいの樹木、小さい樹木がいろいろ混じっている森林が有効です。このような理想的な森林があった場合、騒音のエネルギーを八分の一にする働きがあるそうですし、騒音の発生源を見えなくすることによって安心感を与える心理的効果も大きいようです。

また、森林の中では、風に揺れる葉音などがありますし、鳥のさえずりも聞こえますが、これらの音は人間にとって心地よく、外部の騒音をかき消す効果ももっています。

東京都の日比谷(ひびや)公園では、道路に面した場所で七〇から八〇ホン(注2)あった騒音に対し、数十メートル離れただけの公園の中心部では、五五から六〇ホンにまで減少したという調査結果が出ています。

［　Ⅲ　］

次に、海と森林との関係について見てみることにしましょう。

魚の生息に森林が役立っていることをご存知でしたか。魚は、鳥などの外敵から身を隠すため物影を好みますので、森林が水面に作る影は、魚にとって大変居心地が良いもののようです。④このような森林は魚看山(うおみやま)、魚付山(うおつきやま)などと呼ばれ、昔から漁民によって植林されたり、大切に守られたりしてきました。

［　Ⅳ　］

また、森林は川や海に土砂が流れ込むのを防ぎますから、川や海の環境を守る働きもします。そして、魚の餌(えさ)となるプランクトンの ⓔ繁殖に欠かせない栄養、特にフルボ酸鉄という鉄分の供給がとても大切な役割を果たしています。豊かな森林から流れ出る水には、海水中に含まれる一〇〇から一〇〇〇倍もの鉄分が含まれており、森林がその提供元となって、豊かな海をつくっているといえるでしょう。

平成一三年の一月、有明海(ありあけかい)の海苔(のり)が色落ち被害で問題になりましたが、これも海水中の鉄分が、異常発生した植物プランクトンに横取りされてしまって、海苔が黒くならなかったというものです。

江戸時代中期の一七三六年、東北の盛岡藩(はん)では「海辺の山林について山奉行(やまぶぎょう)に申しつけるが、魚のためになるように林を立てることが肝要である。役人、武士、船頭、船主、名主共によく心得させるように」というおふれが出されたという記録が残っています。これも、［　Ａ　］

『森の力』矢部三雄（講談社）

（注1）サーモグラフィー……物から放たれる赤外線を分析し、熱の様子を図として表した画像、またそれを行う機械のこと。

（注2）ホン……騒音計で計った騒音レベルの単位。

問一　══線部ⓐ～ⓔのカタカナは漢字に直し、漢字はその読みをひらがなで答えなさい。

問二　――線部①「大きな樹木が鬱蒼とした公園に入ると涼しく感じる」とありますが、それはなぜですか。理由にあたる部分を、本文から二つ抜き出しなさい。

【国　語】〈五〇分〉〈満点：一〇〇点〉

〈答えはすべて解答用紙に記入しなさい。字数指定のある問題では、句読点や「　」などの記号もそれぞれ一字として数えます。〉

一　次の文章を読んで、後の問いに答えなさい。

真夏の午後、汗を流しながら外歩きをしている時、①大きな樹木が鬱蒼とした公園に入ると涼しく感じることはありませんか。当然、公園だけでなく周辺に森林があれば、その中も涼しいはずです。

これは単に樹木の枝や葉が日差しを遮って、ⓐチョクシャ日光を受けないからだというふうに思われるでしょうが、樹木のない場所に比べると実際に気温が低いことが分かっています。東京の都心部を空中から(注1)サーモグラフィーで見てみると、皇居や明治神宮の森などが周辺に比べて温度が低くなっています。

では、どうして樹木があるところは涼しいのでしょうか。

一番の理由は、樹木が根から吸い上げた水分を空気中に吐き出しているからです。これを蒸散作用といい、このときに気化熱として熱エネルギーを使ってしまいますので、森林の中の温度が低くなります。夏、庭に水を撒くと涼しくなるのと同じ原理です。森林は、降り注ぐ太陽エネルギーの大部分を吸収して、この蒸散に使うそうです。

もう一つは、樹木の枝や葉が日差しを遮り、熱エネルギーが地表に達するのを減らしていることです。

森林では、樹木の梢などの表面が地面と同じような役割をしていて、その下は涼しいというわけです。

［　Ⅰ　］

近年、②「ヒートアイランド現象」という言葉をよく耳にするようになりました。都市化が進み、コンクリートの建物やアスファルトの道路が地表を覆うようになると、日差しの反射が大きくなり地上の空気が暖められます。これに冷房ⓑソウチの排気熱などが加わって、熱い空気の塊ができⓒ漂ってしまいます。このため、海に浮かぶ島のように夜になっても気温の高い場所が出現するようになってしまいました。

毎年、夏、東京では最低気温が二五度より下がらない熱帯夜が続き、次々と記録を更新しています。これは、ヒートアイランド現象が原因と考えて良いでしょう。

このような都心の異常事態を改善するには、エネルギー消費を抑えることと、公園に樹木を植えたり、空き地や屋上を緑化したりすることが効果的です。皆さんの家でも、庭やベランダに緑を増やして少しでも快適な夏を送ってみてください。

［　Ⅱ　］

また、森林は、冬、地表からの放熱を木の葉や枝が遮ってくれるので、夏とは逆に周辺の気温よりも高くなりますし、乾燥も抑えられ、気象を和らげてくれる働きをしています。

都会では、自動車の走る音やクラクション、ⓓ街頭スピーカーから流れる音など常にさまざまな騒音が耳に入ってきます。しかし、木々に囲まれた公園や森林の中に入ると、驚くほど騒音が聞こえなくなります。

騒音は、音の発生源から遠ざかると次第に小さくなりますが、樹木の枝や葉は音を吸収する働きがあるので、森林に入ると急に静かに感じます。

③遮音効果の高い理想的な森林はどのようなものでしょうか。第一

MEMO

専願

2022年度

解　答　と　解　説

《2022年度の配点は解答欄に掲載してあります。》

<数学解答>

1　(1)　4　(2)　2　(3)　-11.5　(4)　$-\frac{1}{12}$

2　(1)　$-3x+1$　(2)　$-8x+2y$　(3)　-11　(4)　$9a^2+12ab+4b^2$

3　(1)　6　(2)　$5\sqrt{5}$　(3)　$\frac{\sqrt{2}}{2}$　(4)　4

4　(1)　$x=-8$　(2)　$x=7,\ y=2$　(3)　$x=4,\ -3$　(4)　$x=\frac{1\pm\sqrt{41}}{10}$

5　(1)　解説参照　(2)　$y=x^2$　(3)　400cm^2

6　(1)　5通り　(2)　$\frac{5}{36}$　(3)　$\frac{1}{12}$(求め方は解説参照)

7　(1)　5.5　(2)　5.5　(3)　15

8　(1)　$\angle x=45°$　(2)　15　(3)　$\angle x=70°$

○推定配点○

1～3　各3点×12　4～8　各4点×16　計100点

<数学解説>

1　(正負の数の計算)

(1)　$2-(5-7)=2-(-2)=2+2=4$

基本　(2)　$(-2)\times(-3)-4=6-4=2$

(3)　$2.3\times(-5)=-11.5$

(4)　$\frac{1}{4}-\frac{1}{3}=\frac{3}{12}-\frac{4}{12}=-\frac{1}{12}$

2　(文字式の計算，式の値，展開)

(1)　$(-4)\div\frac{4}{3x-1}=-4\times\frac{3x-1}{4}=-(3x-1)=-3x+1$

(2)　$(-3x+y)-(5x-y)=-3x+y-5x+y=-8x+2y$

(3)　$x=-2$を代入する。$-x^2+4x+1=-(-2)^2+4\times(-2)+1=-4-8+1=-11$

(4)　$(3a+2b)^2=(3a)^2+2\times3a\times2b+(2b)^2=9a^2+12ab+4b^2$

3　(平方根)

(1)　$\sqrt{3}\times2\sqrt{3}=2\times(\sqrt{3})^2=2\times3=6$

基本　(2)　$\sqrt{20}+\sqrt{45}=2\sqrt{5}+3\sqrt{5}=5\sqrt{5}$

(3)　$\frac{2}{\sqrt{8}}=\frac{2}{2\sqrt{2}}=\frac{1}{\sqrt{2}}=\frac{1\times\sqrt{2}}{\sqrt{2}\times\sqrt{2}}=\frac{\sqrt{2}}{2}$

(4)　$xy=(\sqrt{7}+\sqrt{3})(\sqrt{7}-\sqrt{3})=(\sqrt{7})^2-(\sqrt{3})^2=7-3=4$

4　(方程式)

(1)　$3x-5(2+x)=6$　$3x-10-5x=6$　$3x-5x=6+10$　$-2x=16$　$x=-8$

(2)　$x=4y-1$…①を$2x-y=12$…②に代入すると$2(4y-1)-y=12$　$8y-2-y=12$　$8y-y=12+2$　$7y=14$　$y=2$　①に代入すると$x=4\times2-1=7$

(3)　$x^2-x-12=0$　$(x-4)(x+3)=0$　$x=4,\ -3$

(4)　$5x^2-x-2=0$　解の公式より$x=\dfrac{-(-1)\pm\sqrt{(-1)^2-4\times5\times(-2)}}{2\times5}=\dfrac{1\pm\sqrt{1+40}}{10}$　$x=\dfrac{1\pm\sqrt{41}}{10}$

5 (2乗に比例する関数)

(1)　1段目は1cm×1cmの正方形が1個で1cm²，2段目は正方形が1+3=4(個)で4cm²，3段目は正方形が1+3+5=9(個)で9cm²，4段目は正方形が1+3+5+7=16(個)で16cm²，5段目は正方形が1+3+5+7+9=25(個)で25cm²

段数(段)	1	2	3	4	5	…
図形の面積(cm²)	1	4	9	16	25	…

重要 (2)　図形の面積は段数の2乗に比例しているため，$y=x^2$と表すことができる。

(3)　$y=x^2$に$x=20$を代入。$y=20^2=400$　400cm²

6 (場合の数，確率)

(1)　$(a,\ b)=(2,\ 6)$，$(3,\ 5)$，$(4,\ 4)$，$(5,\ 3)$，$(6,\ 2)$の5通り。

(2)　大小2つのさいころの目の出方は全部で6×6=36(通り)なので，$\dfrac{5}{36}$

(3)　$a-b=3$となるのは，$(a,\ b)=(4,\ 1)$，$(5,\ 2)$，$(6,\ 3)$の3通りなので，その確率は$\dfrac{3}{36}=\dfrac{1}{12}$

7 (中央値，平均値)

(1)　AさんからHさんまでの8人の得点を小さい順に並べると，1，3，3，5，6，8，9，9となる。8人の中央値は小さい方から4番目と5番目の平均なので，(5+6)÷2=5.5

(2)　(1+3+3+5+6+8+9+9)÷8=44÷8=5.5

やや難 (3)　AからHまで8人の合計は44点，10人の平均値が5.9点であることから10人の合計は59×10=59点。IさんとJさんの得点の合計は59−44=15(点)

8 (平面図形)

やや難 (1)　右図のように2本ℓ，mに平行な直線を引く。錯角が等しくなるため，$\angle a=32°$，$\angle a+\angle b=50°$であるから$\angle b=50°-32°=18°$　錯角が等しくなるため$\angle b=\angle c=18°$　$\angle c+\angle d=63°$であるから$\angle d=63°-18°=45°$　錯角が等しくなるため$\angle d=\angle x=45°$

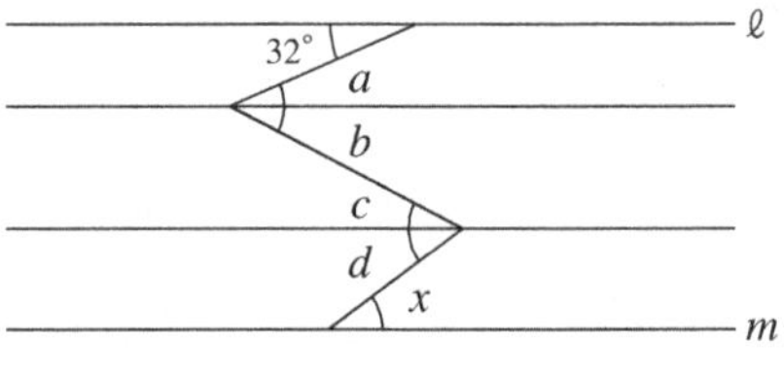

重要 (2)　DE//BCより同位角が等しいので∠ADE=∠ABC，∠AED=∠ACB　2組の角がそれぞれ等しいので△ADE∽△ABC　対応する辺の比が等しいのでAD：AB=DE：BC　6：(6+4)=9：x　$6x=90$　$x=15$

(3)　$\overset{\frown}{AC}$に対する円周角の定理より$\angle ABC=\dfrac{1}{2}\times\angle AOC=92°\div2=46°$　△BCDの内角について$\angle x+64°+46°=180°$　$\angle x=180°-(64°+46°)=70°$

★ワンポイントアドバイス★

各単元の基本事項をしっかり身に付けておきたい。求め方を書く問題が多いので，日頃から途中式をきちんとかく習慣をつけておくとよい。

＜英語解答＞

1 (1) ア (2) ウ
2 (1) ア (2) エ (3) イ
3 (1) west (2) dark (3) end (4) left (5) back
4 (1) イ (2) エ (3) ウ (4) イ (5) エ (6) ア (7) ウ
(8) イ (9) ウ (10) ア
5 (1) エ (2) イ (3) エ (4) ア (5) ウ
6 (1) Take the next train. (2) glad to see you (3) were in Sapporo yesterday
(4) Who lives in this house? (5) takes us camping every
7 (1) × (2) ○ (3) × (4) ○ (5) × (6) ○
8 (1) エ (2) カ (3) イ (4) キ (5) ア
9 (解答例) A girl is sleeping. A boy is brushing his teeth. A boy is taking a bath. A woman is cleaning. A girl is reading a book. There is a television in living room. など
10 問1 1 (3) 2 (1) 3 (4) 問2 静かな場所で勉強できる。／夏は涼しく，冬は暖かい。／本やインターネットで多くのことを学ぶことができる。 問3 hard
問4 (1) × (2) × (3) ○ (4) × (5) ○

○推定配点○
1・4 各1点×12 他 各2点×44 計100点

＜英語解説＞

1 (発音)

(1) アは [ai]，他は [i]。 (2) ウは [ð]，他は [θ]。

2 (アクセント)

(1) アは第2音節，他は第1音節を強く読む。 (2) エは第1音節，他は第2音節。
(3) イは第2音節，他は第1音節。

3 (反意語)

(1) east「東」⇔ west「西」 (2) bright「明るい」⇔ dark「暗い」 (3) begin「始まる」⇔ end「終わる」 (4) right「右」⇔ left「左」 (5) front「前」⇔ back「後ろ」

基本 4 (語句補充・選択：時制，受動態，代名詞，前置詞，熟語，進行形，比較，分詞，現在完了)

(1) 「父は毎日テレビを見る」 現在の習慣を表す現在形。主語が3人称単数なので -s が付く。watch のように tch で終わる語には -es を付ける。
(2) 「タナカ先生は私たちの先生ではありません」 be動詞の否定文。主語が3人称単数なのでbe動詞は is を用いる。
(3) 「すべての窓は閉まっている」 受動態〈be動詞＋過去分詞〉「～されている」の文。
(4) 「あれはあなたのカードです」 所有格 your「あなたの」
(5) 「シンジはバスで学校に行く」 〈by ＋乗り物〉「～で」
(6) 「あなたはどこの出身ですか」 be from ～「～出身だ」
(7) 「ユウコは門のところであなたを待っている」 「～している」を表す現在進行形〈be動詞＋～ing〉の文。
(8) 「私はあなたの妹より若い」 than「～よりも」があるので比較級にする。

(9)「彼と話している少女は私の妹だ」 形容詞的用法の現在分詞句 talking with him が girl を後ろから修飾する。

(10)「ユミはここに10年間住んでいる」 継続を表す現在完了〈have ＋過去分詞〉の文。

基本 **5** (対話文完成：口語表現)

(1) A：あなたのクラブには何人部員がいますか。／B：11人います。男子6名，女子5名です。

(2) A：これは誰の本ですか。／B：それは私のものです。 mine「私のもの」

(3) A：あなたはなぜスーパーへ行ったのですか。／B：牛乳を買うためです。パンケーキを作りたかったんです。 この to buy は「～するために」と目的を表す副詞的用法の不定詞。

(4) A：すみませんが，今何時ですか。／B：2時です。

(5) A：もしもし，メアリーです。キャシーと話せますか。／B：申し訳ありませんが，彼女は外出しています。伝言を承りましょうか。 電話でのやりとり。

基本 **6** (語句整序：命令文，不定詞，疑問詞)

(1) 命令文は動詞の原形で始める。take「(乗り物)に乗る」

(2) 〈be glad to ＋動詞の原形〉「～してうれしい」

(3) 〈be動詞＋場所〉「～にいる，ある」 過去形の文なのでbe動詞は were を用いる。

(4) 疑問詞 who が主語の疑問文は Who を文頭に置いて，直後に動詞を置く。

(5) take「～を連れて行く」 every ～「毎～に」

重要 **7** (資料読解：内容一致)

(全訳)

英国劇団による
タイム・トラベラー
11月17日～11月20日

＊世界的に有名な劇団であるBTC(英国劇団)が新潟市民会館でタイム・トラベラーを上演します。BTCの初めての新潟公演ですので，この機会をお見逃しなく。開場は午後5時30分です。

チケット 座席の事前購入はインターネットのみで可能です。

チケット	料金	販売状況
S席	5,000円	可能(購入できます)
A席	3,000円	売り切れ
B席	2,000円	可能(購入できます)

・学生は当日，新潟市民会館のチケット窓口でのみ，割引シート券が購入できます。
・一度に4枚まで購入できます。

(1)「タイム・トラベラーは11月17日と11月20日のみ上映される」(×)

(2)「BTCは今までに新潟で公演したことがない」(○)

(3)「新潟市民会館の窓口で事前にチケットが購入できる」(×)

(4)「S席は最も高いチケットだ」(○)

(5)「学生はインターネットで割引シート券が買える」(×)

(6)「一度にチケット3枚が買える」(○)

8 (会話文読解：文補充・選択)

みゆき　　：こんにちは，ブライアン。(1)ここ，日本での生活はどう？

ブライアン：素晴らしいよ。みんなとても親切だ。僕はここが本当に居心地よく感じているよ。

みゆき　　：それはよかった。私はあなたに尋ねたいことがあるの。(2)私は日本の漫画がカナダで人気だと聞いたわ。これって本当なの？

ブライアン：うん，本当だよ。たくさんの日本の漫画が英語や他の言語に翻訳されている。それらは本当に人気があるよ。

みゆき　　：(3)あなたはカナダにいた時に漫画を読んだ？

ブライアン：もちろん。僕は小学生の時にドラえもんの本を英語で読んだよ。

みゆき　　：本当？　それは興味深いわ。

ブライアン：今，僕はそれらを日本語で読みたい。(4)それは日本語を学ぶ良い方法だと思う。

みゆき　　：それは素晴らしい考えね。(5)ねえ，私の弟がドラえもんの本を持っているの。弟はきっと喜んであなたに貸すと思う。

ブライアン：ありがとう，みゆき。

重要 9 （英作文：進行形，熟語）

解答例の訳　「1人の少女が寝ています」「1人の少年が歯を磨いています」「1人の少年がお風呂に入っています」「1人の女性が掃除をしています」「1人の少女が本を読んでいます」「居間にテレビが1台あります」

人物が行っている動作を説明する文では，動詞は現在進行形にする。また，〈There is ＋単数名詞〉または〈There are ＋複数名詞〉で「～がある，いる」という文もよい。

10 （長文読解・エッセイ：内容吟味，文補充・選択，指示語，内容一致）

（全訳）僕は幼い頃，図書館が好きだった。[1]僕の家の近くに公立図書館があった。たくさんの絵本があり，そこでそれらを読むことができたので，僕はほぼ毎週末，そこで両親と一緒に2，3時間過ごした。僕は当時は絵本しか読まなかったが，たくさんの種類の本があった。たとえば，小説，歴史書，雑誌などだ。[2]僕の両親はよく小説を読んでいた。僕たちが家でそれらを読みたければ，約2週間借りることができ，無料で借りられた。[3]僕たちは全くお金がかからずに本を読むことができた。

今，僕は高校生だ。僕は毎日たくさん勉強しなくてはならない。ふつう僕は家で勉強し，宿題をするが，ア時々図書館で勉強する。第1に，静かな場所で勉強できる。僕には2人の弟がいて，彼らはまだ10歳と6歳なので，家で遊んだり音楽を聞いたりしている。学習に集中するのは[4]難しい。他方，図書館では人は基本的に話さない。第2に，夏に涼しく冬に温かい。特に夏は，自宅の外も中もとても暑くて，僕はそこでは勉強できない。第3に，本やインターネットで多くのことを学ぶことができる。高校で僕たちはSDGs(持続可能な開発目標)について学ぶ。SDGsは2015年に設定されたグローバル目標だ。僕たちはすべての人々が2030年までに良い生活ができるように行動しなくてはならない。僕は図書館でSDGsについて学ぶためにコンピュータを使う。僕はたくさんの種類の本が見たいし，図書館には僕が好きな本がたくさんある。

問1　全訳下線部参照。

重要 問2　第2段落第4文，第8文，第10文参照。First「第1に」，Second「第2に」，Third「第3に」という語が文頭にあることに着目する。具体的な理由を順番に述べている。

問3　〈It is hard to ＋動詞の原形〉「～することは難しい」

重要 問4　(1)「タケシは放課後，たくさんの本を読むために図書館に行った」(×)　(2)「タケシは図書館から1か月間本を借りることができた」(×)　(3)「タケシは高校生なので毎日一生懸命勉強しなくてはならない」(○)　(4)「タケシは中学校でコンピュータを使ってSDGsについて学んだ」(×)　(5)「図書館はタケシが読みたい本がたくさんある」(○)

★ワンポイントアドバイス★

8の会話文読解は，日本の漫画が海外で人気だ，ということが話題になっている。日本の伝統文化についてだけでなく，日本の漫画・アニメに関する文章も，よく入試で取り上げられる。

<国語解答>

一　問一　ⓐ　賛成　ⓑ　処分　ⓒ　けいえん　ⓓ　ささ　ⓔ　業績
問二　(例)　飼育されている動物の状況を描写し，人間に動物を過酷な環境で飼育する権利があるかを問いかけた本。　問三　1　エ　2　イ　問四　動物と人間の境界を完全にとりはずすべきだ　問五　(例)　不健康な動物を食べることになるから。
問六　ウ・オ　問七　(例)　ある程度豊かで，人々が健康に留意するようになった社会。
問八　安くても健康によくない食品　問九　(例)　自身の健康や動物福祉に関心が強い消費者。　問十　イ　問十一　意識

二　問一　ⓐ　つちか　ⓑ　推測　ⓒ　ふんいき　ⓓ　観察　ⓔ　いごこち
問二　A　イ　B　エ　問三　①　不快な皮膚感覚…危険なものとして近づかない。
②　好きな皮膚感覚…心地よい刺激として近づく。　問四　新鮮な果実や，健康な個体
問五　(例)　嫌悪感をもよおす「醜いもの」「汚いもの」。　問六　皮膚感覚
問七　触覚　問八　ア　問九　鳥

○推定配点○
一　問一・問三・問六　各2点×9　他　各4点×8　二　問一　各2点×5　他　各4点×10
計100点

<国語解説>

一　(論説文ー内容吟味，文脈把握，指示語の問題，脱文・脱語補充，漢字の読み書き)

問一　ⓐ　人の意見に同意すること。「賛」を使った熟語には，他に「称賛」「自画自賛」などがある。　ⓑ　不要なものを始末すること。「処」を使った熟語は，他に「処遇」「対処」などがある。　ⓒ　関わりを持つことを嫌って避けること。「敬」の訓読みは「うやま(う)」。　ⓓ　音読みは「シ」で，「支援」「支障」などの熟語がある。　ⓔ　なしとげた実績。「績」を使った熟語は，他に「紡績」「功績」などがある。

問二　直後の文で「これは飼育されている動物の状況を描写し，人間に動物を過酷な環境で飼育する権利があると問いかけた衝撃的な書物」と内容を説明している。「どのような内容の本ですか」と問われているので，「問いかけた衝撃的な書物」を「問いかける内容の本」と置き換えてまとめる。

問三　1　前の「衝撃的な書物」が「呼び起こ」したものは何か。発表された事柄に対するさまざまな反応という意味の語があてはまる。　2　前の「狭い場所に詰め込まれ，太陽を見ることもない」に着目する。あまりにもひどくていたましいという意味の語があてはまる。

問四　——線部②の「過激」は，考え方が世間の常識からひどくかけ離れている様子を表す。このような考え方を述べている部分を探すと，同じ文に「動物と人間の境界を完全にとりはずすべきだ」とあるのに気づく。

問五　――線部③の「人間にとってもよくないこと」とする理由を直後の段落で述べている。直後の段落の「そういう不健康な動物を食べることは，人間の健康にもよいはずはありません」という表現を用いて，指定字数の二十字以内におさまるようにまとめ，文末を「～から。」で結ぶ。

問六　――線部④の「よい流通」について，直後で「庭を自由に動けるニワトリは狭い鶏舎に閉じ込められたニワトリより健康ですから，卵も良質……支持されているそうです」と具体的に述べている。「健康」なニワトリの肉を意味する(ウ)と，「良質な卵」とある(オ)を選ぶ。

問七　前後の「安くても健康によくない食品」が「敬遠されるようになる」社会とは，どのような「社会」なのかを考える。直前の文の「世の中がある程度豊かになると，多くの人は健康に留意するようになる」という語句を用いて，「～社会。」に続くようにまとめる。

基本　問八　直前の文の「安くても健康によくない食品」に着目する。

やや難　問九　直後の「動物の健康を支えている」のは，どのような「消費者」なのかを考える。直前の段落で「動物福祉という考え」から「飼育条件をできるだけ改善」して飼育されたニワトリの例を挙げ，「ブランドものとして売られ，自身の健康や動物福祉に関心が強い富裕層などに支持されている」と述べている。この語句を用いて，「～消費者。」に続くようにまとめる。

問十　――線部⑧の「封印」は，ここでは表に出さないようにするという比喩的な意味で用いられている。どのような「家畜の生活」が「封印」されていたのかを読み取る。前後の文脈に「ハリソンやシンガー」が「とりあげ」とあることから，冒頭の段落でシンガーとハリソンが述べた「家畜を虐待と言ってよいほどの劣悪な環境で飼育する」に着目し，同じ内容を述べている(イ)を選ぶ。他の選択肢は，ハリソンやシンガーが取り上げた内容に合わない。

重要　問十一　前後の文脈から，筆者は家畜に対して「考える機会」をどのように「作る必要がある」と言っているのかを考える。「［3］的に」で，自分でわかってわざわざそうする様子という意味になる語があてはまる。

二　(論説文─内容吟味，文脈把握，脱文・脱語補充，漢字の読み書き，語句の意味，ことわざ・慣用句)

問一　ⓐ「培う」は，養い育てること。音読みは「バイ」で，「培養」「栽培」などの意味がある。
ⓑ　ある事柄をもとに推し量ること。「推」を使った熟語には，他に「推薦」「推移」などがある。
ⓒ　その場がかもしだしている気分。「雰」　ⓓ　物事の変化や状態を注意深く見ること。
ⓔ　ある場所にいて感じる気分。「居」の音読みは「キョ」で，「居住」「起居」などの熟語がある。

問二　A　気が詰まる，と考える。　B　楽曲を演奏する速度，という意味からできた言葉。

問三　――線部①②のそれぞれの皮膚感覚を抱くものに触れたときの「行動」について，直後の段落で具体的に述べている。①の「不快な皮膚感覚」の例として「腐った食べ物やトゲのある植物など」を挙げ，その後に「危険なものとして近づかない」という行動を述べている。②の「好きな皮膚感覚」の例として「柔らかい毛布のような心地」を挙げ，「母親の肌と類似した心地よい刺激として近づく」という行動を述べている。これらの語句を用いて簡潔に答える。

基本　問四　――線部③「見た目で好きなもの」について，直後の文で「前者はたとえば新鮮な果実や，健康な個体の特徴」と説明している。ここから，具体的な内容を抜き出す。

問五　直前の文で「見た目で好きなものは，『美しいもの』『きれいなもの』」と「『醜いもの』『汚いもの』は嫌悪感をもよおす」と述べており，この「後者」の内容をまとめる。文末を「『醜いもの』『汚いもの』」とするために，「嫌悪感をもよおす」を修飾語として加える。

問六　同じ文の「『ねちねち』『べたべた』『とげとげ』『陰湿な』」という表現は，何が用いられているのかを考える。一つ後の文の「人を中身で判断しようとするときに，私たちは皮膚感覚を言葉にしている」に着目し，ここからあてはまることばを抜き出す。

問七　直前の「『ねちねち』『べたべた』『とげとげ』『陰湿な』」という表現は，いずれも触れたときの感覚である。

重要 問八 「それでは」で始まる段落に「『息が合わない』ときと，『肌が合わない』ときでは，どちらが本質的に合わないといえるだろうか。」とあり，この後で二つの違いを述べている。「息は自分で変えることができる」で始まる段落に「嫌な相手でも自分の息を変えて(表面的に)合わせることはできる」，「それに対して，『肌が合わない』というのは」で始まる段落に「どうしようもない面がある。無理に『肌を合わせる』ことはできても，相手に対して嫌悪感が増すだけ」とあり，この内容を述べている(ア)が最も適切。「『肌が合う』の場合には，何かをする以前から」とあるので，(イ)は適切ではない。(ウ)の「両方とも相手によって変えることができる」が適切ではない。「息が合う」は「相手とテンポや考え方が合うという時に使う」とあるので，「考え方や価値観だけが合わない際」に「息が合わない」と使うとある(エ)も適切ではない。

問九 「[3]肌が立つ」で，寒さや恐怖で皮膚に鳥の毛をむしったあとのようなぶつぶつができるという意味になる漢字一字があてはまる。

★ワンポイントアドバイス★

記述問題では，本文中の語句を効果的に用いてまとめる力が要求されている。設問で何を問われているのかに注意して，問われたように答えることが大切だ。

一般2月

2022年度

解　答　と　解　説

《2022年度の配点は解答欄に掲載してあります。》

<数学解答>

1 (1) -22　(2) 4　(3) -10　(4) -3.4　(5) -1.6　(6) $-\frac{9}{8}$　(7) 9

2 (1) -36　(2) $-x+12$　(3) x^2+x-20　(4) $(x+3)(x+4)$

3 (1) 10　(2) $3\sqrt{5}$　(3) $\frac{2\sqrt{5}}{5}$　(4) $17+4\sqrt{15}$　(5) -1

4 (1) $x=4,\ y=-\frac{1}{2}$　(2) $x=2,\ y=5$　(3) $x=-2,\ 7$　(4) $x=\frac{7\pm\sqrt{37}}{6}$

5 (1) $y=40x+1500$　(2) 2140円　(3) Aさんの家

6 (1) 5通り　(2) 4通り　(3) $\frac{1}{9}$

7 (1) 3点　(2) 3.1点　(3) $x=4,\ y=4$

8 (1) $\angle x=50°$　(2) $x=\frac{15}{2}$　(3) $BC=2\sqrt{10}$cm

○推定配点○

1～6　各3点×26　　7 (3) 4点　　他　各3点×2　　8　各4点×3　　計100点

<数学解説>

1 (正負の数の計算)

基本 (1) $-15-7=-22$

(2) $-6-(-10)=-6+10=4$

(3) $6+(-8)\times2=6+(-16)=-10$

(4) $3.6-7=-3.4$

(5) $-3.2\times0.5=-1.6$

(6) $\frac{5}{8}-\frac{7}{4}=\frac{5}{8}-\frac{14}{8}=-\frac{9}{8}$

(7) $\left(-\frac{21}{5}\right)\times\left(-\frac{15}{7}\right)=\frac{21\times15}{5\times7}=9$

2 (文字式の計算，因数分解)

(1) $x=-3$のとき$x^3-x^2=(-3)^3-(-3)^2=-27-9=-36$

(2) $7x-4(2x-3)=7x-8x+12=-x+12$

基本 (3) $(x+5)(x-4)=x^2+(5-4)\times x+5\times(-4)=x^2+x-20$

(4) $x^2+7x+12=x^2+(3+4)\times x+3\times4=(x+3)(x+4)$

3 (平方根)

(1) $\sqrt{20}\times\sqrt{5}=\sqrt{100}=10$

(2) $\sqrt{20}+\sqrt{5}=2\sqrt{5}+\sqrt{5}=3\sqrt{5}$

(3) $\frac{2}{\sqrt{5}}=\frac{2\times\sqrt{5}}{\sqrt{5}\times\sqrt{5}}=\frac{2\sqrt{5}}{5}$

(4)　$(2\sqrt{3}+\sqrt{5})^2=(2\sqrt{3})^2+2\times2\sqrt{3}\times\sqrt{5}+(\sqrt{5})^2=12+4\sqrt{15}+5=17+4\sqrt{15}$

(5)　$(\sqrt{3}+2)(\sqrt{3}-2)=(\sqrt{3})^2-2^2=3-4=-1$

4 (方程式)

(1)　$5x+4y=18$…①　$x+2y=3$…②は両辺を2倍して$2x+4y=6$…②×2　①－②×2は$3x=12$　$x=4$　②に代入すると$4+2y=3$　$2y=-1$　$y=-\frac{1}{2}$

(2)　$3x+2y=16$…①に$y=2x+1$…②を代入すると$3x+2(2x+1)=16$　$3x+4x+2=16$　$7x=14$　$x=2$　②に代入すると$y=2\times2+1=5$

(3)　$x^2-5x-14=0$　$(x+2)(x-7)=0$　$x=-2,\ 7$

(4)　$3x^2-7x+1=0$　解の公式を利用して$x=\frac{-(-7)\pm\sqrt{(-7)^2-4\times3\times1}}{2\times3}=\frac{7\pm\sqrt{49-12}}{6}$　$x=\frac{7\pm\sqrt{37}}{6}$

5 (1次関数)

(1)　$y=40x+1500$

(2)　(1)の式に$x=16$を代入すると$y=40\times16+1500=2140$　2140円

重要　(3)　Aさんの家の水道代は$y=40\times30+1500=2700$(円)　Bさんの家の水道代は$30\times30+2000=2900$(円)になるので，Aさんの家の方が安い。

6 (場合の数，確率)

(1)　2個のさいころの目の和が6になるのは(大，小)＝(1，5)，(2，4)，(3，3)，(4，2)，(5，1)の5通り。

(2)　1周して頂点Cにいるのは，さいころの目の和が5になるとき。(大，小)＝(1，4)，(2，3)，(3，2)，(4，1)の4通り。

(3)　2個のさいころの目の出方は$6\times6=36$(通り)なので，$\frac{4}{36}=\frac{1}{9}$

7 (最頻値，平均値)

(1)　最も人数が多いのは8人の3点。最頻値は3点。

(2)　20人の合計点は$1\times2+2\times3+3\times8+4\times5+5\times2=2+6+24+20+10=62$(点)　$62\div20=3.1$(点)

やや難　(3)　平均点が3点なので，$(1\times2+2x+3\times8+4y+5\times2)\div20=3$　両辺を3倍して$2x+4y=60-36$　両辺を2で割ると$x+2y=12$…①　人数の合計が20であることから$2+x+8+y+2=20$　$x+y=20-12$　$x+y=8$…②　①－②は$y=4$　②に代入すると$x+4=8$　$x=4$

8 (平面図形)

やや難　(1)　右図のように頂点に名前をつける。平行線の錯角は等しいので$\angle BCD=80°$　対頂角は等しいので$\angle ABC=x$　△ABCについて外角の定理により$\angle BCD=\angle ABC+\angle BAC$　$80°=\angle x+30°$　$\angle x=80°-30°=50°$

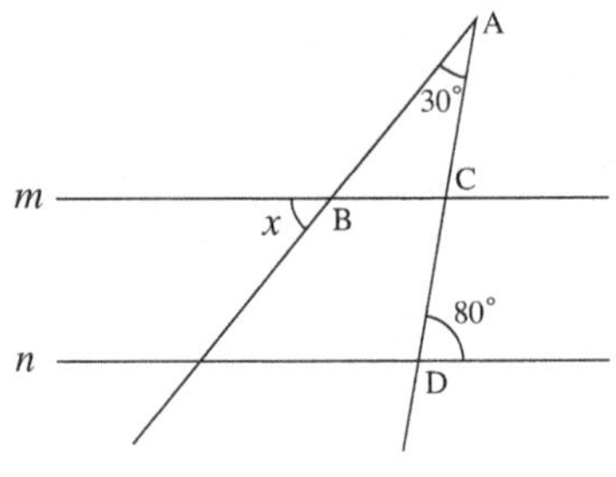

重要　(2)　$4:6=5:x$　$4x=30$　$x=\frac{15}{2}$

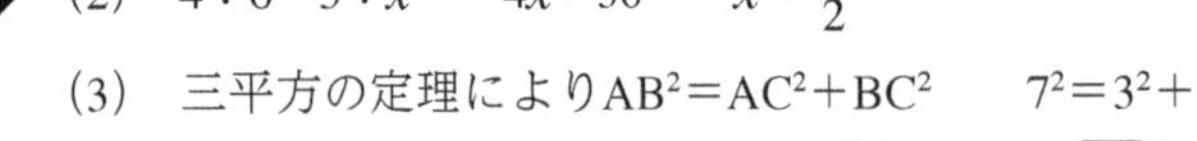
(3)　三平方の定理により$AB^2=AC^2+BC^2$　$7^2=3^2+BC^2$　$49=9+BC^2$　$BC^2=40$　$BC>0$より$BC=2\sqrt{10}$(cm)

★ワンポイントアドバイス★

基本レベルの問題が中心なので，ミスなく確実に正解にたどりつけるよう，各単元の基本事項を身につけ，問題演習をしておこう。

＜英語解答＞

1 (1) × (2) × (3) ○

2 (1) ウ (2) ア (3) イ

3 (1) dream (2) newspaper (3) baseball (4) February (5) window

4 (1) イ (2) ウ (3) ア (4) ア (5) ウ (6) イ (7) エ
(8) イ (9) ウ (10) エ

5 (1) hungry (2) sad (3) fast (4) best (5) rich

6 (1) must not speak Japanese (2) have never been to (3) is not studying math (4) is written in English (5) know a girl who can play

7 (1) エ (2) オ (3) ア (4) キ (5) イ

8 (解答例) A man is walking with his dog. A girl is watering flowers. A man is carrying a box. A woman is sweeping the garden. A woman is taking pictures. There is a cat on the roof. A man is cleaning the door. など

9 (1) 2回 (2) 金曜日 (3) 京都への旅行 (4) 2日間 (5) 8月9日

10 問1 水道水の水を飲むべきだと言っている。 問2 水をくみ上げる。／プラスチックボトルを作る。／水を輸送する。 問3 liked one of the bottled water brands
問4 水道水に薬品が含まれているから。 問5 (1) × (2) × (3) ○
(4) ○

○推定配点○

1・3 各1点×8 他 各2点×46 計100点

＜英語解説＞

1 (発音)

(1) 上は発音しない(黙字)，下は [b]。 (2) 上は [u]，下は [uː]。 (3) ともに [əːrː]。

2 (アクセント)

(1) [vɑ̀ləntíər] (2) [téləvìʒən] (3) [kənvíːnjəns]

3 (単語：つづり)

(1) dream「夢」 (2) newspaper「新聞」 (3) baseball「野球」 (4) February「2月」
(5) window「窓」

基本 4 (語句補充・選択：時制，代名詞，動名詞，接続詞，前置詞，熟語，比較，不定詞)

(1) 「ニックと私は昨日忙しくなかった」 be動詞の否定文。主語が複数で時制が過去なので，be動詞は were となる。

(2) 「このかばんは彼女のものだ」 hers「彼女のもの」

(3) 「彼らは公園を散歩する」 現在の習慣を表す現在時制の文。

(4) 「その少年はそこへ行きましたか」 一般動詞の過去形の疑問文。

(5) 「海で泳ぐことは楽しい」 動名詞句 Swimming in the sea「海で泳ぐこと」が主語の文。
(6) 「彼は一生懸命に練習した，しかし彼は試合に負けた」 接続詞 but「しかし」
(7) 「彼は私に手紙を送ってくれた」〈send ＋もの＋ to ＋人〉「(もの)を(人)に送る」
(8) 「私はバスで学校に行く」〈by ＋乗り物〉「～で」
(9) 「私の携帯電話はすべての中で最も新しい」〈the ＋最上級＋ of all〉「すべての中で最も…」
(10) 「計画を変えることは難しい」 形式主語構文〈It is ＋形容詞＋ to ＋動詞の原形〉「～することは…だ」

基本 5 (語彙)
(1) 「何か食べたい」→ hungry「おなかがすいた」
(2) 「不幸に感じる」→ sad「悲しい」
(3) 「素早く動く」→ fast「速く」
(4) 「他の何よりも良い」→ best「最も良い，最高の」
(5) 「お金をたくさん持っている人」→ rich「金持ちの，裕福な」

基本 6 (語句整序：助動詞，現在完了，進行形，受動態，関係代名詞)
(1) You must not ～「～してはいけない」
(2) have never been to ～「～に行ったことがない」 経験を表す現在完了の文。
(3) 現在進行形の否定文。be動詞の後ろに not を置き，動詞の～ing形を続ける。
(4) 受動態〈be動詞＋過去分詞〉「～されている」の文。〈in ＋言語〉「～語で」
(5) まず I know a girl「私は女の子を知っている」とする。who は主格の関係代名詞で，who can play the piano「ピアノが弾ける」が girl を後ろから修飾する形にする。

7 (会話文読解：文補充・選択)
(全訳) コウジ：やあ，ユウコ！ 明日は何をするつもり？ 僕は洋服を買いに万代に行くことを考えているよ。
ユウコ：本当？ 万代は買い物に最高な場所よね。実は私は本が買いたいの。
コウジ：あそこには大きな書店がある。(1)<u>だから一緒に行こうよ</u>。僕がいいTシャツを見つけるのを手伝って！
ユウコ：いいよ，コウジ。私はファッションが好き。(2)<u>明日は何時に出発する</u>？
コウジ：8時に会うのはどう？
ユウコ：それは早すぎると思う。私は朝，母がゴミ出しをするのを手伝わないといけないの。(3)<u>10時はどう</u>？
コウジ：いいよ。学校の校門の前で10時に会おう。ところで，何の本を買うつもりなの？
ユウコ：もちろん，英検のための新しい参考書を買うつもりよ。私は英語を勉強しなくちゃ！
コウジ：本当？ 僕は君が漫画を買うと思った。(4)<u>英検のためにどのくらい勉強しているの</u>？
ユウコ：2週間よ。コウジ，あなたは英検の勉強を簡単にできるわ，だってすごく英語が得意だから。
コウジ：本当？ 僕は英語で話すのが好きじゃない。英語は僕には難しすぎるよ。
ユウコ：(5)<u>心配しないで</u>。私が手伝うよ。

重要 8 (英作文：進行形，熟語)
解答例の訳 「1人の男性が犬と散歩しています」「1人の少女が花に水やりをしています」「1人の男性が箱を運んでいます」「1人の女性が庭を掃いています」「1人の女性が写真を撮っています」「屋根に猫が1匹います」「1人の男性がドアを拭いています」
人物が行っている動作を説明する文では，動詞は現在進行形にする。また，〈There is ＋単数名詞〉または〈There are ＋複数名詞〉で「～がいる，ある」という文もよい。

重要 9 (資料読解問題：内容吟味)

(全訳) 8月

1	月	音楽部
2	火	ピアノのレッスン
3	水	英語のテスト
4	木	ピアノのレッスン
5	金	
6	土	京都旅行
7	日	京都旅行
8	月	京都旅行
9	火	祖母を訪問する
10	水	長野で音楽部の合宿
11	木	長野で音楽部の合宿
12	金	

(1) 「彼女は何回ピアノのレッスンをする予定か」「2回」

(2) 「彼女は何曜日に暇か」「金曜日」

(3) 「3連休の彼女の予定は何か」「京都への旅行」

(4) 「音楽部の合宿はどのくらいの期間か」「2日間」

(5) 「彼女はいつ祖母を訪問する予定か」「8月9日」

10 (長文読解・論説文：内容吟味，語句整序，内容一致)

(全訳) ペットボトルの水と水道水のどちらが良いだろうか。ペットボトルの水は水道水よりもおいしいと思う人もいる。しかし実は，WWF(世界自然保護基金)は水道水のほうが良い選択だと言う。

第1に，WWF曰く，水道水はペットボトルの水と同等に安全である。ヨーロッパやアメリカでは，水道水に対する規則は，ペットボトルの水に対する規則よりも厳しいことが多い。

第2に，水道水はペットボトルの水よりもずっと安い。WWF曰く，ペットボトルの水は水道水の500～1,000倍値段が高い。実は，水道水はペットボトルの水よりも環境に良い。①500mlのペットボトルの水は，水を採取し，プラスチックボトルを作り，水を輸送するために，125mlの石油を必要とする。

第3に，水道水とペットボトルの水は同じ味だ。ニューヨーク市のABCニュースが人々に4種類の水を飲むように頼んだ。45％がニューヨーク市の水道水を好んだ。②わずか36％がペットボトルの水のブランドの1つを好んだ。③水道水があまりおいしくないことがある，なぜなら薬品が含まれているからだ。この薬品は塩素と呼ばれ，プールで使われている。しかし塩素の味を取り除くために水のフィルターを使うことができる。また，水を冷やしておきなさい。冷たい水のほうがおいしい。

水道水を飲むことはお金を節約し，環境を守るのに役立つ。コップから飲んで，水を水筒に入れて持ち運ぶべきだ。ぜひ試してみてはどうか。

重要 問1 第1段落最終文参照。tap water is a better choice「水道水のほうが良い選択だ」とは「水道水を選んだほうが良い」という意味である。

重要 問2 下線部①の直後を参照する。直後の to は「～するために」と目的を表す不定詞を作るもので，to get the water「水を得るために」，to make the plastic bottle「プラスチックボトルを作るために」, to transport the water「水を輸送するために」となる。

問3　主語は Only 36% で，その後ろに動詞 liked「～を好んだ」を置く。〈one of the ＋複数名詞〉「～のうちの1つ」

問4　直後の because「なぜなら～」以下がその理由となっている。

問5　(1)　×　第2段落第2文参照。水道水の安全基準のほうが厳しい。　(2)　×　第3段落第1，2文参照。ペットボトルの水は水道水より500～1,000倍高い。　(3)　○　第4段落最終文の内容と一致する。　(4)　最終段落第1文の内容と一致する。

★ワンポイントアドバイス★

9の資料読解問題は，予定表に書かれた内容について英文の質問に日本語で答える問題である。文章ではなく，単語で端的に答えればよい。

＜国語解答＞

一　問一　ⓐ　直射　ⓑ　装置　ⓒ　ただよ　ⓓ　がいとう　ⓔ　はんしょく

問二　・樹木が根から吸い上げた水分を空気中に吐き出している(から)　・樹木の枝や葉が日差しを遮り，熱エネルギーが地表に達するのを減らしている(こと)　問三　・エネルギー消費を抑える(こと)　・公園に樹木を植えたり，空き地や屋上を緑化したりする(こと)　問四　(例)　騒音の発生源に近く，幅が三〇メートル以上あって，大中小いろいろな樹木が混じった常緑樹の森林。　問五　(例)　鳥などの外敵から身を隠すことのできる影を水面に作る，魚にとって居心地が良い森林。　問六　Ⅲ　問七　ウ

問八　イ・オ・カ

二　問一　ⓐ　前提　ⓑ　程度　ⓒ　しんぎ　ⓓ　はぶ　ⓔ　衝突

問二　(例)　自分がやることの喜びが奪われること。　問三　1　ア　2　エ

問四　何かすることに価値がある世界　問五　退化する部分…(例)　ノド

理由…(例)　声を発さなくても，機械が脳波を受け取って，相手に信号を送ってくれるようになるから。　問六　(1)　(例)　異形の植物にメタモルフォーゼ(変身)したこと。

(2)　恋人のそばにいるため　問七　生徒A　○　生徒B　×　生徒C　○

生徒D　×

○推定配点○

一　問四・問五　各8点×2　問六・問七　各4点×2　他　各2点×12

二　問一・問七　各2点×9　問五　10点　他　各4点×6　計100点

＜国語解説＞

一　(論説文―大意・要旨，内容吟味，文脈把握，指示語の問題，脱文・脱語補充，漢字の読み書き)

問一　ⓐ　光線がじかに当たること。「射」の訓読みは「い(る)」。　ⓑ　ある目的のために備えつけられた設備。「装」の他の音読みは「ショウ」で，「装飾」「装束」などの熟語がある。

ⓒ　音読みは「ヒョウ」で，「漂着」「漂白」などの熟語がある。　ⓓ　市街地の道路や広場。「街」の他の音読みは「カイ」で，「街道」という熟語がある。　ⓔ　動物や植物が生まれて増えていくこと。「殖」の訓読みは「ふ(える)」。

基本 問二　一つ後の段落で，――線部①と同じ内容を「どうして樹木があるところは涼しいのでしょうか。」と問いかけている。「一番の理由は」で始まる段落で「樹木が根から吸い上げた水分を空気中に吐き出しているから」と理由を述べている。「もう一つは」で始まる段落で「樹木の枝や葉が日差しを遮り，熱エネルギーが地表に達するのを減らしていること」と理由を述べている。

基本 問三　――線部②「ヒートアイランド現象」について，同じ段落で「都市化が進み，コンクリートの建物やアスファルトの道路が地表を覆うようになると……海に浮かぶ島のように夜になっても気温の高い場所が出現する」と説明し，一つ後の段落で「都心の異常事態」と言い換えている。その後の「エネルギー消費を抑えることと，公園に樹木を植えたり，空き地や屋上を緑化したりすることが効果的です」から，「ヒートアイランド現象」の対策として有効な手段を抜き出す。

問四　――線部③の「遮音効果の高い理想的な森林」となる条件を，次の文以降で「第一に」「第二に」「第三は」「第四は」と四つ挙げている。「近い。」を「近く，」に，「あった」を「あって，」に，「常緑樹」という語を用いて，「大きい樹木，中くらいの樹木，小さい樹木」を「大中小の樹木」などと言い換えて一文にまとめる。「森林はどのようなものでしょうか。」と問われているので，「～森林。」の形で結ぶ。

やや難 問五　「このような」とあるので，前の内容に着目する。直前の文に「魚は，鳥などの外敵から身を隠すため物影を好みますので，森林が水面に作る影は，魚にとって大変居心地が良いもののようです」とあり，「外敵」「影」「居心地」という指定語も含んでいるので，この内容を「～森林。」につなげる形でまとめる。

問六　挿入する文の内容から，「街路樹や生垣」に遮音効果があることを述べている部分の後に入る。「遮音効果の高い理想的な森林は」で始まる段落以降で，森林の遮音効果について述べており，「東京都の日比谷公園では」で始まる段落で「日比谷公園では……公園の中心部では，五五から六〇ホンにまで減少したという調査結果が出ています」と，都市の樹木の遮音効果について述べている。挿入文は，その後の[　Ⅲ　]に入れるのが最も適切。

問七　[A]の前の「これも」の「も」は，同類のものを挙げる意味を表すので，前の内容に着目する。同じ段落の「魚のためになるように林を立てることが肝要である」という江戸時代のおふれと同じ内容を述べている文を選ぶ。「魚」のための「森」というのであるから，「漁業を守るために森林が大切」とある(ウ)が入る。他の選択肢は，「魚」のための「森」となっていない。

重要 問八　「毎年，夏」で始まる段落の内容と(イ)が合致する。「東京都の日比谷公園では」で始まる段落の内容と(オ)が合致する。「平成一三年の一月」で始まる段落の内容と(カ)が合致する。

二　**(論説文一大意・要旨，文脈把握，指示語の問題，脱文・脱語補充，漢字の読み書き)**

問一　ⓐ　ある物事が成り立つためのもととなる条件。「提」の訓読みは「さ(げる)」。　ⓑ　ほどあい。「程」の訓読みは「ほど」。　ⓒ　真実といつわり。「偽」の訓読みは「いつわ(る)」と「にせ」。　ⓓ　他の訓読みに「かえり(みる)」がある。　ⓔ　ぶつかること。「衝」を使った熟語には，他に「衝撃」「緩衝」などがある。

問二　直後の文以降で「車の自動運転」の例を挙げ，同じ段落の最後に「全部が他人や機械任せで楽だけど，自分がやることの喜びが奪われます」と述べている。この語句を用いて，「『便利になることはいいことだ』というゼンテイ」の問題をまとめる。「何が」と問われているので，「～こと。」の形で答える。

問三　「みんなが[1]になるんだからええやん。自分で運転したいなんて[2]や」は，車の自動運転について述べている。直前の段落で「『便利になるのはいいことだ』というゼンテイ」を説明するために，車の自動運転の例を挙げていることから，[1]は，一般的に車の自動運転は「みんな」にとってどのようなものかが入る。そのような中で，「自分で運転したい」という考えは，どのようなものだと受け取られるのか。[2]には，他人のことを考えずに自分の思うように振る舞うという意味の語があてはまる。

やや難 問四　──線部②「人は何もしなくても生きてゆける，という世界」と「反対のこと」というのであるから，人が何かをしなければ生きてゆけないという世界，という意味内容を述べている部分を探す。「世界」という語をキーワードにして探すと，「『WALL・E』を」で始まる段落に「現代は何かすることに価値がある世界」とあり，ここから適当な部分を抜き出す。

やや難 問五　動かす必要がなくなると「退化する体の部分」を想定し，理由を考える。まず，「退化する体の部分」の例として「ノド」や「鼻」などを想定する。「ノド」が退化する理由としては，声を発さなくても，機械が脳波を受け取って相手に信号を送ってくれるようになるから，「鼻」が退化する理由としては，周囲の環境が人工的で快適になるにつれ，健康をおびやかす腐敗などの悪臭をかぎわける必要がなくなるから，などと理由をまとめる。

問六　(1)　直前の文の「ナナ」という女性が，「自ら望んで」した「こと」は何か。直前の文の「宇宙の果ての流刑地で異形の植物にメタモルフォーゼ(変身)しました」に着目し，この内容を「～こと。」に続く形でまとめる。　(2)　最終段落に「ナナがこの選択をしたのは，別の豊かさを求めてでした」とあり，その「豊かさ」について「この恋人のそばにいるため，ナナは過酷な流刑地で生きてゆける植物の身になったのです」と，ナナの選択の理由を述べている。ここから，「ナナ」が「異形の植物にメタモルフォーゼ(変身)」した具体的な理由を抜き出す。

重要 問七　生徒Aの会話は，冒頭の段落の「世の中は，『便利になるのはいいことだ』というゼンテイで進んでいます……全部が他人や機械任せで楽だけど，自分がやることの喜びが奪われます」と合致している。生徒Bの会話は，「この流れは」で始まる段落の「だからといって何もかも今のままがいいとか，古き良き時代に戻れと言うのも無理です」と合致していない。生徒Cの会話は，「ほかにも」で始まる段落の「便利を無条件に受け入れた先は……新たなタイプのディストピア(反理想郷，暗黒世界)かもしれません」と合致している。生徒Dの会話は，「『徹底的に手間を省き，頭を使わずに済まされる先に，究極の豊かさがあるのだ』と，ここまで極論すると，みんながみんな，首をかしげます」と合致していない。

★ワンポイントアドバイス★

自分の生活をふりかえり，世の中が便利になるにつれて「退化する体の部分」と退化する「理由」を述べる記述式が出題されている。ふだんからニュースや新書などを読み，自分なりの考えを持つことが対策となる。

2021年度

★★★★★★★★★★★★★★★★★★★★★★★

入　試　問　題

2021
年
度

2021年度

新潟青陵高等学校入試問題（専願）

【数　学】（50分）〈満点：100点〉

1　次の計算をしなさい。

(1)　$2-(-5+4)$

(2)　$4-(-2)\times 5$

(3)　-4.2×3

(4)　$-\dfrac{1}{5}+\left(-\dfrac{5}{2}\right)$

2　次の問いに答えなさい。

(1)　$(-12)\times\dfrac{3x+4}{2}$を計算しなさい。

(2)　次の2つの式で，左の式から右の式をひきなさい。

$$2x-y,\ 5x+3y$$

(3)　$x=-3$のとき，$-3x^2+4x$の値を求めなさい。

(4)　$(x+3y)(2x-y)$を展開しなさい。

3　次の問いに答えなさい。

(1)　$\sqrt{48}\div\sqrt{12}$を計算しなさい。

(2)　$\sqrt{72}-\sqrt{50}$を計算しなさい。

(3)　$\dfrac{10}{\sqrt{5}}$の分母を有理化しなさい。

(4)　$x=\sqrt{5}-\sqrt{2}$，$y=\sqrt{5}+\sqrt{2}$のとき，xyの値を求めなさい。

4　次の問いに答えなさい。

(1)　方程式$5x+8=5(2-x)+8$を解きなさい。

(2)　連立方程式$\begin{cases}4x+3y=1\\3x-2y=-12\end{cases}$を解きなさい。

(3)　方程式$x^2-x-6=0$を解きなさい。

(4)　方程式$2x^2+x-2=0$を解きなさい。

5 同じ大きさのくぎがたくさんあり，その中から15本取り出して重さをはかると24 gでした。このくぎx本の重さをy gとして，次の問いに答えなさい。ただし，くぎ1本の重さはすべて同じとします。

(1) yをxの式で表しなさい。

(2) くぎ50本の重さを求めなさい。

(3) 何本かのくぎを取り出したところ，その重さは176 gでした。このとき，取り出したくぎの本数を求めなさい。

6 1から8までの数字が1つずつ書いてある8個のボールが箱の中に入っている。この中から2個のボールを同時に取り出すとき，次の問いに答えなさい。

(1) 2個のボールに書いてある数字の和が8になる場合は何通りあるかを求めなさい。

(2) (1)となる場合の確率を求めなさい。

(3) 2個のボールに書いてある数字の積が24の約数となる確率を求めなさい。

7 次のヒストグラムは，ある飲食店を利用した30組について各組の人数を調べた結果です。次の問いに答えなさい。

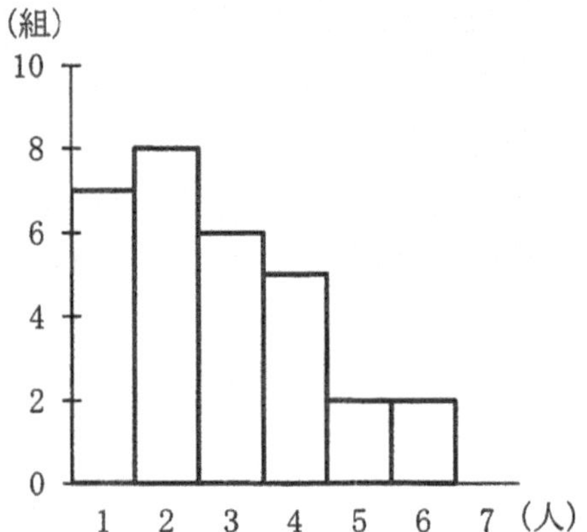

(1) 最頻値（モード）を求めなさい。

(2) 中央値（メジアン）を求めなさい。

(3) 平均値を，小数第2位を四捨五入して小数第1位まで求めなさい。

8 次の図について，各問いに答えなさい。

(1) 円柱の体積を求めなさい。ただし，円周率はπとする。

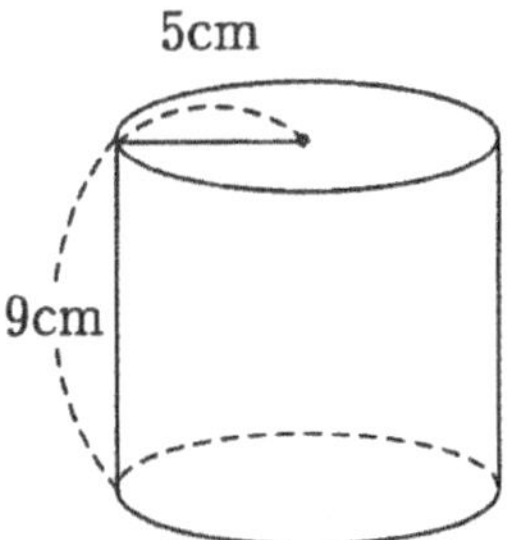

(2) AB＝ACのとき，$\angle x$の大きさを求めなさい。

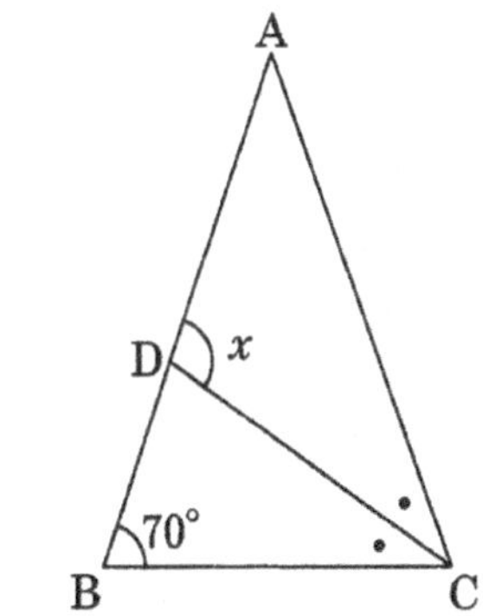

(3) BE＝10，DE＝8，AC＝10，AC∥DEのとき，BCの長さを求めなさい。

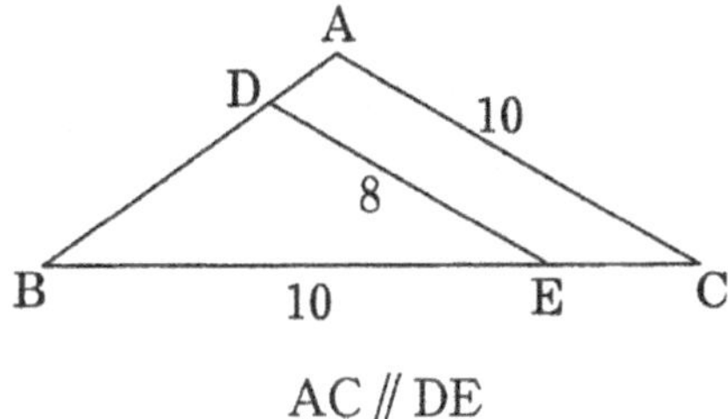

AC∥DE

【英　語】（50分）〈満点：100点〉

1 下線部の発音が他の3語と異なるものを選び，記号で答えなさい。

（1）ア angry　イ apple　ウ call　エ hat

（2）ア student　イ nose　ウ space　エ best

2 次の各組で，最も強く発音する部分の位置が他の3語と異なるものを選び，記号で答えなさい。

（1）ア be-tween　イ base-ball　ウ your-self　エ be-cause

（2）ア be-gin　イ prob-lem　ウ yel-low　エ al-most

（3）ア beau-ti-ful　イ fa-vor-ite　ウ un-der-stand　エ dif-fer-ent

3 次の語に対立する意味をもつ語を[　　]から選び，答えなさい。

（1）new　（2）first　（3）buy　（4）warm　（5）son

[sell　talk　daughter　far　last　cool　old]

4 次の各文が正しい英文になるように，（　　）の中から最も適切な語句を選び，記号で答えなさい。

（1）This watch isn't（ ア her　イ your　ウ him　エ mine ）.

（2）（ ア Am　イ Are　ウ Is　エ Was ）you happy today?

（3）There（ ア is　イ are　ウ was　エ were ）a lot of flowers in my garden last spring.

（4）He usually（ ア eat　イ eats　ウ eating　エ eaten ）lunch outside.

（5）My mother（ ア study　イ studying　ウ is studying　エ does studying ）Chinese now.

（6）I am interested（ ア in　イ for　ウ since　エ of ）art.

（7）Bob and I are good（ ア a friend　イ friend　ウ a friends　エ friends ）.

（8）Mary runs（ ア a faster　イ the faster　ウ a fastest　エ the fastest ）in the class.

（9）Look at the calendar（ ア on　イ in　ウ to　エ from ）the wall.

（10）This chair（ ア makes　イ made　ウ is made　エ is making ）of wood.

5 次の会話の空所に入れるものとして最も適切なものを選び，記号で答えなさい。

（1）A：What is the day between Monday and Wednesday?

B：＿＿＿＿＿＿＿＿＿＿.

ア It is Sunday　イ It is Tuesday　ウ It is Thursday　エ It is Friday

（2）A：I'm twelve years old.

B：Oh, I'm three years older than you.

I'm ＿＿＿＿＿＿＿＿＿＿.

ア nine　イ ten　ウ thirteen　エ fifteen

（3）A：What month is Christmas?

B：It's in ＿＿＿＿＿＿＿＿＿＿.

ア November　イ October　ウ December　エ February

（4） A：Can you answer this question?
B：No, I can't. That is a ＿＿＿＿＿＿ question.
ア easy　イ simple　ウ difficult　エ large

（5） A：I want to call Jack. Do you know his phone ＿＿＿＿＿＿?
B：Yes, I do.
ア number　イ answer　ウ time　エ way

6 次の英文をそれぞれ①疑問文と②否定文にしなさい。

（1） They live in Osaka.
（2） She is going to play tennis tomorrow.
（3） He has read the book before.

7 次の日本文に合うように，（　　）内の語句を並べかえなさい。ただし，文頭にくる文字は大文字で書きなさい。

（1） この花はあの花と同じくらい美しいです。
This flower is as (as / one / that / beautiful).
（2） あれは白山駅へ行く電車です。
That's (train / goes / which / the) to Hakusan Station.
（3） 私のクラスメイトは私をナオと呼びます。
(me / call / my classmates / Nao).
（4） 私は今日することがたくさんあります。
I (things / to / many / have) do today.
（5） あなたは毎日どうやって学校に来ますか。
(you / do / how / come) to school every day?

8 次の会話文を読んで，（1）～（5）にあてはまるものを下のア～クから選び，記号で答えなさい。なお，同じ記号を2回使ってはいけません。

Tsuyoshi：Happy new year, John. ＿＿（1）＿＿
John：First of all, I'm looking forward to the Tokyo Olympic Games! They were *put off until July because of the new *coronavirus. I'm worried about them. I really hope they will be held. Don't you hope so?
Tsuyoshi：＿＿（2）＿＿ I also hope they will be held. ＿＿（3）＿＿
John：I want to watch a lot of games. Basketball, soccer, volleyball, tennis and so on. ＿＿（4）＿＿
Tsuyoshi：I want to watch the *marathon race. Yuma Hattori will run in the race. He is from Niigata.
John：I don't know a lot about Niigata. What is famous in Niigata?
Tsuyoshi：Niigata is famous for snow. Niigata has much snow in winter. Many people from other places go and enjoy skiing in Niigata.
John：I want to ski *someday.

Tsuyoshi：Shall we go skiing in Niigata?

John　　：＿＿＿（5）＿＿＿ I'm looking forward to going to Niigata.

注） put off～　～を延期する　coronavirus　コロナウィルス　marathon　マラソン　someday　いつか

ア	Why don't you go to see it with me?
イ	Yes, let's.
ウ	Yes, I do.
エ	No, I don't.
オ	What kind of games do you want to watch?
カ	I like playing soccer very much.
キ	What are you looking forward to this year?
ク	How about you?

9 次の絵は猫の様子を表しています。状況を説明する英文を3つ書きなさい。ただし，1文に4語以上の単語を使いなさい。

10 次の英文を読んで，以下の問いに答えなさい。

Tom was a 9-year-old boy and he lived in Furumachi. He lived with his parents and his dog, Lily. He liked Lily very much. He was busy every day, but they often had a good time together on weekends.

On a beautiful day in early summer, Tom took Lily for a walk and they played in the park. [　1　] And she *dropped it at Tom's feet. Tom threw it and she brought it again.

Then the ball that Lily couldn't catch went into the street. Tom ran for it. *Unfortunately, he was hit by a car. Someone made a call to 119 and an *ambulance took him to the hospital. The doctors said to Tom's parents, "Tom's *condition is very [　2　]." They felt very sad. Every day Tom's parents visited him. <u>ア They</u> sat next to Tom's bed and talked to him. But Tom never talked to them. He just slept.

One day Tom's father said to him, "*Wake up, Tom. Wake up and come home. Come home and play with Lily." When Tom's father said the name, "Lily", he saw that Tom's hand was moving. "Lily!" Tom's father said again. *Surprisingly, Tom moved his hand again. Tom's parents had イ an idea. They ran to the nurses and asked them, "We want to bring our dog to the hospital. She can help Tom! Tom may wake up when Lily stays with him. The nurses listened to them more and finally they said, "Yes, but remember that the dog can come here just for a short time."

The next day, Tom's parents took Lily to the hospital. They put her on Tom's bed. All the people around him were very surprised. Tom opened his eyes and smiled to Lily.

After four months Tom was well. He left the hospital and went home with Lily.

注）drop 落とす　unfortunately 不幸にも　ambulance 救急車　condition 状態　wake up 目が覚める
surprisingly 驚いたことに

問１　空所［　1　］に，下の（1）～（3）の文を適する順に並べ換えて入れなさい。

(1) Lily ran after the ball.

(2) Tom threw a ball.

(3) She caught the ball in her mouth and brought it back to Tom.

問２　空所［　2　］に入れるのに適する語を下の［　　］の中から選んで書きなさい。

［　good　bad　perfect　easy　］

問３　下線部アが具体的に指しているものを本文中から２語で抜き出しなさい。

問４　下線部イについて，Tomの両親が思いついた考えを「Lily（リリー）」，「Tom（トム）」，「病院」の３語を用いて日本語で書きなさい。

問５　本文の内容と一致するものには○を，異なるものには×を書きなさい。ただし，全て○，あるいは全て×の解答は認めません。

(1) When Tom was 9 years old, his house was in Furumachi.

(2) Tom walked with Lily every day.

(3) Tom's father called an ambulance.

(4) Many people took their pets to the hospital.

(5) Tom's parents were surprised when Tom opened his eyes.

問七　――線部④「一人でいることは非常に精神不安定で、それを恐れるようになってしまう」とありますが、そうなってしまうのはどのような人ですか。適切なものを次から二つ選び、記号で答えなさい。

（ア）　つるむことが当たり前になっている人。
（イ）　生活の知恵を求めない人。
（ウ）　学校生活を自由に過ごしている人。
（エ）　自分だけでは居場所を見つけられない人。
（オ）　グループの権力関係を気にしない人。

問八　――線部⑤「いまでも彼との友情は確かに私の力になっている」とありますが、筆者にとっての「友達」とは、どのような関係を指すと考えられますか。「ふだん」「学ぶ」「緊張感」の三語を用いて、五十字以内で説明しなさい。

いていると、一人でいることは非常に精神不安定で、それを恐れるようになってしまう。④

そういう意味では、単独者として立ち、誰とでもすぐ組める方が単独者性は高い。大学では、四人グループをつくっては発表し合い、優秀な人を一人選び出しては解散していくという授業もする。すると、ヘンな遠慮などいらない関係ができあがる。つるんでいたら公平に名ⓓ指しなどできない。友達が二人いたら片方を選ぶのは悪いと思ってしまう。だが、それぞれ単独者であれば、下手な気を遣（つか）う必要はないのであるⓔ。（中略）

ちなみに私には、中学から大学院までずっと一緒だった友達がいる。そう聞くと「つるんでいる友達がいるじゃないか」と言われそうだが、大学や大学院から友達になった人で、私と彼が中学からの同級生であることに気づいた人はほとんどいなかった。

［3］、私たちはつるまないことを基本にしていたからだ。同じ課題をこなす場合は、私と彼は全然違うところに座ってやった。そのほうがいい緊張感を失わず、力がつくと思ったのだ。

その友達とはいまほとんど顔を合わせる機会はない。だが、いまでも彼との友情は確かに私の力になっている。⑤

『孤独のチカラ』　齋藤孝　（新潮文庫）

問一　━━線部ⓐ～ⓔのカタカナは漢字に直し、漢字はその読みをひらがなで答えなさい。

問二　［1］～［3］に入る語を次から選び、それぞれ記号で答えなさい。

（ア）さらには　（イ）すなわち
（ウ）ところが　（エ）なぜなら
（オ）もちろん

問三　〰〰線部「よく」が修飾している部分はどこですか。次から選び、記号で答えなさい。

（ア）授業で　（イ）解消する
（ウ）二百人に　（エ）してもらう

問四　━━線部①「単独者になれるかどうかが問われる」とありますが、「単独者」となることで、何ができるようになるのですか。本文から七字で抜き出しなさい。

問五　━━線部②「隣に友達がいる状態では学びは浅い」とありますが、なぜそう言えるのですか。説明しなさい。

問六　━━線部③「このゲームだ」について、次の問いに答えなさい。

（1）そのように言えるのはなぜですか。本文中の語句を用いて理由を説明しなさい。

（2）「このゲーム」を筆者がさせる目的は何ですか。その説明となるよう、次の文の空欄Ⅰ、Ⅱに適切な言葉を五字程度で入れ、文を完成させなさい。

［Ⅰ］ことが［Ⅱ］であることを覚えさせるため。

二　次の文章を読んで、後の問いに答えなさい。

　何かを勉強しよう、学ぼうというときには、まずⓐムれから離れて一人で立つ。これが①基本姿勢だ。頭のよし悪しや、本をたくさん読んできたかどうかより、単独者になれるかどうかが問われる。

　私の授業には、学生が二百人、三百人という大教室で行われるものもある。実は彼らのほとんどは友達同士でつるんで来ている。単独者は数えるほどだ。その中にはたまたま友達がいないという学生もいるから、自ら単独者として門を叩（たた）いた者はもっと少ないと思う。

　おそらく学生たちは、それが〈つるむというネガティブな関係〉であることに気づいてもいないだろう。「友達も同じ授業を受けるというんだから、一緒に出て何が悪いんだ。授業中にずっとしゃべっているわけでもないし」という言い分らしい。だが、私に言わせれば、②隣に友達がいる状態では学びは浅い。しっかりやるためにもつるんでいないで離れなさいという説教がⓑコウレイになっている。

　［1］、これを口で説明してもなかなかわかってもらえない。実際に友達同士がばらばらにされて、ひとりひとりが私と向き合ってみると、そこで初めてつるんで行動しているときには得られなかった感覚がわかってくる。〈差し〉とも言うが、一対一での対話が重要なのだ。

　本を読むときであれば著者と。授業であれば担当の教授と。お互いが真剣勝負で臨むときに初めてそれが実になる。反対に、その他大勢に紛れていようという意識や態度でいると、それだけのものしか得られない。学ぶ力も落ちてくる。

　［2］、ふだんは仲がよくていい。だが、そもそも学びの第一の構えは単独者であるということを理解してもらわなくてはいけない。そこで私はよく授業で、つるみの関係を解消するために二百人にⓒイッセイに席がえをしてもらう。荷物もまとめてもらい、全然知り合いではない同士の二人一組になるよう指示する。これだけでやる気がまるで変わってくるのだから面白い。

　同じことを私はグルーピング・ゲームと称して、小学生の塾でもやっている。グルーピング・ゲームというのは、百人ぐらいの子どもたちをばらばらに歩かせておいて、「男女合わせて五人」「今度は三人」など規定人数のグループを作ってもらう遊びだ。これをできるだけ短時間でできるようにする。③このゲームはグループ作りのようにみえて、実は単独者ゲームだ。たとえば五人のグループを作らなくてはいけないときに六人になってしまったとき。誰か一人がそこから抜ける必要がある。つまり単独者になれる人がいないと永久に成立しないのだ。これを何回も繰り返すことで、子どもたちは動きが違ってくる。私の塾では、小学校一年から三年で二十数秒でつくれるまでになった。だが、訓練できていない子どもたちとこの遊びをやると、全然できないところもある。そのくらいこのゲームは難しい。なぜなら、友達と離れる、あるいはあえて自分が除（の）け者になる、最後、自分が一人で余っても構わないと思える、それが学ぶ基本であることを覚えさせるためのゲームだから、実は非常に意味が深い。日本人に必要なゲームだと私は思っている。

　つるむのはいまや小学校、中学校、高校でいじめられないための生活の知恵のひとつになりつつあるようだ。しかし、それを当たり前だと認めると、クラス内の権力関係はどのグループに属すかで変わり、一人になったときはまるで居場所がなくなってしまう。そのクセがつ

問七　――線部④「イメージの反転」について、次の問いに答えなさい。

（1）「イメージの反転」とは、どのようなことを言うのですか。その説明となるよう、次の文の空欄Ⅰ、Ⅱに適切な言葉を五字程度で入れ、文を完成させなさい。

　Ⅰ　であったものが、　Ⅱ　へと変わったこと。

（2）「拘る」、「伝統」の他に、「イメージの反転」が起きた言葉の例を、本文から三つ抜き出しなさい。

問八　――線部⑤「方向性としては間違っていない」とありますが、どのような「方向性」のことですか。本文中の語句を用いて、四十字以内で説明しなさい。

問九　左の図は、文化庁による平成二十七年度「国語に関する世論調査」の結果をもとに作成したものです。ここから読み取れることとして、適切なものには「○」を、不適切なものには「×」を答えなさい。すべて「○」、すべて「×」というような出題はしていません。

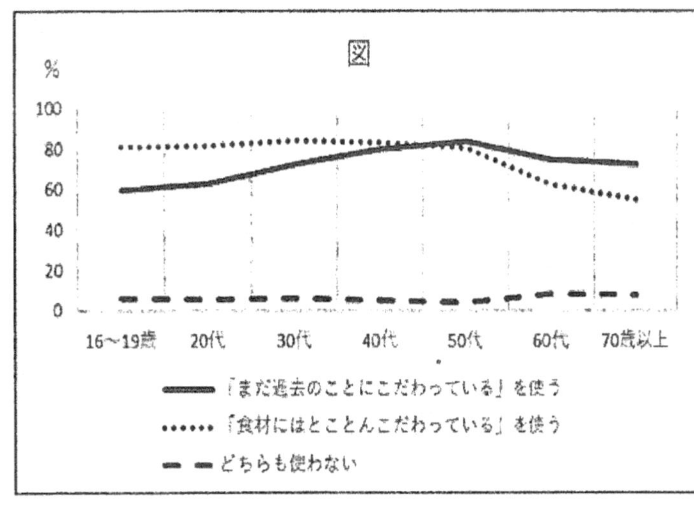

（ア）年代を問わず、「こだわる」は広く使われている。

（イ）二十代では、「こだわる」に良い印象をもつ人が、悪い印象をもつ人の倍いる。

（ウ）四十代後半から五十代にかけて、「こだわる」への印象が反転している。

（エ）七十代になると、「こだわる」に悪い印象をもつ人だけになる。

ものだってある。それぞれ、そのときどきで評価をして判断すれば良いし、また個人それぞれで、自分の考えに従って判断すれば良いことである。

ただ、「伝統だから守らなければならない」という頑（かたく）なな主張には、無理があるのではないか、とは感じる。多くの場合、「伝統」という言葉に、ひれ伏している感じにも捉えられる。同様に、「拘り」さえあれば良い、というわけでもないだろう。最近は、「拘る」ことがあまりにも美化されすぎている嫌いがある。

「拘る」が、これほど良いイメージになった理由は、画一的なものから、多様なもの、個性的なものへ目を向けるようになったためだ。「ゆとり」というものを持とう、と大勢が動いた。その変化自体が、これまた画一的であるけれど、⑤方向性としては間違っていない。画一的になりがちなのは、空気を読む日本人のⓔキシツによるもので、これは□に改まるものではないだろう。

『なにものにもこだわらない』森博嗣（PHP文庫）

※　広辞苑　……　岩波書店が発行している日本語国語辞典。

問一　═══線部ⓐ～ⓔのカタカナは漢字に直し、漢字はその読みをひらがなで答えなさい。

問二　〰〰線部A「支障」、B「風潮」、C「極端」の意味として最も適切なものを次から選び、それぞれ記号で答えなさい。

（ア）　普通の程度から大きく外れていること。

（イ）　どれもこれもそろって同様であること。

（ウ）　物事に取り組む上でさしつかえになるもの。

（エ）　その時代の考え方の傾向や流れ。

（オ）　様々な種類があり変化に富んでいること。

問三　□に入る四字熟語を次から選び、記号で答えなさい。

（ア）　一朝一夕　　（イ）　一長一短

（ウ）　一期一会　　（エ）　一喜一憂

問四　───線部①「そんな細かいことに拘るな」とありますが、ここでの「拘る」は、本文にある『広辞苑』の意味、1～4のどれに当たりますか。数字で答えなさい。

問五　───線部②「共通の利益」とありますが、これと反対の意味を表す言葉を、本文から五字で抜き出しなさい。

問六　───線部③「『伝統』という言葉も類似しているかもしれない」とありますが、「伝統」に対する筆者の考えはどのようなものですか。その説明として適切なものを次から二つ選び、記号で答えなさい。

（ア）　他と比べるのではなく、何があっても優先して守り抜くべきものである。

（イ）　全員が一様にではなく、一人ひとりの考えに沿って判断するべきものである。

（ウ）　古いものに囚われるのではなく、常に新たなものに書き換えていくべきものである。

（エ）　それ自体のみを大切にするのではなく、社会の豊かな発展に貢献するべきものである。

（オ）　すべてを同じように考えるのではなく、一つひとつをその時ごとに評価すべきものである。

【国　語】〈五〇分〉〈満点：一〇〇点〉

〈答えはすべて解答用紙に記入しなさい。字数指定のある問題では、句読点や「　」などの記号もそれぞれ一字として数えます。〉

一　次の文章を読んで、後の問いに答えなさい。

　辞書を引けばわかることだが、「拘る」という言葉は、本来は悪い意味で使われていた。※『広辞苑』には、「1、さわる、さしさわる。さまたげとなる。2、些細なことにとらわれる。拘泥する。3、些細な点にまで気を配る。思い入れをする。4、故障を言い立てる。なんくせをつける。」とあった。このうち、3は、良い意味でも使え、現在よく用いられている「拘りの逸品」などの用法の意味だが、ほかはすべて悪い（マイナスの）イメージである。

　僕が子供のときには、良い意味での「拘る」を聞いた覚えがない。大人からは、①「そんな細かいことに拘るな」とよく叱られたものだ。否定の命令形である「拘るな」は何度も聞いたけれど、ⓐコウテイの命令形「拘れ」といわれた覚えは一度もない。

　ところが、ある時期から、急に「拘る」が良い意味で響く言葉として広まった。ⓑ類似のものに、「凝る」がある。これも、「肩が凝る」のように固くなることを意味していて、本来は不自由な状況を示しているが、「凝った造形」のように、良い意味で使われることが増えてきたように思う。

　現在では（特に若者は）、「拘る」ことを悪くは捉えないだろう。自分も積極的になにかに拘りたい、と憧れている人がほとんどだ。「拘りの店」といえば、なにかを極めた名店というイメージで捉えるはずである。

　このような言葉の意味の転換は、もちろんほかにも例が沢山ある。新しいものでは、たとえば「ヤバい」などが、悪いイメージから良いイメージに使われ方が変化している。「拘る」から連想するものでは、「オタク」がそうだろう。かつては、暗いイメージでしか使われなかったが、いつの間にか明るく、しかも良い意味で用いられる機会が増えた。なにかに拘りを持つ人たちのⓒソウショウともいえるから、「拘る」ことが良い印象になったことと関係があるのだろうか。

　もう少し社会的に考えてみると、貧しい時代には、働くことが第一優先であったから、仕事に支障をA来すような雑事や、個人的な嗜好に拘る余裕がなかったはずである。だから、「拘るな」と、もっとⓓ足並みを揃えなさい、②共通の利益を第一に考えなさい、という注意や指導を受ける。それが、ある程度豊かになったことで、個人の自由を許容する社会になってきた、というわけである。③「伝統」という言葉も類似しているかもしれない。僕が子供の頃には、「古いものにいつまでも囚われていてはいけない」というB風潮が大勢だったが、最近では「伝統は継承していくべきである」との意見が多数派になり、むしろ優先的に、大切に守るべきものとなった。これも、社会が豊かになったことで、「拘る」の変化と方向性が一致している、といえるだろう。

　ただ、その④イメージの反転が、あまりにもC極端すぎるのではないか、と僕は感じている。この本では、「拘らない」ことの大切さを述べていくが、「一切拘るな」という主張をしたいのではない。「伝統など打ち壊せ」というつもりも毛頭ない。

　そうではない。守るべきものもあるし、新しくしなければならない

MEMO

大切なことはメモしておこうネ！

T・G

2021年度

新潟青陵高等学校入試問題(一般２月)

【数　学】（50分）〈満点：100点〉

1　次の計算をしなさい。

(1)　$-6+3$

(2)　$-8-(-5)$

(3)　$2+3\times(-8)$

(4)　$5-7.2$

(5)　-2.3×0.5

(6)　$\frac{3}{2}-\frac{7}{4}$

(7)　$\left(-\frac{14}{3}\right)\times\left(-\frac{9}{2}\right)$

2　次の問いに答えなさい。

(1)　$x=-2$のとき，$3x^4$の値を求めなさい。

(2)　$6x-2(3x-4)$ を計算しなさい。

(3)　$(x-2)(x-3)$ を展開しなさい。

(4)　x^2-6x+8 を因数分解しなさい。

3　次の問いに答えなさい。

(1)　$\sqrt{12}\times\sqrt{3}$ を計算しなさい。

(2)　$\sqrt{12}+\sqrt{3}$ を計算しなさい。

(3)　$\frac{\sqrt{2}}{\sqrt{7}}$ の分母を有理化しなさい。

(4)　$(\sqrt{2}-\sqrt{5})^2$ を計算しなさい。

(5)　$(\sqrt{3}-\sqrt{6})(\sqrt{3}+\sqrt{6})$ を計算しなさい。

4　次の問いに答えなさい。

(1)　1次方程式$3(x-4)=5x-6$ を解きなさい。

(2)　ある数と5の和の3倍は，ある数の7倍から1を引いたものと等しい。ある数を求めなさい。

(3)　2次方程式$x^2-10x+24=0$ を解きなさい。

(4)　2次方程式$x^2+x-3=0$ を解きなさい。

5　1 Lのガソリンで10 km走ることができる自動車があります。この自動車は50 Lのガソリンを入れることができ，ガソリンを満タンにして出かけました。ガソリンの残量をy L，走った距離をx kmとするとき，次の問いに答えなさい。

⑴　1 kmあたりガソリンを何L使うかを考え，yをxを用いた式で表しなさい。

⑵　200 km走ったとき，ガソリンは残り何Lあるかを求めなさい。

⑶　スタート地点から300 km先のガソリンスタンドでガソリンを満タンにして，スタート地点から700 km先の目的地に到着したとき，残りのガソリンは何Lあるかを求めなさい。

6　大小2個のさいころを同時に投げたときについて，次の問いに答えなさい。

⑴　2個のさいころの出た目の和が6になる場合は何通りあるかを求めなさい。

⑵　⑴となる場合の確率を求めなさい。

⑶　2個のさいころの出た目の和が6以下となる確率を求めなさい。

7　下の表は，ある高校1年生のクラス35人の身長の度数分布表です。次の問いに答えなさい。

身長の階級（ｃｍ）	度数
１５０以上１５４未満	2
１５４　～　１５８	4
１５８　～　１６２	8
１６２　～　１６６	１１
１６６　～　１７０	6
１７０　～　１７４	2
１７４　～　１７８	1
１７８　～　１８２	1
計	３５

⑴　166 cm ～ 170 cmの階級の階級値を求めなさい。

⑵　中央値（メジアン）を求めなさい。

⑶　170 cm ～ 174 cmの階級の相対度数を，小数第3位を四捨五入して小数第2位まで求めなさい。

8　次の図の$\angle x$の大きさを求めなさい。

(1)　$m /\!/ n$とします。

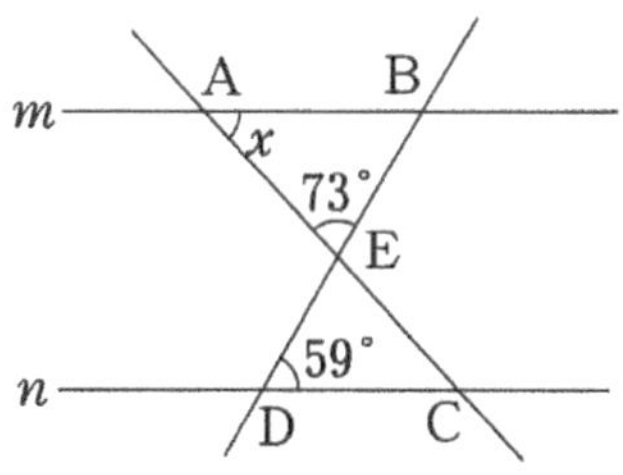

(2)

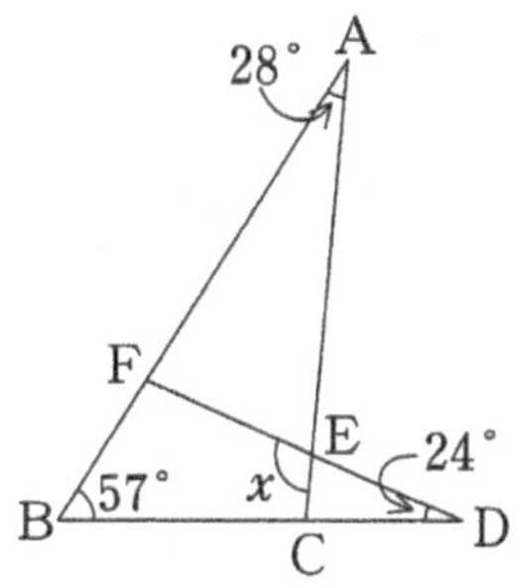

【英　語】（50分）〈満点：100点〉

1 次の各組で，下線部の発音が同じものは○，異なるものは×で答えなさい。ただし，全て○または，全て×の解答は認めません。

（１）build / busy　（２）sun / son　（３）mountain / country

2 次の各語を読むとき，最も強く発音する部分を選び，記号で答えなさい。

（１）Jap-a-nese（ア イ ウ）　（２）tel-e-phone（ア イ ウ）　（３）ex-am-ple（ア イ ウ）

3 次の＿に１文字ずつ入れて，日本語の意味を表す単語にしなさい。

（１）図書館　lib _ a _ y　（２）明日　tom _ _ row
（３）火曜日　Tu _ _ day　（４）辞書　di _ _ ionary
（５）コンピュータ　co _ _ uter

4 次の各文が正しい英文になるように，（　　）の中から最も適切な語句を選び，記号で答えなさい。

（１）I（ ア am　イ is　ウ are　エ was ）hungry now.
（２）Taro（ ア study　イ studies　ウ studied　エ was studied ）math very hard last night.
（３）（ ア What　イ Which　ウ Whose　エ Where ）would you like, rice or bread?
（４）I have never（ ア see　イ saw　ウ seen　エ seeing ）a ghost.
（５）I met a woman（ ア who　イ whom　ウ whose　エ which ）can speak French.
（６）The cake（ ア bake　イ bakes　ウ baking　エ baked ）by Emi is delicious.
（７）We enjoyed（ ア swim　イ swims　ウ to swim　エ swimming ）in the river last weekend.
（８）English（ ア is speaking　イ is spoken　ウ speaks　エ speak ）in many countries.
（９）Keiko cooks（ ア as far as　イ as well as　ウ as popular as　エ as late as ）Emily.
（10）She（ ア got　イ made　ウ put　エ changed ）angry.

5 次の英文を読んで，（１）～（５）にあてはまる語を下の語群から選び答えなさい。

（１）to move very quickly, by moving your legs more quickly than when you walk
（２）to talk to someone about something
（３）to look at something for a long time, usually something that is changing or moving
（４）to know a sound is made, using your ears
（５）to put words in a letter to someone on paper

語群【 watch　write　feel　run　speak　hear 】

6 次の日本文に合うように，(　　)内の語句を並べかえて英文を完成させなさい。ただし，文頭にくる文字は大文字で書きなさい。

（1） 新しい洋服はどうですか。

How (your / like / do / you) new clothes?

（2） このパーティーに参加してくれてありがとうございます。

(you / coming / thank / for) to this party.

（3） ジョンは週末に姉と買い物に行く予定です。

John (to / go / is / going) shopping with his sister on the weekend.

（4） 私の父は，あなたのお父さんより若いです。

My father (than / is / younger / your father).

（5） あなたはどちらの出身ですか。

(from / where / are / you)?

7 次の会話を読んで，(1)～(5)にあてはまるものを下のア～キから選び，記号で答えなさい。

Sara : What happened, Jack?

Jack : Oh, good morning, Sara. I'm looking for my car key. ＿＿＿(1)＿＿＿.

Sara : Why are you so hurried?

Jack : I will meet my friend, Takashi. So, ＿＿＿(2)＿＿＿.

Sara : You can use my bicycle if you want.

Jack : ＿＿＿(3)＿＿＿, but I want to drive with him to the museum.

Sara : So, you need your car. OK. I'll help you find your key. What did you do yesterday? Did you drive the car last night?

Jack : Yes, ＿＿＿(4)＿＿＿. And...

Sara : Did you go to your room first, or go to the kitchen?

Jack : ＿＿＿(5)＿＿＿, but I can't find it in my room.

(The door opened and their mother came in.)

Mother : Hey, Jack. I cleaned your car. What time will you go out to buy a birthday present for Sara?

Jack : Mom, I told you that's a *secret.

注） secret 秘密

ア Thank you	イ I have to get to his house by 11:00
ウ I can't find it in the house	エ You're welcome
オ I think I went to my room first	カ I came home from my school by car
キ You can use my car key	

8 次の絵は音楽室の様子を表しています。状況を説明する英文を3つ書きなさい。ただし，1文に4語以上の単語を使いなさい。□の中の語を使ってもよい。

guitar（ギター）　drum（ドラム）　concert video（コンサートの動画）　musical score（楽譜）

9 次の掲示の内容に関して，以下の問いに答えなさい。

One Day Trip to Green Park

Let's have a good time at a beautiful park!

Every student can join the trip for seven hundred and fifty yen.

Plan

Date: Saturday, May 10

Time: 10:00 a.m. to 3:00 p.m.

Meeting Place: School

・We'll go to Green Park by bus.
・We'll enjoy lunch in a restaurant.
・We can see many beautiful flowers.

問い　次の質問に日本語または数字で答えなさい。

（１） How much is the trip?

（２） When is the trip?

（３） How will everyone go to Green Park?

（４） Where will everyone have lunch?

（５） What can everyone see in Green Park?

10　英文を読んで，以下の問いに答えなさい。

(1)People say that smiling is important. When you smile, you feel better. When you feel bad, smiling *softens your *feelings. And smiling will give a good *image to other people. Why is smiling important for you? Now, I'm going to tell you.

First, smiling is good for your body. You don't feel much *stress while you are smiling, so you may not become sick.

Second, smiling is good for your *mind. You can [　2　] something bad by smiling. When you feel more *relaxed and have almost no stress, your mind will become better. If you smile and relax, your *thinking ability and memory will become better. Many doctors tell people with stress to smile.

Third, when you play sports, you can do well by smiling. Many players try to smile, when they play. In a sports event, a lot of people ran 100 meters. The time of about 60% of the runners got shorter when they smiled. Some runners said, "(3)It's easier to run because I can relax with a smile."

Finally, (4)smiling is good for your life. If you always smile, you can make many friends. A smile moves from person to person. When one person smiles, other people around him start smiling. Smiling people don't *fight. More people come to you when you are smiling.

If you want to enjoy your life, why don't you always try to smile? Smiling is really good for you!

注）soften　～を和らげる　　feeling　感情　　image　イメージ　　stress　ストレス　　mind　精神
relax　リラックスする　　thinking ability and memory　思考力と記憶力　　fight　ケンカをする

問１　下線部(１)について，本文の内容と一致しないものをア～エから１つ選び，記号で答えなさい。

ア　微笑(ほほえ)むことで，周囲の人々に良い印象を与えられる。

イ　微笑んでいる人の間では争いやケンカは起きない。

ウ　微笑む人には，いつも幸運が訪れる。

エ　調子の良くないときは，微笑むことで気持ちを和らげることができる。

問２　空所[　2　]に入れるのに適する語を，下の[　　]の中から選んで書きなさい。

[　remember　/　forget　/　find　/　show　]

問３　下線部(３)の内容として，最も適しているものを選び記号で答えなさい。

ア　微笑みながら走ると，走るのが遅くなる。

イ　速く走ることができると，うれしくなって微笑んでしまう。

ウ　微笑みながら走ると，リラックスできる。

エ　微笑んでリラックスすることで，走りやすくなる。

問４　下線部(４)は「微笑むことは人生にとってよい」という意味ですが，その理由を「友だち」という語を用いて日本語で答えなさい。

問５　本文の主題として最も適切なものを選び，記号で答えない。

ア　微笑みによる病気予防　　　イ　微笑みとリラックスの関係

ウ　微笑みがもたらす効果　　　エ　微笑みと友だちの関係

問６　本文の内容と一致するものには○を，異なるものには×を書きなさい。ただし，全て○あるいは全て×の解答は認めません。

(1)　When you smile and feel better, it is difficult to get sick.

(2)　People with stress always smile.

(3)　All runners can run faster when they smile.

(4)　If you want to enjoy your life, you should smile.

問五　――線部②「一人で生きていても昔のように困ることはありません」とありますが、この理由として最も適切なものを次から選び、記号で答えなさい。

（ア）かつての日本にあった「ムラ社会」と表現されるような地域共同体が昭和四〇年以降なくなったから。

（イ）近代社会になってお金さえあれば、生きるために必要な多くのことが受けられるようになったから。

（ウ）近代社会では働き方が変わって、すべての仕事を他者とかかわらずに済ませることができるようになったから。

（エ）現代的状況を見ると、欲望のおもむくままに勝手に生きてもよい社会に変わってきたと言えるから。

問六　□に入る適切な語を本文から四字で抜き出しなさい。

問七　――線部③「人と人とのつながりはそれだけではないわけです」について、次の問いに答えなさい。

（１）「それ」の指す内容を五字以内で答えなさい。

（２）人が交流やつながりを求める理由を筆者はどのように述べていますか。本文から二十五字以内で抜き出しなさい。

問八　次の（ア）～（ウ）は、本文を読んだ生徒の感想や意見です。その感想や意見が筆者が述べている内容と合致していれば「○」を、合致していなければ「×」を答えなさい。すべて「○」、すべて「×」というような出題はしていません。

（ア）人と人とのつながりを重視する筆者は、かつての日本にあった濃密な人間関係を取り戻すことが必要だと考えているね。

（イ）便利な世の中になって一人で生活できる状況にあっても、多くの人はどこかで誰かとのつながりを必要とするんだなあ。

（ウ）あの人と付き合うと損だとか得だとかという判断で、人と付き合うことの危険性を筆者は指摘しているね。

います。

でも、普通の人間の直感として「そうは言っても、一人はさびしいな」という感覚がありますね。本当にB世捨て人のような生活がⓔリソウだという人もいないわけではありませんが、たいてい、仮にどんなに孤独癖（へき）の強い人でも、まったくの一人ぼっちでは［　］と感じるものです。

ではなぜ一人ではさびしいのでしょうか。やはり親しい人、心から安心できる人と交流していたい、誰かとつながりを保ちたい。そのことが、人間の幸せのひとつの大きな柱を作っているからです。だからほとんどの人が友だちがほしいし、家庭の幸せを求めているわけです。

あの人と付き合うと便利だとか便利じゃないとか、得だとか損だとかいった、そういった利得の側面で人がつながっている面もたしかにあるけれども、③しかし人と人とのつながりはそれだけではないわけです。

だから、「人は一人でも生きていけるか」という問いに対する私の答えは、「現代社会において基本的に人間は経済的条件と身体的条件がそろえば、一人で生きていくことも不可能ではない。しかし、大丈夫、一人で生きていると思い込んでいても、人はどこかで必ず他の人々とのつながりを求めがちになるだろう」です。

『友だち幻想　人と人の〈つながり〉を考える』菅野仁（ちくまプリマー新書）

問一　━━線部ⓐ～ⓔのカタカナは漢字に直し、漢字はその読みをひらがなで答えなさい。

問二　［1］～［3］に入る適切な語句を次からそれぞれ選び、記号で答えなさい。

（ア）イメージ　（イ）ネットショッピング

（ウ）サクセス　（エ）フィクション

（オ）サービス

問三　――線部①「一人では生きていけない」ということは厳然とした事実でした」とありますが、その大きな理由として述べられていることを本文から六十五字以内で抜き出し、最初と最後の五字を答えなさい。

問四　〰〰線部A「死活問題」、B「世捨て人」の意味として最も適切なものをそれぞれ選び、記号で答えなさい。

A「死活問題」

（ア）自分には関係のない問題のこと

（イ）どうしようもない運命のこと

（ウ）元気があったりなかったりすること

（エ）きわめて重大な問題のこと

B「世捨て人」

（ア）世の中との関係を絶（た）った人

（イ）世の中を変えようと努力する人

（ウ）世の中から相手にされなくなった人

（エ）世の中に必要とされている人

問　八　――線部⑥「顔を見る別の特性」とは何のことですか。本文から二十五字以内で抜き出しなさい。

問　九　――線部⑦「なんと皮肉に満ちたことでしょう」とありますが、どのような点が「皮肉」と言えるのですか。答えなさい。

二　次の文章を読んで、後の問いに答えなさい。

人と人との〈つながり〉の問題を考える最初の出発点として、人は本当に一人では生きられないのか、それとも、まあそれなりに生きていけるのかといった問いを立ててみましょう。

かつての日本には「ムラ社会」という言葉でよく表現されるような地域共同体が存在していました。「ご近所の人の顔と名前はぜんぶわかる」といった集落がそれですね。これは、何も地方の農村や漁村ⓐだけに限ったことでなく、東京のような都会にだってあったのです。『ALWAYS　三丁目の夕日』――映画ですから描き方には　1　のヨウソⓑも多分に入っているとはいえ――のように、近所に住む住人同士の関係が非常に濃密な「ご町内」が、昭和四〇年くらいまでの日本には確かにありました。

そんな「ムラ社会」が確固として存在した昔であれば、これは明らかに①「一人では生きていけない」ということは厳然とした事実でした。

なにより、食料や衣類をはじめ、生活に必要な物資を調達するためにも、仕事に就くにしても、いろいろな人たちの手を借りなければいけなかったからです。こうした、物理的に一人では生活できない時代は長く続きました。だから村の交際から締め出されてしまう「村八分」というペナルティは、わりと最近まで死活問題Ⓐだったわけですｂ。

ところが近代社会になってきて、貨幣（＝お金）というものが、より生活を媒介（ばいかい）する手段として浸透していくと、極端な話お金さえあれば、生きるために必要なサービスはだいたい享受（きょうじゅ）できるようになりました。

とりわけ、今はコンビニなど二十四時間営業の店も増え、思い立った時にいつでも生活必需品ⓒは手に入れられるし、　2　と宅配を使えば、部屋から一歩も出ずに　3　を受けることも可能になっています。働くにしても、仕事の種類によってはメールとファックスで全部済んでしまう場合だってあります。

このように、②一人で生きていても昔のように困ることはありません。生き方としては、「誰とも付き合わず、一人で生きる」ことも選択可能なのです。

ある意味で、「人は一人では生きていけない」というこれまでのゼンテイⓓがもはや成立しない状況は現実には生じているといえるのです。

さて、こうした現代的状況を目の前にして私が言いたいのは、「だから、一人でも生きていけるんだよ」ということではありません。みんなバラバラに自分の欲望のおもむくままに勝手に生きていきましょうといったことでもありません。「一人でも生きていくことができてしまう社会だから、人とつながることが昔より複雑で難しいのは当たり前だし、人とのつながりが本当の意味で大切になってきている」ということが言いたいのです。つながりの問題は、こうした観点から考え直したほうがよさそうです。

今の私たちは、お金さえあれば一人でも生きていける社会に生きて

です。

ません。つまり、毎日自分の顔を見続けている人たちは、自分の顔に過剰に敏感ともいえるし、自分の顔をゆがんで見ているともいえるのです。

成長を待ち望んでいる若い人たちの場合、自分の成長に人一倍敏感であるともいえましょう。そして年をとった白雪姫の継母の場合はむしろ、長年見続けた昔の自分の顔のイメージを求め続けている可能性があるのです。違う方向ではありますが、いずれの場合も、自分の顔を見るゆがみとつながるように思います。

人は結局、自分の顔を正しく見ることができないのです。写真に写った自分の顔を見て、違和感を持ったことはありませんか。よくよく観察してみると実感できることですが、鏡に映る自分の顔と写真の顔は、違って見えます。

いつも鏡に映る自分の姿を見つめて自己満足に浸ⓔっている人たちにとっては、なんと皮肉に満ちたことでしょう⑦。一番気になる自分の顔を、私たちは自分自身の目で、きちんと見ることはできないのです。

（『自分の顔が好きですか？――「顔」の心理学』山口真美（岩波ジュニア新書））

問一　――線部ⓐ～ⓔのカタカナは漢字に直し、漢字はその読みをひらがなで答えなさい。

問二　～～線部Ａ「発端」、Ｂ「兆候」の意味として最も適切なものをそれぞれ選び、記号で答えなさい。

Ａ「発端」　（ア）はじまり　（イ）おわり　（ウ）できごと　（エ）いきさつ

Ｂ「兆候」　（ア）様子　（イ）期待　（ウ）道すじ　（エ）前ぶれ

問三　――線部①「そんなエピソードを見聞きするたびに、それほど顔は大切なのかと、考えさせられます」とありますが、「そんなエピソード」において、顔とはどのようなものだと考えられていますか。三十字以内で答えなさい。

問四　――線部②「積極的に顔をいじる人」とありますが、「顔をいじる」例としてあげられていることを、二つ答えなさい。

問五　――線部③「それ」の指すものを答えなさい。

問六　――線部④「顔は自分を表現する標識でもあり、「私の□」みたいなものです」について、次の問いに答えなさい。

（１）□に入る語として最も適切なものを次から選び、記号で答えなさい。

（ア）教科書　（イ）表札　（ウ）友だち　（エ）乗り物

（２）「～みたいな」に見られる表現技法を何と呼びますか。次から選び、記号で答えなさい。

（ア）擬人法　（イ）隠喩法　（ウ）直喩法　（エ）倒置法

問七　――線部⑤「美しい顔も、いつか色あせるのです」とありますが、白雪姫の継母の変化はどのように表現されていますか。本文から漢字二字で抜き出しなさい。

【国　語】（五〇分）〈満点：一〇〇点〉

〈答えはすべて解答用紙に記入しなさい。字数指定のある問題では、句読点や「　」などの記号もそれぞれ一字として数えます。〉

一　次の文章を読んで、後の問いに答えなさい。

自分の顔について一度も考えたことがないという人は、少ないと思います。自分の顔立ちが少し違っていたならば、全く違う人生を送っていたかもしれない。そんな風に思ったことは、ないでしょうか。ⓐテツガク者のパスカルも、絶世の美女といわれたクレオパトラの鼻がもう少し低かったら、歴史は変わっていた、と語っています。一九世紀のアメリカの四人姉妹を描いた小説『若草物語』では、末っ子が低い鼻を矯正するために洗濯ばさみを挟んで寝るというエピソードがありました。微笑ましいお話ですが、今ならば、整形手術となるのでしょうか。

①そんなエピソードを見聞きするたびに、それほど顔は大切なのかと、考えさせられます。生まれ持った顔はその人の運命、あるいは歴史までも変える力を持つのでしょうか。

みなさんの周りにも、②積極的に顔をいじる人がいるでしょうか。整形までいかなくても、まぶたを二重にするシールを貼ったり、眉を整えたりしていないでしょうか。その反対に、ナチュラル志向というか、親にもらった顔に手をつけるものではない、といった主張をする人もいるでしょう。

心が成長して自我が芽生えると、他人の容姿が気になりだすものです。自分の容姿は、さらに気になることでしょう。服を着がえるように顔を変えられたら、どんなにか自由で気楽でしょうか。

でも、③それは絶対に無理なことですね。④顔は自分を表現する標識でもあり、「私の□」みたいなものです。コロコロ着替えていたら、誰にも「私」をわかってもらえません。「私らしさ」がなくなってしまいます。

一方で顔は、年齢により変化します。白雪姫の童話では、継母が「世界で一番美しい女性」として鏡に映る自分の姿を見続けていたのに、ある日それが娘の白雪姫に変わってしまったことが、悲劇のA発端でした。無情なことに、⑤美しい顔も、いつか色あせるのです。こうした変化を受け止めることは、大変なことなのです。

白雪姫の継母が自分の美しかった姿を追い求めるのとはⓑタイショウ的に、若いみなさんは、大人へと変化している自分を誰よりも先に感じ取っているといえましょう。毎日鏡を見ている自分こそが、変化のB兆候を感じることができるのです。その一方で、親や周りの大人たちが、変化した自分を一人前にⓒアツカおうとしないことに、いらだつことはありませんか。周りの大人たちはむしろ、みなさんの中に、みなさんのⓓ幼い頃の姿をいつまでも追い求めているのでしょう。

老化する変化と成長する変化、どちらの変化も、気持ちが追いつくのは大変なのです。その傾向は大人になるほど、強くなるともいえます。（中略）

どれだけ敏感に変化を受け止められるかは、⑥顔を見る別の特性ともかかわっています。同じ顔を見続けると、その顔の見方はゆがむことが実験からわかっています。実験でのゆがみはたった数分でも生じました。鏡に映る自分の姿をながめるだけでも、見方はゆがむかもしれ

大切なことはメモしておこうネ！

T.G

専願

2021年度

解 答 と 解 説

《2021年度の配点は解答欄に掲載してあります。》

＜数学解答＞

1 (1) 3 (2) 14 (3) -12.6 (4) $-\frac{27}{10}$

2 (1) $-18x-24$ (2) $-3x-4y$ (3) -39 (4) $2x^2+5xy-3y^2$

3 (1) 2 (2) $\sqrt{2}$ (3) $2\sqrt{5}$ (4) 3

4 (1) $x=1$ (2) $x=-2,\ y=3$ (3) $x=-2,\ 3$ (4) $x=\frac{-1\pm\sqrt{17}}{4}$

5 (1) $y=\frac{8}{5}x$ (2) 80g (3) 110本

6 (1) 3通り (2) $\frac{3}{28}$ (3) $\frac{11}{28}$

7 (1) 2人 (2) 2.5人 (3) 2.8人

8 (1) $225\pi\text{cm}^3$ (2) $\angle x=105°$ (3) $\text{BC}=\frac{25}{2}$

○推定配点○

1～3 各3点×12 4～8 各4点×16 計100点

＜数学解説＞

1 (正負の数の計算)

(1) $2-(-5+4)=2-(-1)=2+1=3$

(2) $4-(-2)\times5=4-(-10)=4+10=14$

基本 (3) $-4.2\times3=-12.6$

(4) $-\frac{1}{5}+\left(-\frac{5}{2}\right)=-\frac{2}{10}-\frac{25}{10}=-\frac{27}{10}$

2 (文字式の計算)

(1) $(-12)\times\frac{3x+4}{2}=-6(3x+4)=-18x-24$

(2) $(2x-y)-(5x+3y)=2x-y-5x-3y=-3x-4y$

(3) $-3x^2+4x=-3\times(-3)^2+4\times(-3)=-3\times9+(-12)=-27-12=-39$

(4) $(x+3y)(2x-y)=2x^2-xy+6xy-3y^2=2x^2+5xy-3y^2$

3 (平方根)

(1) $\sqrt{48}\div\sqrt{12}=\sqrt{\frac{48}{12}}=\sqrt{4}=2$

(2) $\sqrt{72}-\sqrt{50}=6\sqrt{2}-5\sqrt{2}=\sqrt{2}$

(3) $\frac{10}{\sqrt{5}}=\frac{10\times\sqrt{5}}{\sqrt{5}\times\sqrt{5}}=\frac{10\times\sqrt{5}}{5}=2\sqrt{5}$

(4) $xy=(\sqrt{5}-\sqrt{2})(\sqrt{5}+\sqrt{2})=(\sqrt{5})^2-(\sqrt{2})^2=5-2=3$

4 (1次方程式，2次方程式)

(1) $5x+8=5(2-x)+8$　$5x+8=10-5x+8$　$5x+5x=10+8-8$　$10x=10$　$x=1$

(2) $4x+3y=1$…①　$3x-2y=-12$…②とする。①×2+②×3より，$17x=-34$　$x=-2$
これを①に代入して，$-8+3y=1$　$3y=9$　$y=3$

(3) $x^2-x-6=0$　$(x+2)(x-3)=0$　$x=-2,\ 3$

(4) $2x^2+x-2=0$　解の公式を用いて，$x=\dfrac{-1\pm\sqrt{1^2-4\times2\times(-2)}}{2\times2}=\dfrac{-1\pm\sqrt{17}}{4}$

5 (1次関数)

(1) 15本で24gなので1本あたりの重さは，$24\div15=\dfrac{8}{5}$　$y=\dfrac{8}{5}x$

(2) きかれているのは$x=50$のときのyの値なので，$y=\dfrac{8}{5}\times50=80$(g)

やや難 (3) きかれているのは$y=176$のときのxの値なので，$176=\dfrac{8}{5}x$　$880=8x$　$8x=880$　$x=110$ (本)

6 (場合の数，確率)

(1) 和が8になる2個のボールの取り出し方は(1, 7), (2, 6), (3, 5)の3通り

(2) 2個のボールの取り出し方は(1, 2), (1, 3), (1, 4), (1, 5), (1, 6), (1, 7), (1, 8), (2, 3), (2, 4), (2, 5), (2, 6), (2, 7), (2, 8), (3, 4), (3, 5), (3, 6), (3, 7), (3, 8), (4, 5), (4, 6), (4, 7), (4, 8), (5, 6), (5, 7), (5, 8), (6, 7), (6, 8), (7, 8)の28通り。したがって，和が8になる確率は$\dfrac{3}{28}$

やや難 (3) 積が1になる場合はない。積が2になる場合は(1, 2)の1通り。積が3になるのは(1, 3)の1通り。積が4になるのは(1, 4)の1通り。積が6になるのは(1, 6), (2, 3)の2通り。積が8になるのは(1, 8), (2, 4)の2通り。積が12になるのは(2, 6), (3, 4)の2通り。積が24になるのは(3, 8), (4, 6)の2通り。あわせて積が24の約数になるのは，$1+1+1+2+2+2+2=11$(通り)なので，その確率は$\dfrac{11}{28}$

7 (最頻値，中央値，平均値)

基本 (1) ヒストグラムより，1番度数が大きいのは2人のところ。　2人

(2) ヒストグラムより，1人が7組，2人が8組，3人が6組，4人が5組，5人が2組，6人が2組で，全部で30組なので，中央値は15番目と16番目の平均となる。よって，$(2+3)\div2=2.5$(人)

重要 (3) $(1\times7+2\times8+3\times6+4\times5+5\times2+6\times2)\div30=83\div30=2.76\cdots$　小数第2位を四捨五入すると2.8人

8 (体積，角度，相似)

(1) 半径5の円が底面，高さ9の円柱の体積は，$5^2\pi\times9=225\pi$ (cm^3)

(2) AB=ACより△ABCは二等辺三角形なので，$\angle ACB=\angle ABC=70$　$\angle BAC=180-70\times2=40$　$\angle ACD=\dfrac{1}{2}\times\angle ACB=\dfrac{1}{2}\times70=35$　△ACDで$\angle x=180-40-35=105$

重要 (3) AC//DEより同位角は等しいので$\angle BAC=\angle BDE$，$\angle BCA=\angle BED$　2組の角がそれぞれ等しいので△ABC∽△DBE　対応する辺は等しいのでAC：DE=BC：BE　10：8=BC：10
$BC=10\times10\div8=\dfrac{25}{2}$

★ワンポイントアドバイス★

基本的な問題が中心なので，まずは教科書レベルの問題を確実に解く力をつけておきたい。出題範囲は広いので，学習した単元の基本事項を確実に身につけておこう。

＜英語解答＞

1 (1) ウ (2) イ

2 (1) イ (2) ア (3) ウ

3 (1) old (2) last (3) sell (4) cool (5) daughter

4 (1) エ (2) イ (3) エ (4) イ (5) ウ (6) ア (7) エ (8) エ (9) ア (10) ウ

5 (1) イ (2) エ (3) ウ (4) ウ (5) ア

6 (1) ① Do they live in Osaka? ② They don't live in Osaka. (2) ① Is she going to play tennis tomorrow? ② She isn't going to play tennis tomorrow. (3) ① Has he read the book before? ② He hasn't read the book before.

7 (1) beautiful as that one (2) the train which goes (3) My classmates call me Nao. (4) have many things to (5) How do you come

8 (1) キ (2) ウ (3) オ (4) ク (5) イ

9 A cat is eating fish. A cat is playing with a ball. A cat is reading a book. A cat is watching TV. A cat is jumping. There is a cat on the chair. There is a cat under the table. There are four cats in the box.

10 問1 2→1→3 問2 bad 問3 Tom's parents 問4 Tom を目覚めさせるために，Lily を病院に連れて行くというアイデア。 問5 (1) ○ (2) × (3) × (4) × (5) ○

○推定配点○

6 各1点×6 他 各2点×47 計100点

＜英語解説＞

1 (発音)

(1) ウは [ɔː]，他は [æ]。 (2) イは [z]，他は [s]。

2 (アクセント)

(1) イは第1音節，他は第2音節を強く読む。 (2) アは第2音節，他は第1音節。
(3) ウは第3音節，他は第1音節。

基本 3 (語彙：反意語)

(1) new「新しい」⇔ old「古い」 (2) first「最初の」⇔ last「最後の」 (3) buy「～を買う」⇔ sell「～を売る」 (4) warm「温かい」⇔ cool「冷たい」 (5) son「息子」⇔ daughter「娘」

4 (語句補充・選択:代名詞,時制,進行形,熟語,前置詞,比較,受動態)

(1) 「この腕時計は私のものではない」 mine「私のもの」

(2) 「あなたは今日,幸せですか」 現在時制の文。主語が You の時,be動詞は are。

(3) 「この前の春,私の庭にはたくさんの花があった」〈There are +複数名詞〉「~がある,いる」 ここでは過去形なので are を were にする。

(4) 「彼は普段,昼食を外で食べる」 習慣を表す文は現在時制。主語が3人称単数なので,一般動詞には -s を付ける。

(5) 「母は今,中国語を勉強している」 現在進行形〈be動詞+ ~ing〉「~している」

(6) 「私は芸術に興味がある」 be interested in ~「~に興味がある」

(7) 「ボブと私は仲の良い友人同士だ」 お互いが友人であるから,friends と複数形にする。

(8) 「メアリーはクラスで最も速く走る」〈the +最上級+ in ~〉「~で最も…」

(9) 「壁に貼られたカレンダーを見てください」 前置詞 on は接触を表し,「~に接している,付いている」の意味を表す。

(10) 「このイスは木製だ」〈be made of +材料〉「~でできている,~製だ」

基本 5 (対話文完成:単語)

(1) A:月曜日と水曜日の間の日は何ですか。/B:火曜日です。

(2) A:私は12歳です。/B:へえ,私はあなたより3歳年上です。15歳です。

(3) A:クリスマスは何月ですか。/B:12月にあります。

(4) A:この問題に答えられますか。/B:いいえ,答えられません。それは難しい問題です。

(5) A:私はジャックに電話したい。あなたは彼の電話番号を知っていますか。/B:はい。

重要 6 (言い換え・書き換え:現在完了)

(1) 一般動詞の現在形の文。疑問文は文頭に Do を置き,否定文は動詞の前に don't を置く。

(2) be動詞を使った文では,疑問文は文頭にbe動詞 を置き,否定文はbe動詞の後ろに not を置く。

(3) 現在完了〈have +過去分詞〉の文。疑問文は have を文頭に置き,否定文は have の後ろに not を置く。ここでは主語が3人称単数なので have ではなく has となる。

7 (語句整序:比較,関係代名詞,文型,不定詞,疑問詞)

(1) as … as ~「~と同じくらい…」 one は前に出た名詞の繰り返しを避けるために用いられる代名詞で,ここでは flower の代わり。

(2) まず That's the train「あれは電車です」とし,主格の関係代名詞を用いて which goes to Hakusan Station「白山駅へ行く」と続ける。

(3) 〈call +目的語+~〉「…を~と呼ぶ」

(4) things to do「するべきこと」「私は今日,たくさんのするべきことがある」として,I have many things to do today. とする。

(5) 手段・方法を問う疑問詞 How を文頭に置き,疑問詞の語順〈do you +一般動詞〉を続ける。

8 (会話文読解問題:文補充・選択)

(全訳) ツヨシ:明けましておめでとう,ジョン。(1)君は今年,何を楽しみにしているの?

ジョン:まず,東京オリンピックを楽しみにしているよ! それらは新型コロナウイルスのために7月まで延期された。僕は心配しているよ。開催されることを本当に願っている。君もそう願わない?

ツヨシ:(2)うん,僕もそうだよ。僕も開催されることを願っている。(3)君はどんな種類の競技を見たい?

ジョン：たくさんの競技が見たいな。バスケットボール，サッカー，バレーボール，テニスなど。(4)君はどう？

ツヨシ：僕はマラソンレースが見たい。服部勇馬選手が出場するんだ。彼は新潟出身だよ。

ジョン：僕は新潟についてあまり知らない。新潟では何が有名なの？

ツヨシ：新潟は雪が有名だよ。新潟は冬にたくさん雪が降る。他の場所から多くの人が新潟に行ってスキーを楽しむよ。

ジョン：僕はいつかスキーをしたい。

ツヨシ：新潟にスキーをしに行こうか？

ジョン：(5)うん，そうしよう。新潟に行くのが楽しみだよ。

重要 9 (条件英作文：進行形)

(解答例の訳)「1匹の猫が魚を食べている。1匹の猫がボールで遊んでいる。1匹の猫が本を読んでいる。1匹の猫がテレビを見ている。1匹の猫がジャンプしている。イスの上に1匹の猫がいる。テーブルの下に1匹の猫がいる。箱の中に4匹の猫がいる」 これらの中から3文書けばよい。

猫の動作については現在進行形〈be動詞＋ ~ing〉「～している」で表す。「～がいる，～がある」という文は〈There is ＋単数名詞〉〈There are ＋複数名詞〉の構文で表す。

10 (長文読解問題・物語文：文整序，語句補充・選択，指示語，語句解釈，内容一致)

(全訳) トムは9歳の少年でフルマチに住んでいた。彼は両親と犬のリリーと一緒に暮らしていた。彼はリリーが大好きだった。彼は毎日忙しかったが，週末はよく一緒に楽しい時間を過ごした。

初夏のすばらしい天気の日に，トムはリリーを散歩に連れて行き，公園で遊んだ。[1]2トムはボールを投げた。1リリーはそのボールを追いかけた。3彼女は口にそのボールをくわえ，トムの元へ運んできた。そしてそれをトムの足元に落とした。トムはそれを投げ，彼女はまた運んできた。

するとリリーが捕まえられなかったボールが道路に出てしまった。トムはそれを追いかけた。不幸にも彼は車にぶつけられてしまった。誰かが119番に電話し，救急車が彼を病院に運んだ。医師たちはトムの両親に「トムの状態は非常に[2]悪いです」と言った。彼らはとても悲しかった。毎日トムの両親はお見舞いに行った。ア彼らはトムのベッドの横に座り，彼に話しかけた。しかしトムが彼らに話しかけることはなかった。彼はただ，眠っていた。

ある日トムの父親が彼に言った。「トム，目を覚まして。目を覚まして家に帰ろう。家に帰ってリリーと遊ぼう」 トムの父親が「リリー」という名前を言うと，トムの手が動いているのが見えた。「リリー！」とトムの父親は再び言った。驚くべきことにトムは再び手を動かした。トムの両親にイある考えが浮かんだ。彼らは看護師たちの元へ駆け寄って尋ねた。「私たちはうちの犬を病院に連れてきたいです。うちの犬はトムを助けることができます！ リリーが一緒にいたら，トムは目を覚ますかもしれません」 看護師たちは彼らの話をさらに聞き，とうとう「いいです，でも犬は短い時間だけここに来てもよいと，覚えておいてください」と言った。

翌日，トムの両親はリリーを病院に連れて行った。彼らは彼女のトムのベッドに乗せた。彼の周りの人々は全員，とても驚いた。トムは目を開け，リリーに微笑んだのだ。

4か月後，トムは元気になった。彼は退院し，リリーと一緒に家に帰った。

重要 問1 全訳下線部参照。

問2 空所[2]の直後の文参照。両親が悲しんだ，とあるので，トムの容体は悪いと推測できる。

問3 直前の文の Tom's parents を指す。

問4 下線部イの直後の3文参照。模範解答の他，「リリーを病院に連れて行けばトムが目を覚ますかもしれないという考え」などでもよいだろう。

重要 問5 (1)「トムが9歳の頃，彼の家はフルマチにあった」(○) (2)「トムは毎日リリーと散歩した」(×) (3)「トムの父親が救急車を呼んだ」(×) (4)「大勢の人々が病院に自分のペットを連れて行った」(×) (5)「トムの両親はトムが目を開けた時に驚いた」(○)

★ワンポイントアドバイス★

問題数が多いので，前半の記号選択問題はテキパキと解く必要がある。

＜国語解答＞

一　問一　ⓐ　肯定　ⓑ　るいじ　ⓒ　総称　ⓓ　あしな(み)　ⓔ　気質
問二　A　ウ　B　エ　C　ア　問三　ア　問四　2　問五　個人の自由
問六　イ・オ　問七　(1)　Ⅰ　悪いイメージ　Ⅱ　良いイメージ　(2)　凝る・ヤバい・オタク　問八　(例)　画一的なものから，多様なもの，個性的なものへと目を向けるようになる方向性。(37字)　問九　ア　○　イ　×　ウ　○　エ　×

二　問一　ⓐ　群　ⓑ　恒例　ⓒ　一斉　ⓓ　なざ(し)　ⓔ　へた　問二　1　ウ　2　オ　3　エ　問三　エ　問四　一対一での対話　問五　(例)　その他大勢に紛れていようという意識や態度になり，それだけのものしか得られないから。
問六　(1)　(例)　単独者になれる人がいないと永久に成立しないゲームだから。
(2)　Ⅰ　単独者となる(6字)　Ⅱ　学ぶ基本(4字)　問七　ア・エ
問八　(例)　ふだんは仲がよくても，学ぶ時はつるまないことを基本とし，いい緊張感を保つことのできるような関係。(48字)

○推定配点○

一　問五・問七　各4点×3(問七完答)　他　各2点×16　問八　6点
二　問一～問三・問六(2)　各2点×11　問四　4点　他　各6点×4(問七完答)　計100点

＜国語解説＞

一　(論説文―内容吟味，文脈把握，脱文・脱語補充，漢字の読み書き，語句の意味，熟語)

問一　ⓐ　そのことを正しく優れていると認めること。対義語は「否定」。　ⓑ　互いに共通点があること。「似」を使った熟語は，他に「疑似」「相似」などがある。　ⓒ　ある種類に含まれるものをまとめて呼ぶこと。「称」を使った熟語には，他に「名称」「称賛」などがある。　ⓓ　「足並み」は，いっしょに歩くときの足のそろい具合，同じ目的を持つ人たちの考え方や行動のそろい具合という意味がある。　ⓔ　気立てや生まれつきの性質。「質」の他の音読みは「シチ」「チ」で，「人質」「言質」などの熟語がある。

基本　問二　A　「ししょう」と読む。「支障を来す」でさしつかえるという意味になる。後の「雑事」からも意味を推察することができる。　B　「ふうちょう」と読む。「僕が子どもの頃」と「最近」について述べていることから意味を判断する。　C　「きょくたん」と読む。直前の「あまりにも」や直後の「すぎる」がヒントになる。

問三　「日本人のキシツ」は，どのように「改まるものではない」のかを考える。「日本人のキシツ」はすぐに改まるものではないので，短い時間という意味を表(ア)の「一朝一夕(いっちょういっせき)」が入る。(イ)は「いっちょういったん」，(ウ)は「いちごいちえ」，(エ)は「いっきいちゆう」と読む。

基本 問四　直前に「そんな細かいことに」とあるので，2の「些細なことにとらわれる」という意味に当たる。

問五　「共通の利益」はみんなにとって得になることという意味なので，反対の意味を表す言葉は，個人にとってよいことという意味になる。直後の文の冒頭に「それが」という逆接の意味を表す言葉があり，その後に「個人の自由を許容する社会になってきた」とある。ここから，適当な五字を抜き出す。

問六　——線部③以降の段落で「伝統」について述べている。「そうではない」で始まる段落で，「伝統」について「守るべきものもあるし，新しくしなければならないものだってある」と筆者の考えを述べている。その後の「それぞれ，そのときどきで評価をして判断すれば良い」に(オ)が，「個人それぞれで，自分の考えに従って判断すれば良いことである」に(イ)が適切である。

重要 問七　(1)「反転」は，位置や方向などが反対になること。「イメージの反転」というのであるから，どのようなイメージからどのようなイメージへ変わったのかを読み取る。本文は，冒頭の段落にあるように「本来は悪い意味で使われていた」語が「良い意味でも使え」るようになったことを述べている。「悪い意味」を「悪いイメージ」，「良い意味」を「良いイメージ」に置き換えて，いれる。　(2)「ところが」で始まる段落の「急に『拘る』が良い意味で響く言葉として広まった。類似のものに，『凝る』がある」，「このような言葉の意味の転換は」で始まる段落の「ほかにも例が沢山ある。新しいものでは，たとえば『ヤバい』などが，悪いイメージから良いイメージに使われ方が変化している。『拘る』から連想するものでは，『オタク』がそうだろう」に着目して，三つの言葉を抜き出す。

やや難 問八　同じ文の「その変化」の具体的な内容を読み取る。一つ前の文「『拘る』が，これほど良いイメージになった理由は，画一的なものから，多様なもの，個性的なものへ目を向けるようになったためだ」からどのような「変化」なのかを読み取り，「～方向性。」につなげてまとめる。

問九　「まだ過去のことにこだわっている」は悪い印象を，「食材にはとことんこだわっている」は良い印象を与えることを確認する。(ア)「まだ過去のことにこだわっている」も「食材にはとことんこだわっている」も全ての年代を通じて60%以上の人に使われているので，適切。

(イ)　二十代では「まだ過去のことにこだわっている」を使う人が60%，「食材にはとことんこだわっている」を使う人が80%であるが，「倍いる」わけではない。　(ウ)　四十代後半から五十代にかけて，「まだ過去のことにこだわっている」を使う人の方が「食材にはとことんこだわっている」を使う人よりも多くなっているので，適切。　(エ)　七十代になっても，「食材にはとことんこだわる」を使う人が60%いるので，「悪い印象を持つ人だけになる」わけではない。

二　(論説文一大意・要旨，内容吟味，文脈把握，接続語の問題，漢字の読み書き，文と文節)

問一　ⓐ「群」の他の訓読みに，「むら」がある。音読みは「グン」で，「群衆」「抜群」などの熟語がある。　ⓑ　いつもと同じように行われること。「恒」を使った熟語には，他に「恒常」「恒久」などがる。　ⓒ　同時にそろって物事をすること。「斉」を使った熟語には，「他に「斉唱」などがある。　ⓓ「名指す」は，名前を指し示すこと。「指」の他の訓読みは「ゆび」で，音読みは「シ」。　ⓔ　手際が悪くて物事が上手に行えないこと。「下手」は，特別な読み方をする熟字訓。

問二　1「説教がコウレイになっている」という前に対して，後で「これを口で説明してもなかなかわかってもらえない」と相反する内容を述べているので，逆接の意味を表す語が入る。

2「それだけのものしか得られない。学力も落ちてくる」という前に対して予想される反論を，後で「ふだんは仲がよくていい」と述べているので，当然，言うまでもなく，という意味を表す語が入る。　3 「私と彼が中学からの同級生であることに気づいた人はほとんどいなかった」という前に対して，後で「私たちはつるまないことを基本にしていたからだ」と理由を述べているので，理由の意味を表す語が入る。

基本 問三 「私」が「よく」していたのは，「席がえをしてもらう」ことである。「席がえを」は「してもらう」の修飾語になるので，「よく」が修飾しているのは，(エ)の「してもらう」。

問四 「単独者」は，友だちと離れて一人になった人という意味であることを確認する。「単独者」となることについて述べている部分を探すと，「 1 ，これを」で始まる段落に「実際に友達同士がばらばらにされて，ひとりひとりが私と向き合ってみると，そこで初めてつるんで行動しているときには得られなかった感覚がわかってくる。<差し>とも言うが，一対一での対話が重要なのだ」とあり，ここから「単独者」となってできることを抜き出す。

やや難 問五 「隣に友達がいる状態」での学びについて述べている部分を探すと，「本を読むとき」で始まる段落に「その他大勢に紛れていようという意識や態度でいると，それだけのものしか得られない。学ぶ力も落ちてくる」とあるのに気づく。「なぜ」と問われているので，この内容を「～から。」で結んでまとめる

問六 (1) 「このゲーム」について，直後で「たとえば五人のグループを作らなくてはいけないときに六人になってしまったとき。誰か一人がそこから抜ける必要がある」と説明した後，「つまり単独者になれる人がいないと永久に成立しないのだ」と「単独者ゲーム」とする理由を述べている。この「単独者になれる人がいないと永久に成立しない」を理由としてまとめる。

(2) 「このゲーム」の目的を，同じ段落で「なぜなら，友だちと離れる，あるいはあえて自分が除け者になる，最後，自分が一人で余っても構わないと思える，それが学ぶ基本であることを覚えさせるためのゲームだから」と理由を述べている。Ⅰには，「友だちと離れる，あるいはあえて自分が除け者になる，最後，自分が一人で余っても構わないと思える」を言い換えた「単独者となる」などの言葉が入る。Ⅱには，筆者が学生たちに「覚えさせ」ようとしている「学ぶ基本」が入る。

問七 「一人でいること」について，同じ段落で「つるむのはいまや小学校，中学校，高校でいじめられないための生活の知恵のひとつになりつつあるようだ。しかし，それを当たり前だと認めると……一人になったときはまるで居場所がなくなってしまう」と述べている。この内容に適切なのは(ア)と(エ)。「いじめられないための生活の知恵のひとつ」とあるが，一人でいても「生活の知恵を求め」ることはできるので，(イ)は適切ではない。直前の文の「どのグループに属すかで」権力関係が変わるは，(ウ)の「自由に過ごしている」や(オ)の「権力関係を気にしない」に合わない。

重要 問八 「彼」と筆者の関係について述べている直前の段落に着目する。「私たちはつるまないことを基本にしていた……同じ課題をこなす場合は，私と彼は全然違うところに座ってやった。そのほうがいい緊張感を失わず，力がつくと思ったのだ」から，ふだんは仲がよくても，学ぶときは「つるまないことを基本にし」，「いい緊張感を失わず」にいられる関係だとわかる。この内容を指定字数に合うように簡潔にまとめる。

★ワンポイントアドバイス★

記述式の問題では，内容を理解した後，自分の言葉に置き換えてまとめなくてはならない。ふだんから筆者の考えや，段落の要約など，簡潔にまとめる練習を重ねておこう。

一般2月

2021年度

解 答 と 解 説

《2021年度の配点は解答欄に掲載してあります。》

＜数学解答＞

1 (1) -3 (2) -3 (3) -22 (4) -2.2 (5) -1.15 (6) $-\frac{1}{4}$
(7) 21

2 (1) 48 (2) 8 (3) x^2-5x+6 (4) $(x-2)(x-4)$

3 (1) 6 (2) $3\sqrt{3}$ (3) $\frac{\sqrt{14}}{7}$ (4) $7-2\sqrt{10}$ (5) -3

4 (1) $x=-3$ (2) $x=4$ (3) $x=4,\ 6$ (4) $x=\frac{-1\pm\sqrt{13}}{2}$

5 (1) $y=50-0.1x$ (2) 30L (3) 10L

6 (1) 5通り (2) $\frac{5}{36}$ (3) $\frac{5}{12}$

7 (1) 168 (2) 164 (3) 0.06

8 (1) $x=48^\circ$ (2) $x=109^\circ$

○推定配点○

1～4 各3点×20 5 (1)・(2) 各3点×2 (3) 4点
6 (1) 3点 (2)・(3) 各4点×2 7 (1) 3点 (2)・(3) 各4点×2
8 各4点×2 計100点

＜数学解説＞

1 (正負の数の計算)

基本 (1) $-6+3=-3$

(2) $-8-(-5)=-8+5=-3$

(3) $2+3\times(-8)=2-24=-22$

(4) $5-7.2=-2.2$

(5) $-2.3\times0.5=-1.15$

(6) $\frac{3}{2}-\frac{7}{4}=\frac{6}{4}-\frac{7}{4}=-\frac{1}{4}$

(7) $\left(-\frac{14}{3}\right)\times\left(-\frac{9}{2}\right)=7\times3=21$

2 (文字式の計算)

(1) $3x^4=3\times(-2)^4=3\times16=48$

(2) $6x-2(3x-4)=6x-6x+8=8$

基本 (3) $(x-2)(x-3)=x^2-5x+6$

(4) $x^2-6x+8=(x-2)(x-4)$

3 (平方根の計算)

(1) $\sqrt{12}\times\sqrt{3}=\sqrt{12\times3}=\sqrt{36}=6$

(2)　$\sqrt{12}+\sqrt{3}=2\sqrt{3}+\sqrt{3}=3\sqrt{3}$

(3)　$\dfrac{\sqrt{2}}{\sqrt{7}}=\dfrac{\sqrt{2}\times\sqrt{7}}{\sqrt{7}\times\sqrt{7}}=\dfrac{\sqrt{14}}{7}$

(4)　$(\sqrt{2}-\sqrt{5})^2=(\sqrt{2})^2-2\times\sqrt{2}\times\sqrt{5}+(\sqrt{5})^2=2-2\sqrt{10}+5=7-2\sqrt{10}$

(5)　$(\sqrt{3}-\sqrt{6})(\sqrt{3}+\sqrt{6})=(\sqrt{3})^2-(\sqrt{6})^2=3-6=-3$

4 (方程式)

(1)　$3(x-4)=5x-6$　　$3x-12=5x-6$　　$3x-5x=-6+12$　　$-2x=6$　　$x=-3$

(2)　ある数をxとすると，$3(x+5)=7x-1$　　$3x+15=7x-1$　　$3x-7x=-1-15$　　$-4x=-16$　　$x=4$

(3)　$x^2-10x+24=0$　　$(x-4)(x-6)=0$　　$x=4,\ 6$

(4)　$x^2+x-3=0$　　解の公式を用いて，$x=\dfrac{-1\pm\sqrt{1^2-4\times1\times(-3)}}{2\times1}=\dfrac{-1\pm\sqrt{13}}{2}$

5 (1次関数)

(1)　1Lのガソリンで10km走ることができるので，1kmあたり$1\div10=0.1$(L)より，$y=50-0.1x$

(2)　$x=200$のときのyの値をきかれているので，$y=50-0.1\times200=30$(L)

やや難　(3)　300kmの地点でガソリンが満タンの50Lとなり，そこから$700-300=400$km走るので，$y=50-0.1\times400=10$(L)

6 (場合の数，確率)

(1)　2個のさいころの出た目の和が6になる場合は(大，小)＝(1，5)，(2，4)，(3，3)，(4，2)，(5，1)の5通り。

(2)　目の出方は全部で$6\times6=36$(通り)あるので，出た目の和が6になる確率は$\dfrac{5}{36}$

やや難　(3)　出た目の和が2となるのは(1，1)の1通り。和が3となるのは(1，2)，(2，1)の2通り。和が4となるのは(1，3)，(2，2)，(3，1)の3通り。和が5となるのは(1，4)，(2，3)，(3，2)，(4，1)の4通り。和が6となるのは(1)で調べた5通り。あわせて和が6以下となるのは$1+2+3+4+5=15$(通り)になるので，その確率は$\dfrac{15}{36}=\dfrac{5}{12}$

7 (統計)

(1)　$(166+170)\div2=168$(cm)

重要　(2)　35人の真ん中なので$(35+1)\div2=18$(番目)　　162～166の階級にいるので，$(162+166)\div2=164$(cm)

(3)　$2\div35=0.057\cdots$　小数第3位を四捨五入すると0.06

8 (角度)

(1)　$m/\!/n$より錯角は等しいので$\angle\mathrm{ABE}=\angle\mathrm{EDC}=59$　　$\triangle\mathrm{ABE}$の内角について$\angle x=180-73-59=48$

重要　(2)　$\triangle\mathrm{BDF}$について外角の定理により$\angle\mathrm{AFD}=57+24=81$　　$\triangle\mathrm{AEF}$について外角の定理より$\angle x=28+81=109$

★ワンポイントアドバイス★

基本レベルの問題が中心なので，特に前半の計算問題でミスをしないよう，確実な計算力を身につけておこう。1つ1つの問題に自信を持って取り組めるよう，各単元の基本事項を正確に身につけておきたい。

＜英語解答＞

1 (1) ○ (2) ○ (3) ×

2 (1) ウ (2) ア (3) イ

3 (1) library (2) tomorrow (3) Tuesday (4) dictionary
(5) computer

4 (1) ア (2) ウ (3) イ (4) ウ (5) ア (6) エ (7) エ
(8) イ (9) イ (10) ア

5 (1) run (2) speak (3) watch (4) hear (5) write

6 (1) do you like your (2) Thank you for coming (3) is going to go
(4) is younger than your father (5) Where are you from

7 (1) ウ (2) イ (3) ア (4) カ (5) オ

8 A girl is playing the piano. Two boys are watching concert video. A boy is writing a musical score. A boy is playing the guitar. Two girls are singing a song. A girl is listening to music. A boy is bringing a drum. Two girls are talking. There are eleven students in music room.

9 (1) 750円 (2) 5月10日土曜日 (3) バス (4) レストラン
(5) たくさんの美しい花

10 問1 ウ 問2 forget 問3 エ 問4 いつも微笑んでいると，友達ができるから。
問5 ウ 問6 (1) ○ (2) × (3) × (4) ○

○推定配点○

1・2 各1点×6 他 各2点×47 計100点

＜英語解説＞

1 (発音)

(1) 共に [i]。 (2) 共に [ʌ]。 (3) 上は [au]，下は [ʌ]。

2 (アクセント)

(1) [dʒæ̀pəníz] (2) [télifòun] (3) [egzǽmpl]

基本 3 (語彙：つづり)

(1) library「図書館」 (2) tomorrow「明日」 (3) Tuesday「火曜日」
(4) dictionary「辞書」 (5) computer「コンピュータ」

基本 4 (語句補充・選択：時制，疑問詞，現在完了，関係代名詞，分詞，動名詞，受動態，比較)

(1) 「私は今，おなかが空いている」 現在時制の文。主語が I の時，be動詞は am。

(2) 「タロウは昨晩，数学を一生懸命に勉強した」 過去時制の文。study の過去形は y を i に変えて ed を付ける。

(3) 「ライスとパン，どちらにしますか」 which は「どちら」を表す疑問詞。

(4) 「私は幽霊を見たことがない」 現在完了〈have ＋過去分詞〉の否定文。see － saw － seen

(5) 「私はフランス語が話せる女性に出会った」 woman を先行詞とする主格の関係代名詞 who を入れる。

(6) 「エミによって焼かれたケーキはおいしい」 形容詞的用法の過去分詞句 baked by Emi が cake を後ろから修飾する。

(7) 「私たちは先週末，川で泳いで楽しんだ」 enjoy ~ing「～して楽しむ」

(8) 「英語は多くの国で話されている」 受動態〈be +過去分詞〉「~されている」
(9) 「ケイコはエミリーと同じくらい上手に料理する」 as … as ~「~と同じくらい…」
(10) 「彼女は怒った」〈get +形容詞〉「~になる」

5 (語彙:単語)

(1) 「歩くときよりも素早く脚を動かすことにより，非常に素早く移動すること」→ run「走る」
(2) 「何かについて誰かに話しかけること」→ speak「話す」
(3) 「何か変化していたり動いていたりするものを，長い間見ること」→ watch「~を見る」
(4) 「耳を使って，ある音が作られたことを知ること」→ hear「~を聞く」
(5) 「誰かに宛てて紙の上に言葉を文字にすること」→ write「~を書く」

重要 6 (語句整序:口語表現，時制，比較)

(1) How do you like ~?「~はどうですか」は相手に何かの意見・感想を尋ねる言い方。
(2) Thank you for ~ing「~してくれてありがとう」「パーティーに参加する」は「パーティーに来る」と表せばよい。
(3) 〈be going to +動詞の原形〉「~する予定だ」 go shopping「買い物に行く」
(4) 〈比較級+ than ~〉「~より…だ」
(5) Where are you from? は相手に出身地を尋ねる言い方。

7 (会話文読解問題:文補充・選択)

(全訳) サラ:どうしたの，ジャック？
ジャック:ああ，おはよう，サラ。僕は車の鍵を探している。(1)家の中で見つけられない。
サラ　:どうしてそんなに急いでいるの？
ジャック:僕は友達のタカシと会う予定だ。だから(2)11時までに彼の家に到着しなくてはいけない。
サラ　:もしそうしたければ私の自転車を使ってもいいよ。
ジャック:(3)ありがとう，でも僕は彼と一緒に車で博物館に行きたいんだ。
サラ　:それで車が必要なのね。わかった。あなたが鍵を見つけるのを手伝うわ。昨日は何をしたの？ 昨晩車を運転した？
ジャック:うん，(4)学校から車で帰宅した。そして…
サラ　:最初に自分の部屋に行った？ それともキッチンに行った？
ジャック:(5)最初に自分の部屋に行ったと思う，でも僕の部屋では見つからない。
(ドアが開いて彼らの母親が入ってきた)
母　:あら，ジャック。私があなたの車を掃除したのよ。あなたは何時にサラの誕生日プレゼントを買いに出かけるつもり？
ジャック:母さん，それは秘密だって，僕，言ったよね。

重要 8 (条件英作文:進行形)

(解答例の訳)「1人の少女がピアノを弾いている。2人の少年がコンサートの動画を見ている。1人の少年が楽譜を書いている。1人の少年がギターを弾いている。2人の少女が歌を歌っている。1人の少女が音楽を聴いている。1人の少年がドラムを運んでいる。2人の少女が話している。11人の生徒が音楽室にいる」 これらの中から3文書けばよい。

生徒たちの動作については現在進行形〈be動詞+ ~ing〉「~している」で表す。「~がいる，~がある」という文は〈There is +単数名詞〉〈There are +複数名詞〉の構文で表す。

重要 9 (長文読解問題・掲示文:内容吟味)

(全訳)

グリーン公園行き　日帰り旅行
美しい公園で良い時間を過ごしましょう。
どの生徒も750円でこの旅行に参加できます。
プラン
日付:5月10日土曜日
時間:午前10時から午後3時
集合場所:学校
・グリーン公園へバスで行きます。
・レストランで昼食を楽しみます。
・たくさんの美しい花が見られます。

問 (1)「旅行はいくらか」 (2)「旅行はいつか」 (3)「みんなはどうやってグリーン公園へ行くか」 (4)「みんなはどこで昼食を食べるか」 (5)「みんなはグリーン公園で何が見られるか」

10 (長文読解・論説文:内容吟味,語句補充・選択,語句解釈,要旨把握,内容一致)

(全訳) (1)微笑むことは大切だと言われる。微笑むと気分が良くなる。いやな気分の時,微笑みがあなたの感情を和らげる。そして微笑みは他の人に良いイメージを与える。なぜあなたにとって微笑むことは大切なのか。これから私がお話しします。

第1に,微笑むことは体に良い。微笑んでいる時はストレスをあまり感じないから,病気にならないかもしれない。

第2に,微笑むことは精神に良い。微笑むことで何か悪いこと[2]を忘れられる。もっとリラックスしてストレスがほとんどなければ,あなたの精神は良くなるだろう。微笑んでリラックスすると,思考力と記憶力が良くなる。多くの医者はストレスを抱えた人に微笑むように言う。

第3に,スポーツをする時,微笑むことでうまくできる。多くの選手はプレーする時に微笑もうとする。あるスポーツイベントで大勢の人が100mを走った。およそ60%のランナーのタイムが,微笑んだ場合に短くなった。「(3)微笑んでリラックスできるので,走りやすい」と言ったランナーもいた。

最後に,(4)微笑むことは人生にも良い。いつも微笑んでいると,多くの友達ができる。微笑みは人から人へ移る。1人が微笑むと周りの人々も微笑み始める。微笑んでいる人々はケンカをしない。あなたがほほ笑んでいると,より多くの人があなたのところへやってくる。

人生を楽しみたければ,いつも微笑むように心がけてはどうか。微笑むことは本当に良いのだ!

問1 全訳参照。ウの「幸運が訪れる」については本文中に書かれていない。

問2 forget「～を忘れる」 something bad「何か悪いこと」

やや難 問3 全訳下線部参照。エの内容が最も近い。It's easier to run は「走ることがより簡単だ」という意味で,「走りやすい」ということ。

問4 下線部(4)の直後の文の内容をまとめる。

重要 問5 微笑みがもたらす効果について,「体に良い」「精神に良い」「スポーツで良い結果が出せる」「人生にも良い」と具体的に説明した文章である。

問6 (1)「微笑んで気分がより良くなると,病気になりにくい」(○) (2)「ストレスを抱えた人はいつも微笑む」(×) (3)「全てのランナーは微笑むとより速く走ることができる」(×) (4)「人生を楽しみたければ,微笑むべきだ」(○)

★ワンポイントアドバイス★

8の英作文問題は，確実に書ける単語を使って簡単な文で表そう。

＜国語解答＞

一　問一　ⓐ　哲学　ⓑ　対照　ⓒ　扱　ⓓ　おさな　ⓔ　ひた　問二　A　ア
B　エ　問三　(例)　その人の運命，あるいは歴史までも変える力を持つもの。(26字)
問四　(例)　まぶたを二重にするシールを貼ること。　眉を整えること。
問五　(例)　服を着がえるように顔を変えること。　問六　(1)　イ　(2)　ウ
問七　老化　問八　同じ顔を見続けると，その顔の見方はゆがむこと(22字)
問九　(例)　一番気になる自分の顔を，私たちは自分自身の目で，きちんと見ることができない点。

二　問一　ⓐ　ぎょそん　ⓑ　要素　ⓒ　ひつじゅ　ⓓ　前提　ⓔ　理想
問二　1　エ　2　イ　3　オ　問三　食料や衣類～かったから　問四　A　エ
B　ア　問五　イ　問六　さびしい　問七　(1)　利得の側面　(2)　人間の幸せのひとつの大きな柱を作っているから(23字)　問八　ア　×　イ　○　ウ　×

○推定配点○
一　問一・問二　各2点×7　他　各4点×9　二　問一・問二・問四・問六　各2点×11
他　各4点×7　計100点

＜国語解説＞

一　(論説文ー内容吟味，文脈把握，指示語の問題，脱文・脱語補充，漢字の読み書き，語句の意味，表現技法)

問一　ⓐ　世界や人生などの原理を追求する学問。「哲」を使った熟語には，他に「先哲」「哲人」などがある。　ⓑ　二つの物を照らし合わせて比べること。同音異義語の「対象」「対称」と区別する。　ⓒ　「扱う」には，手であやつる，仕事として受け持つ，世話をするという意味がある。　ⓓ　音読みは「ヨウ」で，「幼稚」「幼児」などの熟語がある。　ⓔ　音読みは「シン」で，「浸透」「浸食」などの熟語がある。

基本　問二　A　読みは「ほったん」。事件の発端，などと使う。　B　読みは「ちょうこう」。回復の兆候が見られる，などと使う。

問三　「そんなエピソード」は，直前の段落の「クレオパトラの鼻がもう少し低かったら，歴史は変わっていた」というパスカルの言葉や，『若草物語』で「末っ子が低い鼻を矯正するために洗濯ばさみを挟んで寝る」というエピソードを指している。顔が，その人の運命や歴史までも変える力があると述べている。この内容を簡潔にまとめる。

問四　直後の文の「整形までいかなくても，まぶたを二重にするシールを貼ったり，眉を整えたりしていないでしょうか」から，「顔をいじる」例を二つ，「～こと。」につなげる形で答える。

問五　直後の「絶対に無理」なこととは，どのようなことか。直前の文の「服を着がえるように顔を変えられたら」に着目する。

問六　(1)　直前の「顔は自分を表現する標識」や，直後の「コロコロ着替えていたら，誰にも

『私』をわかってもらえません」に着目する。「私」であることを示すものという意味なので，「顔」を(イ)の「表札」にたとえている。　(2)　(ア)は人間以外のものを人間に見立てて表現する，(イ)は「～ようだ」「～ごとし」などの言葉を用いないでたとえる，(エ)は語順を入れ替えて強調する表現技法となる。

問七　「白雪姫の継母」について述べている部分に着目すると，直後の段落に「白雪姫の継母が自分の美しかった姿を追い求めるのとはタイショウ的に，若いみなさんは」とあり，「白雪姫の継母」の変化は年を取ることによるものだとわかる。年を取ることによる変化を述べる漢字二字の表現を探すと，一つ後の段落に「老化する変化」とある。

問八　「顔を見る別の特性」について，直後の文で「同じ顔を見続けると，その顔の見方はゆがむことが実験からわかっています」と具体的に説明している。「何のことですか」と問われているので，この内容を「～こと。」に続く形でまとめる。

重要 問九　ここでの「皮肉」は，期待と違ってよくないことを意味している。「いつも鏡に映る自分の姿を見つめて自己満足に浸っている人たち」にとって，よくないこととはどのようなことか。直後の文「一番気になる自分の顔を，私たちは自分自身の目で，きちんと見ることはできない」ことを「皮肉に満ちたこと」としている。「どのような点が」と問われているので，「～点。」という形で答える。

二　(論説文―大意・要旨，文脈把握，指示語の問題，脱文・脱語補充，漢字の読み書き，語句の意味)

問一　ⓐ　「漁」の他の音読みは「リョウ」で，「大漁」「禁漁」などの熟語がある。　ⓑ　ある物事を成り立たせている成分。「要」の訓読みは「かなめ」「い(る)」。「素」の他の音読みは「ス」で，「素足」「素性」などの熟語がある。　ⓒ　どうしても必要なこと。「需」を使った熟語には，他に「需要」「応需」などがある。　ⓓ　ある物事が成り立つための条件。「提」の訓読みは，「さ(げる)」。　ⓔ　人が考えることができる最もすばらしい状態。対義語は「現実」。

問二　1　直前の「映画ですから」から，映画に含まれるものが入る。作り事という意味の「フィクション」が適切。　2　直後の「宅配」を使うために必要なのは，(イ)の「ネットショッピング」。　3　直後の「受ける」に続くにふさわしいのは，(オ)の「サービス」。

問三　直後の文で「なにより，食材や衣類をはじめ，生活に必要な物資を調達するためにも，仕事に就くにしても，いろいろな人たちの手を借りなければいけなかったからです」と理由を述べている。「～から」に続く，六十五字以内の部分を抜き出す。

基本 問四　A　「しかつもんだい」と読む。「死活問題」は，生きるか死ぬかにかかわる問題という意味からできた言葉。　B　「世」を「捨て」た「人」と考える。

問五　「一人で生きていても昔のように困ることはありません」というのであるから，現代社会では一人で生きていける理由を考える。傍線部②の前に「このように」とあるので，前の内容に着目すると，一つ前の段落に「近代社会になってきて……お金さえあれば，生きるために必要なサービスはだいたい享受できるようになりました」とある。この内容を述べて理由としている(イ)を選ぶ。

問六　前後の文脈から，「まったくの一人ぼっちで」「感じる」感情が入る。[　　]を含む文を受けて，直後の文で「ではなぜ一人ではさびしいのでしょうか。」と言っている。

問七　(1)　同じ文の「得だとか損だとかいった，そういった利得の側面で人がつながっている面」を受けて，傍線部③「人と人とのつながりはそれだけではない」と言っている。「それ」は「得だとか損だとかいった，そういった利得の側面」を指しており，ここから適当な五字以内の語を抜き出す。

(2)「交流やつながり」という語をキーワードに本文を探すと，直前の段落に「やはり親しい人，心から安心できる人と交流していたい，誰かとつながりを保ちたい」とある。その後で「そのことが人間の幸せのひとつの大きな柱を作っているからです」と理由を述べており，ここから二十五字以内で抜き出す。

重要 問八 最終段落の「現代社会において基本的に人間は経済的条件と身体的条件がそろえば，一人で生きていくことも不可能ではない。しかし，大丈夫，一人で生きていると思い込んでいても，人はどこかで必ず他の人々とのつながりを求めがちになるだろう」という筆者の考えに，イが合致する。筆者は「人はどこかで必ず他人とのつながりを求めがちになるだろう」と述べているが，アの「濃密な人間関係を取り戻すことが必要だと考えている」わけではない。「あの人と」で始まる段落の「あの人と付き合うと便利だとか便利じゃないとか，得だとか損だといった，そういった利得の側面で人がつながっている面もたしかにある」に，ウの内容は合致しない。

★ワンポイントアドバイス★

記述式の問題では，どのように問われているかに意識を向けることが大切だ。理由を問われたら，「～から。」に続く形で，どのようなことですか，と問われたら「～こと。」に続く形で答えよう。

2020年度

★★★★★★★★★★★★★★★★★★★★★★★★

入　試　問　題

2020年度

新潟青陵高等学校入試問題(専願)

【数　学】（45分）〈満点：100点〉

1　次の計算をしなさい。

(1)　$1-(5-4)$

(2)　$-8-(-4)\times 3$

(3)　-2.6×5

(4)　$\dfrac{3}{2}-\left(-\dfrac{2}{3}\right)$

2　次の問いに答えなさい。

(1)　$\dfrac{4x-5}{7}\times(-14)$を計算しなさい。

(2)　次の2つの式で，左の式から右の式をひきなさい。

$6x$，$5x-3$

(3)　$x=-2$ のとき，$-5x^2+x$ の値を求めなさい。

(4)　$(2x+3y)(x+y)$ を展開しなさい。

3　次の問いに答えなさい。

(1)　$\sqrt{54}\div\sqrt{6}$を計算しなさい。

(2)　$\sqrt{18}+\sqrt{32}$を計算しなさい。

(3)　$\dfrac{6}{\sqrt{3}}$の分母を有理化しなさい。

(4)　$x=\sqrt{3}+\sqrt{2}$，$y=\sqrt{3}-\sqrt{2}$ のとき，xyの値を求めなさい。

4　次の問いに答えなさい。

(1)　方程式 $6x+7=5(2-x)+8$ を解きなさい。

(2)　連立方程式 $\begin{cases}4x-y=9\\-3x+4y=-10\end{cases}$ を解きなさい。

(3)　方程式 $x^2-x-12=0$ を解きなさい。

(4)　方程式 $2x^2+3x-1=0$ を解きなさい。

5　深さ16 cmの水そうがあり，底面から4 cmの高さまで水が入っている。この水そうに水を入れ始めてからx分後の水面の高さをy cmとして，対応するxとyの値の関係を調べたところ，次の表のようになった。このとき，yはxの1次関数になっているかどうか答えなさい。また，その理由を説明しなさい。

x（分）	0	1	2	3	4	…
y（cm）	4	6	8	1 0	1 2	…

6　Aの袋には，1から5までの数を1つずつ書いた5枚のカードが入っている。また，Bの袋には，1から7までの数を1つずつ書いた7枚のカードが入っている。Aの袋とBの袋からそれぞれ1枚ずつカードを取り出すとき，次の問いに答えなさい。

(1)　Aの袋から取り出したカードに書いてある数と，Bの袋から取り出したカードに書いてある数の和が6になる場合は何通りあるか求めなさい。

(2)　(1)の場合となる確率を求めなさい。

(3)　Aの袋から取り出したカードに書いてある数の方が，Bの袋から取り出したカードに書いてある数よりも大きくなる場合の確率を求めなさい。

7　次の表は，あるクラスが数学の授業で実施した小テストの得点をまとめたものである。この表について次の問いに答えなさい。

得点	0	1	2	3	4	5	計
人数	2	4	6	2	3	3	2 0

(1)　得点の最頻値（モード）を求めなさい。

(2)　得点の中央値（メジアン）を求めなさい。

(3)　得点の平均値を，小数第2位を四捨五入して小数第1位まで求めなさい。

8　次の図について答えなさい。

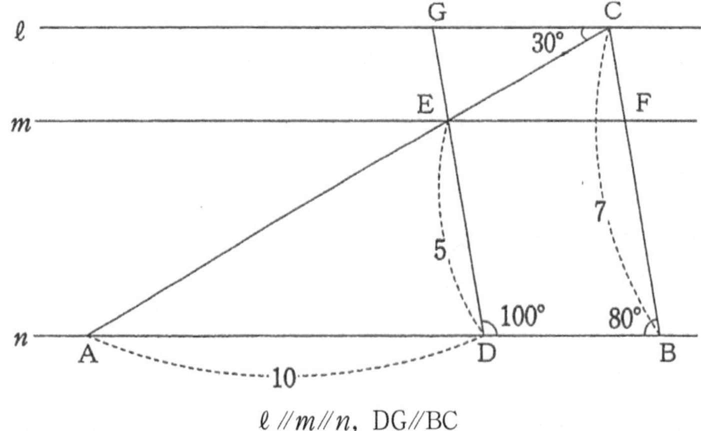

$\ell /\!/ m /\!/ n$，DG//BC

(1)　∠CGEの大きさを求めなさい。

(2)　DBの長さを求めなさい。

【英　語】（45分）〈満点：100点〉

1 下線部の発音が他の3語と異なるものを選び，記号で答えなさい。

（1） ア moved　イ called　ウ hoped　エ stayed

（2） ア gave　イ said　ウ break　エ mail

2 次の各組で，最も強く発音する部分の位置が他の3語と異なるものを選び，記号で答えなさい。

（1） ア home-work　イ din-ner　ウ my-self　エ al-so

（2） ア news-pa-per　イ yes-ter-day　ウ eve-ry-thing　エ to-ma-to

（3） ア in-tro-duce　イ his-to-ry　ウ fes-ti-val　エ an-i-mal

3 次の語に対立する意味をもつ語を[　　]から選び答えなさい。

（1） take　（2） open　（3） cheap　（4） tall　（5） day

[expensive　short　bring　night　close]

4 次の各文が正しい英文になるように，(　　)の中から最も適切な語句を選び，記号で答えなさい。

（1） Tom and Yumi (ア is　イ are　ウ was　エ were) in the same class yesterday.

（2） (ア Isn't　イ Aren't　ウ Don't　エ Doesn't) use the CD player.

（3） A：(ア How　イ What　ウ Where　エ Which) old are you?
B：I'm 17 years old.

（4） A：(ア Will　イ Should　ウ Must　エ May) you pass me the salt?
B：Yes, of course.

（5） A：Helen, do you have any pets?
B：Yes, I have three pets. I like (ア they　イ them　ウ this　エ those) all.

（6） I usually go to school (ア with　イ on　ウ at　エ in) foot.

（7） We want (ア visit　イ visits　ウ visited　エ to visit) our grandmother.

（8） Kenta (ア isn't　イ don't　ウ didn't　エ won't) study at the library tomorrow.

（9） (ア Play　イ Plays　ウ Played　エ Playing) basketball is fun.

（10） (ア The　イ It　ウ This　エ They) is easy to get to the post office.

5 次の会話の質問の答えとして最も適切なものを選び，記号で答えなさい。

（1） May I help you?
ア I'm looking for a pair of running shoes.　イ How about this blue one?
ウ We close at eight o'clock.　エ For here or to go?

（2） You don't look well. Are you OK?
ア I have a little headache.　イ You went to Hokkaido last week.
ウ No. Can I see anything else?　エ You should see a doctor.

（3） How many brothers or sisters do you have?
ア My brother lives in Kyoto now.　イ She is a doctor.
ウ Two younger sisters.　エ They are high school students.

（4） What is your dream, John?

ア Yes, she can do it.　　イ I had a good dream last night.

ウ Sounds good.　　エ I hope to be a TV reporter.

（5） What time did you get up this morning?

ア I went to bed early.　　イ About six thirty.

ウ My mother wakes me up every morning.　　エ I'm very sleepy now.

6 次の日本文に合うように，(　　)の中に適切な語を入れなさい。ただし，指定された文字から始めなさい。

（1） 信濃川は日本で一番長い川です。

The Shinano River is the (l　　) river in Japan.

（2） カナダではフランス語と英語が話されます。

French and English are (s　　) in Canada.

（3） 学校の前に車があります。

There is a car in (f　　) of the school.

（4） 準備ができましたか。

Are you (r　　)?

（5） なぜあなたは怒っているのですか。

(W　　) are you angry?

7 次の日本文に合うように，(　　)内の語句を並べかえなさい。ただし，文頭にくる文字は大文字で書きなさい。

（1） コーヒーを一杯飲みましょう。　(have / shall / a cup of / we) coffee?

（2） 京都は古い町です。　Kyoto (city / is / an / old).

（3） 急ぐ必要はありません。　You (don't / to / hurry / have).

（4） 私たちは生きるために食べます。　(live / eat / we / to).

（5） 暗くなる前に戻ってきてください。　Please come home (gets / it / dark / before).

8 次の会話文を読んで，下の問いに答えなさい。

Eric：Excuse me, is there a bank around here?

Sara：Yes, the nearest bank is Niigata Bank.

Eric：Oh, could you tell me the way there?

Sara：From here, go straight for two blocks. Then turn left at Main Street. Go along Main Street for three blocks, then turn right. There is a convenience store in the middle of the block. Niigata Bank is across the street from it.

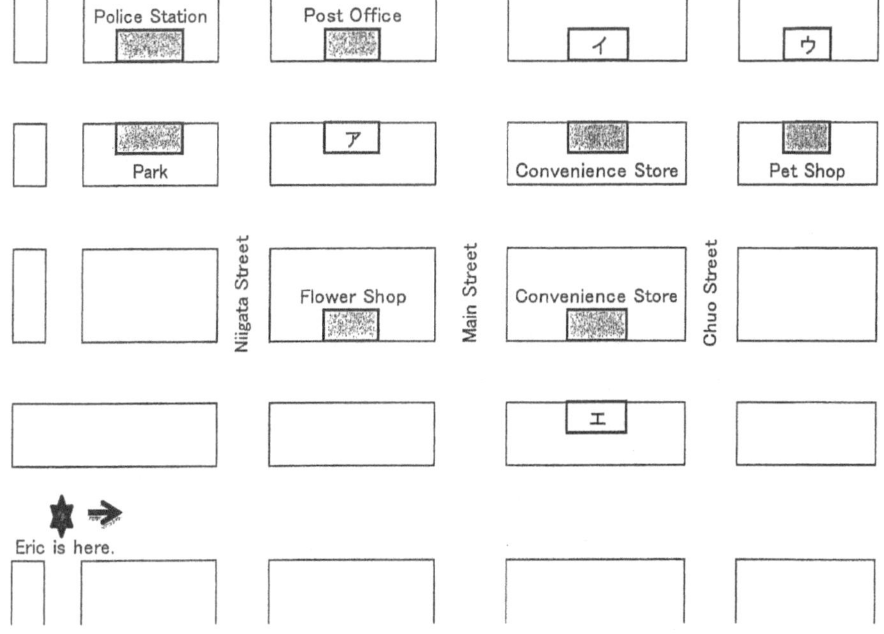

問１　Saraの案内によると，Niigata Bankはア～エのうちのどこにあるか，記号で答えなさい。

問２　Saraの案内を参考にして，警察署(Police Station)までの行き方を表す下の英文を完成させなさい。

Go straight for (　　　) block. Then turn (　　　) at (　　　) Street. Go along the street for (　　　) blocks, then turn (　　　). There is a (　　　) on that block. The Police Station is across the street from it.

9　次の絵は休み時間の教室内の様子を表しています。状況を説明する英文を３つ書きなさい。

10 次のスマートフォンについての文を読んで，下の問いに答えなさい。

Do you have your own smartphone? How many friends in your class have their own smartphones? In research, 97% of high school students have one. Many of them start using it when they enter high school. Why? A lot of parents think that their children come home late because of club activities, so they want to be able to contact their children anytime.

People have many different opinions about smartphones. 【あ】 We can do many things with smartphones, for example, calling, sending e-mails, checking the latest news, writing memos, playing some games, and so on. Most students enjoy using ①them. However, using smartphones in bad ways may make some troubles for you. 【い】 Many troubles with smartphones are made by using *applications, watching sites, and sending messages to others through smartphones. Your friends may feel bad by your messages or you may *get involved in crimes, if you don't use smartphones *correctly. 【う】 We have to understand the dangers of smartphones when we use them. Do you think smartphones are good for you or bad for you?

Some parents think that the time their children study at home is becoming shorter and shorter because of smartphones. And, they always use their smartphones, so the conversation time between parents and their children is also becoming shorter. Other parents think that their children go to bed late at night because they cannot stop playing games and communicating with their friends through SNS.

Not only smartphones, but also other *devices have both good and bad points. These problems also *come up in game machines and music players. Children can use the internet through some game machines and music players, but ②many parents don't know that. What should you do with your smartphone as a high school student? We have to think about the ways of using smartphones or other devices.

注）applications　作業の目的に応じて使うソフトウェア・アプリ　get involved in crimes　犯罪に巻き込まれる
correctly　正しく　devices　機器　come up　生じる

問1　保護者が子どもにスマートフォンを買いあたえる理由として述べられているものを，以下から1つ選びなさい。

ア　同級生たちのほとんどが持っていて，仲間はずれにならないようにするため。

イ　高校に入り，部活動で帰りが遅くなるので，いつでも連絡を取れるようにするため。

ウ　スマートフォンは非常に役に立ち，色々な調べ物をできるようにするため。

問2　次の英文を文中に入れるとき，【あ】，【い】，【う】のどこが適当か選び，記号で答えなさい。
Smartphones are very useful for us.

問3　下線部①のthemが指すものを本文から抜き出しなさい。

問4　第3段落で，子どもがスマートフォンを持つようになって，保護者が思っていることとして述べられているもののうち1つを，日本語で答えなさい。

問5　次のア～エのうち，本文の内容と合っているものを2つ選び，記号で答えなさい。

ア　多くの生徒が高校に入学したときにスマートフォンを使い始める。

イ　スマートフォンで，電話やeメールを送ることはできるが，メモを取ることはできない。

ウ　保護者は，スマートフォンにはマイナス面しかないと考えている。

エ　スマートフォンだけでなく，それ以外の機器にも良い点と悪い点がある。

問６　下線部②の英文は「多くの親がそのことを知らない」という意味である。そのことの内容について日本語で答えなさい。

（ウ）だがスポーツを想像すればわかりやすい。

（エ）筋力だけでなく、身体全体を考え、何かポイントをつかむことでバッターとして成長できる。

問七　――線部④「さまざまな要素」とありますが、これはシャーロック・ホームズの例ではどの部分にあたりますか。本文から抜き出しなさい。

問八　――線部⑤「原則は同じなのだ」とありますが、「原則」として最も適切なものを選びなさい。

（ア）数学や国語、ビジネスなど分野が違えば、それぞれに合った思考法があるということ。

（イ）さまざまな要素の関係性と、それらの要素がどう全体を形作っているのかを見ること。

（ウ）正解が用意された問題に答えるだけでなく、頭の働かせ方を学び自分自身を変えていくこと。

（エ）文科系と理科系とではアタマの使い方が異なるというような思い込みを捨て去ること。

問九　[3]に入る最も適切な語句を、本文から抜き出しなさい。

のものにはならない。これも③矛盾していると思うだろう。

[2]

人はそれぞれ「癖」を持っているものだが、それを捨て、自分なりのポイントをつかむことが基本だ。

これは思考の基本でもある。人間がものを考えるとき、公理から出発することはありえない。全体のコンテクスト(注1)をぼんやりとⓐシヤに入れながら、その中で手掛かりを見つけて考えを進める。A＝B、B＝C、C＝Aといったような論理は、考え抜いたあとで、他者に説明するために組み立てる表現だ。事件現場に立つシャーロック・ホームズ(注2)を想像してほしい。彼は、現場全体を見ながら、頭の中ではそれまでに集めた証拠品のイメージや証言を繰り返していることだろう。全体を見ながら、どこかにⓑ特異点を見いだそうとしているのである。④さまざまな要素があり、それらがどういう関係にあるのか、そしてそれらの関係がどう全体をかたちづくっているのかを見ていくのである。

こうした思考は、数学でも国語でも、研究でもビジネスの現場でも変わらない。「文科系と理科系ではアタマの使い方が異なる」などと思い込んではならない。⑤原則は同じなのだ。文章全体を見ていながら、どこかに必ず文章全体にかかわるひっかかりがあるはずだ。それをつかむ。そのポイントを自分なりにⓒテンカイすることで人間はものを考え始めることができる。学校の勉強には正解が用意されている。皆さんがⓓ誤った答案を書けば、間違いをⓔシテキされる。だが皆さんに課されているのは、[3]を知ることではなく、頭の働かせ方を学ぶことだ。この学びは、たんに知識をⓕ蓄えることではなく、自分自身を変えていくことにほかならない。全体のコンテクストがあり、その特異点をつかんで全体をもう一回つくり直す。これは自分の世界を自分でつくり直していく力でもある。

『何のために「学ぶ」のか?』「学ぶことの根拠」　小林康夫　（筑摩プリマー新書）

（注1）　コンテクスト……文脈

（注2）　シャーロック・ホームズ……推理小説の登場人物。探偵。

問一　――線部ⓐ～ⓕのカタカナは漢字に直し、漢字はその読みをひらがなで答えなさい。

問二　[1]に入る最も適切な語句を、次から選び記号で答えなさい。

（ア）一般　（イ）個人　（ウ）具体　（エ）積極

問三　――線部①とありますが、「どうして好きなのか、どうして嫌いなのかを正視しなければならない」のはなぜですか。その理由にあたる部分を抜き出しなさい。

問四　――線部②「好きだから、嫌いだからで終わってはいけない」とありますが、好き嫌いという感覚には、どのようなおそれがあるからですか、答えなさい。

問五　――線部③「矛盾している」とありますが、どのようなことが「矛盾」していると述べられていますか、答えなさい。

問六　[2]には次の（ア）～（エ）の文が入ります。これを本文にふさわしい順番に並べ替えなさい。

（ア）スポーツは単に肉体の問題ではない。

（イ）例えば野球では、筋力を鍛えさえすればホームランを打てるわけではない。

問三 [1]、[2] に入る語句を、それぞれ本文から抜き出しなさい。

問四 次の一文は、本文の［Ⅰ］～［Ⅳ］のどこに入れるのが最も適切ですか。記号で答えなさい。

> その私たちが求めている人生や生活、いのちの「よさ」を、生命倫理学ではＱＯＬと表現しています。

問五 ――線部①、④の「それ」が指すものを、それぞれ答えなさい。

問六 ――線部②とありますが、「よく生きる」とは、どのようなことだと筆者は述べていますか。本文の語句を用いて答えなさい。

問七 ――線部③に、「男性が、奇跡的に救出された」とありますが、男性が救出されるまで気力を持ち続けられた理由を本文から抜き出しなさい。

問八 [3] に入る最も適切な語句を、次から選び記号で答えなさい。

（ア）やりがい　（イ）育てがい
（ウ）生きがい　（エ）頼みがい

問九 次の（ア）～（エ）が本文の内容と合致する場合には「○」を、合致しない場合には「×」を書きなさい。

（ア）ＱＯＬは、そのいのちを生きる本人にとっての「幸福」や「満足」を意味している。
（イ）「生きがい」やＱＯＬは、人々の生命力を引き出して、必ず奇跡を起こす。
（ウ）ある人の「生きがい」は、その人生を生きる本人にしか分からない。
（エ）古代ギリシアの時代からよく生きることはＱＯＬと表現されてきた。

二 次の文章を読んで、後の問いに答えなさい。

何かを学んでいこうとするとき、「好き」という感覚ほど強い味方はない。一方、「嫌い」という感覚は、学びにブレーキをかける。好きなことはいくらでもできるが、嫌いなことはやりたくない、と。加えて、好きや嫌いという感覚は[1]的な感覚だから、誰かに「私はリンゴが好きだ」と言ったとしても、「それは君が好きなだけ、僕はバナナが好きだ」と返される場合が少なくない。好き嫌いは何かをブロックしてひとりよがりな世界を生み出すことがあるのである。

しかし、内面でわき起こる好きや嫌いは、大切にしなければならない。それが人生をつくっていくのだから。だが①何かを本当に学ぶためには、好き嫌いの感覚を、さしあたり停止して、どうして好きなのか、どうして嫌いなのかを正視しなければならない。矛盾していると思うだろう。しかし、数学の勉強が嫌いなら、どこが好きでどこが嫌いなのかを考えてみてほしい。考えることが、単なる好きや嫌いの感覚から距離を置くことを教えてくれるから。それが学ぶことの第一歩。今のうちにその術を身につけてほしい。②好きだから、嫌いだからで終わってはいけない。

学ぶためのもう一つのポイントは、全体を見ること。それと同時にどこか一点を見なければならない。全体だけを見ていても絶対に自分

い」とか「ワクワクする」とか、「これをしているときが幸せ」と思えることでいいのです。

本書には、「アンパンを食べること」が何よりも幸せだと思っている人や、最期まで写真家として生き切りたいと、いのちを長らえることよりも、自分の視力を回復させることの方を優先しようとする人が登場します。

［　Ⅳ　］

このような「生きがい」、QOLは、時に本人の生命力を引き出して、「キセキ」を起こすこともあります。③以前、何日もの間、海を漂流していた男性が、奇跡的に救出されたというニュースがありました。話題になったのは、救出劇そのものだけではなく、男性が救出されるまで気力をⓒ保ち続けていられた理由でした。

「なぜ希望を持ち続けることができたのですか？」

彼はこう答えました。

「サッカーの試合で、ベッカムを観たかったから。」

彼はベッカム選手のⓓネツレツなファンだったのです。

「生きがい」としてのQOLは、高齢や病気のために衰弱した人にとっても、その生命を支えてくれるかけがえのないものとなります。病に伏して、身寄りもなく、一日の大半をベッドに寝て過ごすという人たちのなかにも、テレビを観ることが、何よりの「生きがい」で、「だから今日も生きる」という人たちがいるのです。（中略）

これらのエピソードがB物語っているのは、人間は、希望があるからこそ生きられるということです。④それは、私たちはみな「ただ生きている」のではなく、「よく生きること」「［3］」を求めながら生きていることを意味しています。

だからQOLは、自分で感じ取り、自分で選び取るものです。「自分にとって何が好ましいのか」「幸福なのか」は、言うまでもなく、その人生を生きる本人にしか分からないからです。

みなさんにとって、QOLを生き生きとⓔ高揚させてくれるものは何でしょうか。

QOLの問いかけを深めていくことは、私たち自身の中に眠っていた、いのちに対する根源的な問いを、次第にゆさぶり起こすことにつながっていきます。

『QOLって何だろう　医療とケアの生命倫理』小林亜津子（筑摩プリマー新書）

問一　‖線部ⓐ～ⓔのカタカナは漢字に直し、漢字はその読みをひらがなで答えなさい。

問二　～～線部A「つきつめれば」、B「物語っているのは」の語句の意味として最も適切なものをそれぞれ選び、記号で答えなさい。

A「つきつめれば」

（ア）根本まで深く考えてみると　（イ）言いかえてみると
（ウ）いろいろな要素を含めると　（エ）話題を変えてみると

B「物語っているのは」

（ア）周囲に影響を与えているのは
（イ）人々を感動させているのは
（ウ）刺激的に感じているのは
（エ）ひとりでに表しているのは

【国　語】（四五分）〈満点：一〇〇点〉

【注意】字数指定のある問題では、句読点や「　」などの記号もそれぞれ一字として数えます。

一　次の文章を読んで、後の問いに答えなさい。

ＱＯＬという言葉を聞いたことがあるでしょうか。

ＱＯＬは〝Quality of Life〟の略語で、「生命の質」や「生活の質」、あるいは「人生の質」とも訳される生命倫理学のキーワードです。

〝Life〟は、私たちが人間として生きる姿を、様々な角度から表現している言葉です。

Lifeは「いのち」「生きていること」を指す言葉であり、あるいは生き方、日常の生活や暮らし方でもあり、さらには、私たちの人生や生涯、この世に生きることそのものをも意味しています。

Quality of Lifeは、その「よさ（質）」を問います。

〔　Ⅰ　〕

「［1］」と言えば、生きることの意味や価値が問われ、人間の生命の尊厳や、苦痛のない「いのちの状態」が問題となります。

「［2］」と表現すれば、病気をⓐ抱えながらも、できるだけ普段通りの生活を送れることや、自立して生きられること（これは人間の幸福感の源です）を目指そうとし、「人生の質」と言えば、その人の「生きがい」、自分らしく生き切ること、自分の人生観に沿った生き方が実現できるかが注目されます。

Aつきつめれば、ＱＯＬは、そのいのちを生きる本人にとっての「幸福」や「満足」を意味しているのです。

私たちは誰もがみな、自分の〝Life〟の「よさ」を追求しながら、毎日を生きています。健康に生きることを心がけたり、スポーツや趣味などに夢中になりながら時間を過ごしたり、あるいは、「自分らしい」生き方や「生きがい」を模索しながら、本を読み漁（あさ）ったり、将来の進路について、自分にとってより「よい」人生の選択をするために、あれこれと思いをめぐらせたりしています。

〔　Ⅱ　〕

ＱＯＬは、おもにこれまで、医療やケアの倫理問題を扱う際に使われてきた概念でした。その最もオーソドックスな解釈は、古代ギリシアの哲学者プラトンがソクラテスに語らせた、つぎの言葉に象徴されています。

「大切なのは、ただ生きることではなく、よく生きることである。」

（『クリトン』）

古来より、倫理学が目指してきたものは、「よく生きる」ことでした。

古代ギリシアでは、①それは、智慧（ちえ）や勇気、正義（善）に適（かな）った生き方をすることであり、キリスト教では、ⓑシンコウや愛に生きることであり、さらに儒教においては、仁、義、礼、智、信などの徳目として表されてきました。そして、高度に発達した現代医療では、それがQuality of Lifeという言葉で表現されているのです。

〔　Ⅲ　〕

②読者のみなさんにとって、「よく生きる」とは、どのようなことでしょうか。難しく考える必要はありません。みなさん自身が「楽し

専願

2020年度

解　答　と　解　説

《2020年度の配点は解答欄に掲載してあります。》

＜数学解答＞

1　(1)　0　(2)　4　(3)　-13　(4)　$\frac{13}{6}$

2　(1)　$-8x+10$　(2)　$x+3$　(3)　-22　(4)　$2x^2+5xy+3y^2$

3　(1)　3　(2)　$7\sqrt{2}$　(3)　$2\sqrt{3}$　(4)　1

4　(1)　$x=1$　(2)　$x=2,\ y=-1$　(3)　$x=4,\ -3$　(4)　$x=\frac{-3\pm\sqrt{17}}{4}$

5　解説参照

6　(1)　5通り　(2)　$\frac{1}{7}$　(3)　$\frac{2}{7}$

7　(1)　2　(2)　2　(3)　2.5

8　(1)　$\angle CGE=80°$　(2)　$DB=4$

○推定配点○

各4点×25(4(2)・(3)各完答)　計100点

＜数学解説＞

1　(正負の数の計算)

(1)　$1-(5-4)=1-1=0$

(2)　$-8-(-4)\times3=-8-(-12)=-8+12=4$

基本　(3)　$-2.6\times5=-13$

(4)　$\frac{3}{2}-\left(-\frac{2}{3}\right)=\frac{9}{6}-\left(-\frac{4}{6}\right)=\frac{9}{6}+\frac{4}{6}=\frac{13}{6}$

2　(文字式の計算)

(1)　$\frac{4x-5}{7}\times(-14)=-2(4x-5)=-8x+10$

(2)　$6x-(5x-3)=6x-5x+3=x+3$

(3)　$x=-2$のとき，$-5x^2+x=-5\times(-2)^2+(-2)=-5\times4+(-2)=-20-2=-22$

(4)　$(2x+3y)(x+y)=2x^2+5xy+3y^2$

3　(平方根)

基本　(1)　$\sqrt{54}\div\sqrt{6}=\sqrt{9}=3$

(2)　$\sqrt{18}+\sqrt{32}=3\sqrt{2}+4\sqrt{2}=7\sqrt{2}$

(3)　$\frac{6}{\sqrt{3}}=\frac{6\times\sqrt{3}}{\sqrt{3}\times\sqrt{3}}=\frac{6\sqrt{3}}{3}=2\sqrt{3}$

(4)　$xy=(\sqrt{3}+\sqrt{2})(\sqrt{3}-\sqrt{2})=\sqrt{3}^2-\sqrt{2}^2=3-2=1$

4　(方程式)

(1)　$6x+7=5(2-x)+8$　$6x+7=10-5x+8$　$6x+5x=10+8-7$　$11x=11$　$x=1$

(2)　$4x-y=9$…①　　$-3x+4y=-10$…②　　①×4+②は$13x=26$　　$x=2$　　これを①に代入して，$8-y=9$　　$-y=1$　　$y=-1$

(3)　$x^2-x-12=0$　　$(x-4)(x+3)=0$　　$x=4,\ -3$

(4)　$2x^2+3x-1=0$　　$x=\dfrac{-3\pm\sqrt{3^2-4\times2\times(-1)}}{2\times2}=\dfrac{-3\pm\sqrt{17}}{4}$

5 (1次関数)

$y=2x+4$と表すことができる。したがって，yはxの1次関数になっている。

6 (確率)

(1)　(Aから取り出したカード，Bから取り出したカード)=(1，5)，(2，4)，(3，3)，(4，2)，(5，1)の5通り

(2)　起こりうるすべての場合は5×7=35(通り)なので，$\dfrac{5}{35}=\dfrac{1}{7}$

やや難 (3)　題意を満たすのは，(2，1)，(3，1)，(3，2)，(4，1)，(4，2)，(4，3)，(5，1)，(5，2)，(5，3)，(5，4)の10通り。よって，その確率は$\dfrac{10}{35}=\dfrac{2}{7}$

7 (統計)

(1)　表より人数が1番多いのは，2点

重要 (2)　20人の中央値は10番目と11番目の平均だが，どちらも2点なので，中央値は2点

(3)　$(0\times2+1\times4+2\times6+3\times2+4\times3+5\times3)\div20=49\div20=2.45$　　小数第2位を四捨五入して2.5点

8 (平行線と角，相似)

重要 (1)　$\angle ADG=180-\angle BDG=180-100=80°$　　$\ell /\!/ n$より錯角は等しいので，$\angle CGE=\angle ADG=80°$

やや難 (2)　$DB=x$とすると，AD：AB=DE：BCより，$10:(10+x)=5:7$　　$5(10+x)=10\times7$　　$50+5x=70$　　$5x=20$　　$x=4$

★ワンポイントアドバイス★

基本的な問題が中心なので，1つ1つの問題をミスなく処理する能力が重要。簡単に見える問題も気をぬかず，確実に対応したい。問題数に対して45分は短く感じるかもしれないが，あわてる必要はない。

<英語解答>

1　(1)　ウ　(2)　イ

2　(1)　ウ　(2)　エ　(3)　ア

3　(1)　bring　(2)　close　(3)　expensive　(4)　short　(5)　night

4　(1)　エ　(2)　ウ　(3)　ア　(4)　ア　(5)　イ　(6)　イ　(7)　エ　(8)　エ　(9)　エ　(10)　イ

5　(1)　ア　(2)　ア　(3)　ウ　(4)　エ　(5)　イ

6　(1)　longest　(2)　spoken　(3)　front　(4)　ready　(5)　Why

7　(1)　Shall we have a cup of　(2)　is an old city　(3)　don’t have to hurry

(4) We eat to live.　(5) before it gets dark

8 問1 イ　問2 one, left・Niigata, three・left, park

9 (以下のうちいずれか3文を答える) A boy is cleaning. A boy is reading a book. Two girls are studying. A boy is taking off his jacket. A girl is picking up garbage. A man is coming into the room. A teacher is putting a poster on the wall.

10 問1 イ　問2 あ　問3 smartphones　問4 (以下のうち1つを答える) 勉強時間が少なくなっている。親子の会話が減っている。寝る時間が遅くなっている。
問5 ア, エ　問6 子供たちはゲーム機や音楽プレイヤーを通してインターネットを使うことができるということ。

○推定配点○
各2点×50(8問2は各2点×4)　計100点

<英語解説>

1 (発音)
(1) ウは [t], 他は [d]。 (2) イは [e], 他は [ei]。

2 (アクセント)
(1) ウは第2音節, 他は第1音節を強く読む。 (2) エは第2音節, 他は第1音節。
(3) アは第3音節, 他は第1音節。

3 (反意語)
(1) take「～を持って行く」⇔ bring「～を持ってくる」 (2) open「～を開ける」⇔ close「～を閉める」 (3) cheap「安い」⇔ expensive「高価な」 (4) tall「背が高い」⇔ short「背が低い」 (5) day「昼間, 日中」⇔ night「夜」

基本 4 (語句補充・選択：時制, 命令文, 疑問詞, 助動詞, 代名詞, 前置詞, 不定詞, 動名詞)
(1) 「トムとユミは昨日, 同じ授業にいた」 主語が複数, 時制が過去なので were となる。
(2) 「CDプレイヤーを使ってはならない」 禁止の命令文は〈Don't ＋動詞の原形～〉。
(3) A：あなたは何歳ですか。／B：17歳です。 How old は年齢を尋ねる。
(4) A：塩を取ってくれませんか。／B：はい, もちろん。 Will you ～?「～してくれませんか」〈pass ＋人＋物〉「(人)に(物)を渡す」
(5) A：ヘレン, ペットを飼っている？／B：ええ, 3匹飼っているわ。私は彼らみんなが好きよ。 them「彼らを」
(6) 「私はふつう歩いて学校へ行く」 on foot「徒歩で」
(7) 「私たちは祖母を訪問したい」〈want to ＋動詞の原形〉「～したい」
(8) 「ケンタは明日図書館で勉強しないだろう」 助動詞 will not の短縮形は won't。
(9) 「バスケットボールをすることは楽しい」 動名詞 ~ing「～すること」
(10) 「郵便局へ行くことは簡単だ」〈It is … to ＋動詞の原形〉「～することは…だ」

基本 5 (口語表現)
(1) 「ご用件を承ります」 ア「ランニングシューズを探しています」 店員と客のやりとり。
(2) 「体調がよくなさそう。大丈夫？」 ア「少し頭が痛いよ」 headache「頭痛」
(3) 「兄弟姉妹は何人いますか」 ウ「妹が2人います」
(4) 「ジョン, あなたの夢は何？」 エ「テレビレポーターになりたい」
(5) 「今朝は何時に起きましたか」 イ「6時30分ごろです」 What time は「何時に」と尋ねる。

基本 6 （語句補充・選択：比較，受動態，熟語，単語，疑問詞）

(1) long「長い」の最上級 longest を入れる。〈the ＋最上級＋ in ＋場所〉「～で最も…」

(2) speak「～を話す」の過去分詞 spoken を入れ，受動態〈be ＋過去分詞〉「～される」にする。

(3) in front of ～「～の前に」

(4) ready「準備ができた」

(5) why「なぜ」

7 （語句整序：助動詞，不定詞，接続詞，代名詞）

(1) Shall we ～?「～しませんか」は人を誘う時の言い方。動詞 have は「～を食べる，飲む」の意味がある。

(2) 「～は…だ」は〈主語＋be動詞〉で表す。名詞に修飾語が付く場合は〈冠詞＋形容詞＋名詞〉の語順になる。

(3) 〈don't have to ＋動詞の原形〉「～する必要はない」 hurry「急ぐ」

(4) まず主語と動詞を組み立てて We eat「私たちは食べます」とし，「～するために」を不定詞を使って to live「生きるために」とする。

(5) 接続詞 before「～する前に」の後ろに〈主語＋動詞〉を続ける。it は明暗・天気などを表す文の主語になる。〈get ＋形容詞〉で「～になる」 get dark は「暗くなる」

8 （会話文読解：内容吟味，語句補充）

エリック：すみません，この辺りに銀行はありますか。

サラ　　：はい，最も近い銀行は新潟銀行です。

エリック：そこへの行き方を教えてくれませんか。

サラ　　：ここから2区画まっすぐ行ってください。そしてメインストリートで左に曲がります。メインストリートを3区画直進し，その後右に曲がります。区画の真ん中にコンビニがあります。新潟銀行はそこから，通りの反対側です。

問1　地図の下部の Eric is here.「エリックはここにいる」から矢印の方向に出発し，サラの案内通りに進むと，コンビニにたどり着く。その向かいのイが銀行である。

重要 問2 「1区画まっすぐ行ってください。そして新潟ストリートで左に曲がります。その通りを3区画直進し，その後左に曲がります。その区画に公園があります。警察署はそこから，通りの反対側です」 サラの説明を参照し，区画の数や曲がる方向を入れる。

重要 9 （英作文：進行形，熟語）

解答例の訳「1人の少年が掃除をしています」「1人の少年が本を読んでいます」「2人の少女が勉強しています」「1人の少年が上着を脱いでいます」「1人の少女がごみを拾っています」「1人の男性が部屋に入ってくるところです」「1人の教師が壁にポスターを貼っています」 その場で行われている動作を説明するので，動詞は現在進行形にする。

10 （長文読解・論説文：内容吟味，脱文補充，指示語，内容一致）

（全訳） あなたは自分のスマートフォンを持っているか。あなたのクラスには自分のスマートフォンを持っている友人は何人いるか。調査によると高校生の97％が持っている。彼らの多くは高校に入学した時に使用を開始する。なぜか。多くの親は，子供たちがクラブ活動で遅い時間に帰宅すると思うため，子供といつでも連絡が取れるようにしたいのだ。

スマートフォンについては様々な意見がある。【あ】スマートフォンは私たちにとってとても役に立つ。スマートフォンを使うと多くのことができる，例えば，電話する，メールを送る，最新のニュースをチェックする，メモを書く，ゲームをする，などだ。ほとんどの生徒たちが①それらを楽しんで使っている。しかしスマートフォンの使い方が悪いとトラブルになる。スマートフォンのトラブルの多くは，アプリを使ったり，サイトを見たり，スマートフォンを通じて他者にメッセージを送ったりすることによって生じる。あなたがスマートフォンを適切に使わないと，あなたの友人があなたのメッセージによって嫌な気分になったり，あなたが犯罪に巻き込まれたりするかもしれない。私たちはスマートフォンを使う時，その危険を理解しなくてはならない。あなたはスマートフォンが自分にとって良いと思うか，それとも悪いと思うか。

スマートフォンが原因で，子供たちが家で勉強する時間がどんどん短くなっている，と思う親もいる。そして彼らがいつもスマートフォンを使っているので，親子の会話の時間も短くなっている。子供たちがゲームをしたり，SNSを通じて友達と連絡を取ったりするのをやめられないため，夜寝るのが遅い，と思う親もいる。

スマートフォンだけでなく，他の機器も良い点と悪い点がある。これらの問題はゲーム機や音楽プレイヤーでも生じる。子供たちはゲーム機や音楽プレイヤーを通じてもインターネットを使うことができるが，②多くの親がそのことを知らない。あなたは高校生として自分のスマートフォンをどうすべきか。私たちはスマートフォンや他の機器の使い方について考えなくてはならない。

問1　第1段落最終文参照。

問2　【あ】の場所に入れると，「スマートフォンは私たちにとってとても役に立ち，多くのことができる，例えば～」と文がつながる。

問3　them は前に出た複数名詞を指し，ここでは smartphones を指す。直前の games ではないので注意。

重要　問4　第3段落の全訳を参照する。解答として挙げたもののうち1つを答えればよい。

問5　アが第1段落第4文に一致する。エが最終段落第1文に一致する。

重要　問6　下線部②を含む文の前半部分を参照する。

★ワンポイントアドバイス★

8の問2は，文章中の表現を参考にして道案内をするという良問である。

＜国語解答＞

一　問一　ⓐ　かか　ⓑ　信仰　ⓒ　たも　ⓓ　熱烈　ⓔ　こうよう　問二　A　ア　B　エ　問三　1　生命の質　2　生活の質　問四　Ⅱ　問五　①「よく生きる」こと　④　人間は，希望があるからこそ生きられるということ　問六　(例)　自分自身が「楽しい」とか「ワクワクする」とか，「これをしているときが幸せ」と思えること。問七　サッカーの試合でベッカムを観たかったから。　問八　ウ　問九　(ア)　○　(イ)　×　(ウ)　○　(エ)　×

二　問一　ⓐ　視野　ⓑ　とくい　ⓒ　展開　ⓓ　あやま　ⓔ　指摘　ⓕ　たくわ　問二　イ　問三　考えることが，単なる好き嫌いの感覚から距離を置くことを教えてくれるから。　問四　(例)　好き嫌いは何かをブロックしてひとりよがりな世界を生み出すことがある。　問五　(例)　学ぶために全体を見ることと同時に，どこか一点を見なければならないこと。　問六　ウ→ア→イ→エ　問七　それまでに集めた証拠品のイメージや証言　問八　イ　問九　正解

○推定配点○
一　問四・問五・問八　各3点×4　　問六・問七　各6点×2　　他　各2点×13
二　問一　各2点×6　　問二・問八　各3点×2　　問六・問九　各4点×2(問六完答)
他　各6点×4　　計100点

＜国語解説＞

一　(論説文－要旨，内容吟味，文脈把握，指示語の問題，脱文・脱語補充，漢字の読み書き，語句の意味)

問一　ⓐ「抱える」は，持つの意味。「包」は，「己」の部分を「巳」と書かないように注意する。音読みは「ホウ」。「包囲」「包括」などの熟語がある。　ⓑ「信仰」は，神や仏などを固く信じ，その教えを守り，それに従うこと。「仰」には「ギョウ」の音読みもある。訓読みは「あお－ぐ」。「仰角」「仰天」などの熟語がある。　ⓒ「保つ」は，ある状態をそのまま続けるの意味。送りがなを「もつ」と誤らないように注意する。音読みは「ホ」。「保存」「保有」などの熟語がある。　ⓓ「熱烈」は，感情がたかぶって，激しいこと。「烈」は「列」と区別する。「猛烈」「痛烈」などの熟語がある。　ⓔ「高揚」は，高まり強くなること。「試合に勝って気分が高揚する」などと使う。「揚」の訓読みは「あ－げる・あ－がる」。「掲揚」「抑揚」などの熟語がある。

基本　問二　A「つきつめる」は，漢字では「突き詰める」と書く。最後まで考え抜いて，突き止めるの意味。　B「物語る」には，ある事実がある意味を示す，の意味がある。「チケットがすぐ売り切れてしまうことが，彼の人気の高さを物語っている」のように使う。

問三　1の後には「人間の生命の尊厳や，苦痛のない『いのちの状態』」とあるので，「生命の質」について説明していると分かる。　2の後には「普段通りの生活を送れることや，自立して生きられること」とあって，生きることを問題にしているので「生活の質」について説明していると分かる。

問四　抜き出した文の「その私たち」が指すのは，[Ⅱ]の直前の段落で「私たちは誰もがみな……います。……います」と説明されている「私たち」である。そして，抜き出した文の終わりに「生命倫理学ではQOLと表現しています」とあって，それを受けて[Ⅱ]の直後の文は「QOLは……倫理問題を扱う際に使われてきた概念でした」と続いている。

やや難　問五　指示語の指す内容は，前の部分から探す。直前の文中の「『よく生きる』こと」を，①の「それ」に当てはめると，「古代ギリシアでは『よく生きる』ことは……生き方をすることであり，キリスト教では……生きることであり，さらに儒教においては～」とつながる。④は，「人間は，希望があるから生きられるということ」は，「私たちはみな『ただ生きている』のではなく……生きていることを意味しています」とつながっていく。

重要　問六　「難しく考える必要はありません」と受けて，次の文で「よく生きる(こと)」の例を挙げている。「たとえば」を補って，「たとえば，みなさん自身が『楽しい』とか『ワクワクする』とか，『これをしているときが幸せ』と思えること」とつなげてみると分かりやすい。

問七　直後の会話文で理由が説明されている。「なぜ希望を持ち続けることができたのですか？」と聞かれて，「サッカーの試合で，ベッカムを観たかったから」と答えている。「なぜ」と聞かれて「～から」と答えているので，これが理由である。

問八　「これらのエピソード」が指しているのは，「本書には，『アンパンを食べること』が何よりも幸せだと思っている人や～」で始まる部分から，「～テレビを観ることが，何よりの『生きがい』で，『だから今日も生きる』という人たちがいるのです」までの部分。この部分で説明されているのは,「よく生きること」「生きがい」とはどのようなものかということである。

重要 問九 (ア)「つきつめれば,QOLは,そのいのちを生きる本人にとっての『幸福』や『満足』を意味しているのです」という一文がある。(イ)「『生きがい』,QOLは,時に本人の生命力を引き出して,『キセキ』を起こすこともあります」とあるが,「必ず奇跡を起こす」とは述べていない。(ウ)「『自分にとって何が好ましいのか』『幸福なのか』は,言うまでもなく,その人生を生きる本人にしか分からないからです」とある。「『自分にとって何が好ましいのか』『幸福なのか』」とは,問八でとらえたように「生きがい」であるから,「ある人の『生きがい』は,の人生を生きる本人にしか分からない」と言える。(エ)古代ギリシアの話題は,QOLの解釈について説明するために述べたもので,「古代ギリシアの時代からよく生きることはQOLと表現されてきた」わけではない。

二 (論説文―内容吟味,文脈把握,脱文・脱語補充,漢字の読み書き)

問一 ⓐ「視野」は,ものを見て考えることのできる範囲の意味。「視野が広い(=考えの範囲が広い)」,「視野が狭い(=考えの範囲が狭い)」のような使い方をする。「視察」「凝視」などの熟語がある。 ⓑ「特異」は,特に他のものと違っている様子。書き取りの場合は「得意」と区別する。「異」の訓読みは「こと」。「異質」「驚異」などの熟語がある。 ⓒ「展開」は,順を追って進展させること。「説明を展開する」などと使う。「開」の訓読みは「ひら-く・ひら-ける・あ-く・あ-ける」。「展覧」「展望」などの熟語がある。 ⓓ「誤る」は,間違うの意味。書き取りの場合は「謝る」と区別する。音読みは「ゴ」。「誤差」「誤解」などの熟語がある。 ⓔ「指摘」は,物事の重要な点や悪い点などを取り上げて示すこと。「摘」は,同音で形の似た「敵・適・滴」などと区別する。「指」の訓読みは「ゆび・さ-す」。「指示」「指揮」などの熟語がある。「摘」の訓読みは「つ-む」。「摘出」「摘発」などの熟語がある。 ⓕ「蓄える」は,後で使えるようにためておくの意味。音読みは「チク」。書き取りの場合は,同音で形の似た「畜」と区別する。「貯蓄」「蓄積」などの熟語がある。

やや難 問二 直後で,「『私はリンゴが好きだ』と言ったことに対して,『それは君が好きなだけ,僕はバナナが好きだ』と返される場合が少なくない」と説明している。「好きや嫌いという感覚は個人的な感覚だから」,その感覚を理由にして「君が～,僕は～」という返答をされてしまうというつながりである。

重要 問三 「どうして好きなのか,どうして嫌いなのかを正視しなければならない」のは,「何かを本当に学ぶために」必要だからである。なぜ必要なのかは,直後で数学の勉強を例にして,「どこが好きでどこが嫌いなのかを」,「考えることが,単なる好きや嫌いの感覚から距離を置くことを教えてくれるから」だと説明している。これが,好き嫌いを正視しなければならない理由である。「何かを本当に学ぶために」は,好き嫌いの感覚から距離を置くことが必要なのである。

重要 問四 第一段落は,「好き」と「嫌い」の感覚について説明している。段落の最後に,「好き嫌いは何かをブロックしてひとりよがりな世界を生み出すことがあるのである」とある。この部分を使って答える。

重要 問五 直前の「これ」が指す,その直前の三つの文で述べている事柄が「矛盾」の内容である。「矛盾」は,話のつじつまが合わないこと。全体を見ることと同時に一点を見ることはできないので,これが「矛盾」の内容。「学ぶために」という言葉を補ってまとめる。

問六 (ア)～(エ)を読むと,スポーツを例にして「矛盾している」けれども大切なことを説明していると判断できる。物事を説明するには,まず,話題を示すので(ウ)が最初にくる。話題を受けて,(ア)で「スポーツは単に肉体の問題ではない」と考える方向性を示している。そして,(イ)で「野球では,筋力を鍛えさせすれば～」と「どこか一点」の例を挙げて説明を展開して,(エ)

で「筋力だけでなく，身体全体」と述べて，「全体を見ること」で成長できると説明している。

問七　(注2)に，シャーロック・ホームズは探偵とある。探偵が集める「さまざまな要素」とは何かを考える。前の部分を読むと，「彼は，現場全体を見ながら，頭の中ではそれまでに集めた証拠品のイメージや証言を繰り返していることだろう」とある。「さまざまな要素」とは，「それまでに集めた証拠品のイメージや証言」である。

問八　何についての「原則は同じ」なのかを考えると，段落の初めに「こうした思考は」とあるのに気づく。〈こうした思考の原則は同じ〉ということである。「こうした思考」とは，直前の段落の最後で説明されている，「さまざまな要素があり，それらがどういう関係にあるのか，そしてそれらの関係がどう全体をかたちづくっているのかを見ていく」という思考である。この内容を説明しているのはイ。これが思考の「原則」である。

問九　問八でとらえたように，ここでは「思考」について説明している。空欄の前後を読むと，学校の勉強には正解が用意されているが，皆さんに課されているのは□を知ることではなく，頭の働かせ方(＝思考)を学ぶことだと述べている。つまり，「正解を知ること」と「思考」とが対比されているのである。

★ワンポイントアドバイス★

論説文は筆者の考えや主張を，理由・根拠を含めて説明の筋道をたどって正確に読み取るようにしよう。筆者の考えや主張と具体例はセットになって，具体例は理由・根拠を示す以外に，たとえとして用いられることもあるので，主張と具体例がどうつながっているかをとらえて読もう。

2019年度

★★★★★★★★★★★★★★★★★★★★★★★★★

入　試　問　題

2019年度

新潟青陵高等学校入試問題(専願)

【数　学】（45分）　＜満点：100点＞

1　次の計算をしなさい。

(1)　$-8-(5-9)$

(2)　$3-2\times(-5)$

(3)　$1.25-1.49$

(4)　$\frac{1}{4}-\frac{5}{3}$

2　次の問いに答えなさい。

(1)　$3x-(5x-7)$ を計算しなさい。

(2)　$15\times\frac{4x-1}{5}$ を計算しなさい。

(3)　$(-3x^3)^2$ を計算しなさい。

(4)　$(2x+5)(3x-2)$ を展開しなさい。

3　次の問いに答えなさい。

(1)　$\sqrt{6}\times\sqrt{10}$ を計算しなさい。

(2)　$\sqrt{12}+\sqrt{27}$ を計算しなさい。

(3)　$\frac{6}{\sqrt{2}}$ の分母を有理化しなさい。

(4)　$(\sqrt{5}+3)(\sqrt{5}-3)$ を展開しなさい。

4　次の問いに答えなさい。

(1)　方程式 $3(2x-1)=2x-11$ を解きなさい。

(2)　連立方程式 $\begin{cases} 2x+y=5 \cdots ① \\ 3x-2y=4 \cdots ② \end{cases}$ を解きなさい。

(3)　方程式 $x^2-6x-7=0$ を解きなさい。

(4)　方程式 $2x^2-5x-1=0$ を解きなさい。

5　ある斜面でボールを転がしたところ，ボールが転がり始めてから x 秒間に転がる距離を y cmとすると，x と y の関係は $y=2x^2$ となった。このとき，次の問いに答えなさい。

(1)　転がり始めてから4秒間に転がる距離を求めなさい。

(2)　転がる距離が72cmになるのは，転がり始めてから何秒後かを求めなさい。

(3)　転がす時間を3倍にすると，転がる距離は何倍になるかを求めなさい。

6　袋の中に，1から3までの数字を1つずつ書いた赤い球が3個と1から5までの数字を1つずつ書いた青い球が5個入っている。このとき，次の問いに答えなさい。

(1)　袋の中から球を1個取り出したとき，球の色が赤である確率を求めなさい。

(2)　袋の中から球を1個取り出したとき，球に書いてある数字が3である確率を求めなさい。

(3)　袋の中から球を2個取り出すとき，球に書いてある数の和が5になる確率を求めなさい。

7　ある中学校で大なわとび大会をおこなったところ，9クラスが参加した。各クラスの1分間でとんだ回数の合計は，右のようになった。次の問いに答えなさい。

1学年	1組	2組	3組
	9 2回	9 2回	9 6回

2学年	1組	2組	3組
	9 3回	1 3 3回	9 4回

3学年	1組	2組	3組
	1 5 0回	9 6回	9 9回

(1)　9クラスのとんだ回数の平均値を求めなさい。

(2)　9クラスのとんだ回数の中央値を求めなさい。

(3)　3年3組のとんだ回数は他のクラスと比較してどんなことがいえるか，あなたの考えを答えなさい。

8　次の問いに答えなさい。

(1)　次の2つの図形は相似である。相似比を答えなさい。

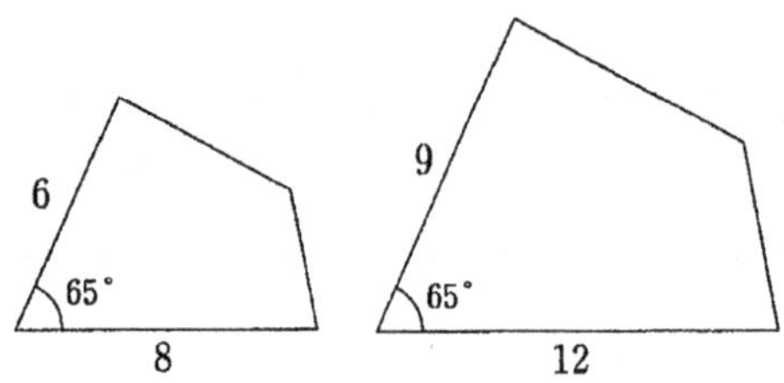

(2)　次の図で，BC // DEのとき，x，yの値を求めなさい。

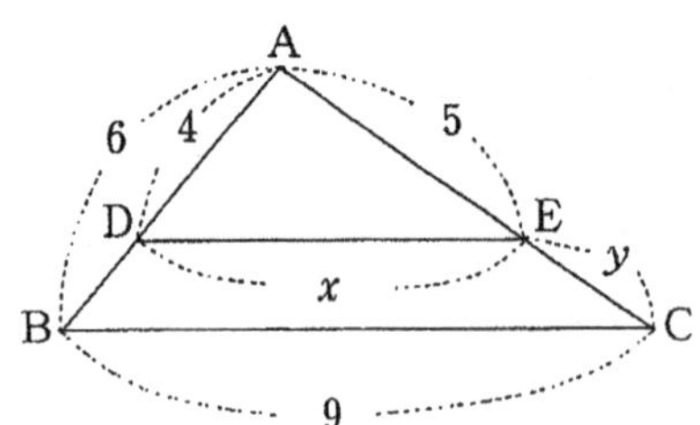

【英　語】（45分）　＜満点：100点＞

1 下線部の発音が他の3語と異なるものを選び，記号で答えなさい。

(1) ア think　イ king　ウ know　エ basketball

(2) ア visit　イ sit　ウ snow　エ yourself

2 次の各組で，最も強く発音する部分の位置が他の3語と異なるものを選び，記号で答えなさい。

(1) ア wa-ter　イ cof-fee　ウ yel-ow　エ po-lice

(2) ア po-ta-to　イ li-brar-y　ウ an-oth-er　エ com-put-er

(3) ア in-ter-view　イ choc-o-late　ウ Jap-a-nese　エ beau-ti-ful

3 次の語に対立する意味をもつ語を［　］から選びなさい。

(1) cold　(2) high　(3) up　(4) early　(5) south

［ down　low　north　hot　late ］

4 次の各文が正しい英文になるように，（　）の中から最も適切な語句を選び，記号で答えなさい。

(1) A：Are you and Mary sisters?
　B：Yes,（ア you　イ she　ウ we　エ they）are.

(2) This question（ア is not　イ are not　ウ not is　エ not are）easy.

(3) They are（ア look　イ looks　ウ looking　エ looked）for their cat now.

(4) I eat（ア a　イ an　ウ much　エ some）apples every day.

(5) Kenta is the（ア taller　イ tallest　ウ more tall　エ most tall）in my class.

(6) A：（ア What　イ Who　ウ Where　エ When）do you have in your hand?
　B：I have two coins.

(7) He has a dog（ア which　イ who　ウ what　エ when）has brown hair.

(8) My father（ア isn't go　イ wasn't go　ウ doesn't go　エ didn't go）shopping yesterday.

(9) A："（ア Must　イ Shall　ウ Did　エ Have）I open the window?"
　B："Yes, please.　Thank you."

(10) I enjoyed（ア go　イ to go　ウ going　エ gone）to the movies last weekend.

5 次の会話の質問の答えとして最も適切なものを選び，記号で答えなさい。

(1) Excuse me.　Where is the bus stop?

ア It comes at ten.　イ Just around the corner.

ウ It's very kind of you.　エ Please stop here.

(2) How long does it take to get to Osaka?

ア Three times. イ I'll go there.

ウ By train. エ Two hours.

(3) What shall we do when we finish washing the car?

ア I hope so. イ Yes, we will.

ウ Let's eat lunch. エ What shall we make?

(4) Whose books are they?

ア They are Ken's. イ They are my friends.

ウ It is Ken's. エ It is your book.

(5) You look so nice in that dress. Is it new?

ア Yes, it is. イ Yes, I can.

ウ No, I don't. エ No, it doesn't.

6 次の日本文に合うように，（ ）の中に適切な語を入れなさい。ただし，文頭にくる文字は大文字で書きなさい。

(1) マークは納豆を食べたことがありますか。

Has Mark ever (　　　) *natto* before?

(2) リリーとマイクは玄関でお母さんを待っていました。

Lilly and Mike were waiting (　　　) their mother at the entrance.

(3) 入ってもいいですか。

(　　　) I come in?

(4) この問題はとても難しくて，私には答えられません。

This question is (　　　) difficult for me to answer.

(5) 駅にはたくさんの人がいました。

There (　　　) a lot of people at the station.

7 次の日本文に合うように，（ ）内の語（句）を並べかえなさい。ただし，文頭にくる文字は大文字で書きなさい。

(1) そのニュースは私を喜ばせました。 (happy / made / the news / me).

(2) この川で泳ぐことはとても危険です。

(swim / is / it / very dangerous / to) in this river.

(3) 明日，何をする予定ですか。 (you / are / going / what) to do tomorrow?

(4) 彼はまだそこに着いていません。 (not / he / arrived / has) there yet.

(5) 野球の試合をテレビで観ましょう。 (the baseball game / watch / let's / on TV).

8 次の文を読んで，下の問いに答えなさい。

Takuro: Hi, Misaki. Can I talk to you now?

Misaki: (a)

Takuro: My mother will come to Tokyo during the summer, so I want to show her around Tokyo.

Misaki: That sounds good! (b)

Takuro: I am thinking about some places. For example, Ueno, Asakusa, and Ikebukuro.

Misaki: How about visiting the Ueno Zoo? Has your mother ever seen pandas?

Takuro: Yes. She went there last year with me.

Misaki: How about an *aquarium?

Takuro: Is there any aquarium in Ueno?

Misaki: No. There is an aquarium in Ikebukuro. It is in Sunshine City. It is on the *rooftop of a 40m building.

Takuro: (c) I have been to Sunshine City a few times, but I didn't know that. I want to go there.

Misaki: It has around 80 fish tanks and 37,000 fish. When I took my sister there, she was very excited to see the *sea lions. They are the *symbols of the Sunshine Aquarium.

Takuro: (d)

Misaki: Yes.

Takuro: I'm sure my mother will enjoy it! Thank you for the idea.

注） aquarium 水族館　rooftop 屋上　sea lion トド　symbol 象徴，シンボル

問１ 本文の空所（a)～(d）に入る文をア～エの中から選び，記号で答えなさい。

ア Where are you planning to go?　　イ I'm surprised to hear that.

ウ Can we see the sea lions?　　エ Sure.

問２ 以下の選択肢の内容が本文と合っていれば○を，間違っていれば×を書きなさい。

(1) Takuro の母は先週上野動物園に行った。

(2) Takuro はサンシャインシティーに水族館があることを知っていた。

(3) Misaki が妹をつれて，サンシャイン水族館に行ったことがある。

9 次の絵を見て，状況を説明する英文を３つ書きなさい。

10 次のチョコレートの歴史についての文を読んで，下の問いに答えなさい。

One of the most popular foods around the world is chocolate. Today, many people like to eat chocolate. We eat chocolate candy, and we drink hot and cold chocolate drinks. Chocolate is made from a lot of different things, but the most important thing is the cacao bean. Cacao beans are from Mexico. Cacao trees need hot weather to grow and Mexico has hot weather. So, ①they grow well there.

Now, let me tell you about the history of chocolate. At first, people picked the cacao beans from *wild trees. They *planted them and grew them. People made a drink from cacao beans and water. The drink wasn't very sweet.

Next, Mr. Herman took three bags of cacao beans back to Spain from Mexico to make the cacao drink. 【あ】 Then, someone added sugar to it. 【い】 Now, more people enjoyed the drink. 【う】 Many European people learned to make this drink from the Spanish people. In 1800, people in England mixed the cacao drink with sugar and milk. It was called chocolate milk. Children started drinking the chocolate milk and it became more popular.

The last big change to chocolate was in 1828. People started making *bars of chocolate. At that time, the chocolate bars were expensive. But in 1894, Mr. Hershey made the first *cheap chocolate bar. Many chocolate shops ②did the same and soon everybody could buy and enjoy chocolate.

注） wild trees 自生する樹木　plant 植える　bar （棒状の）かたまり，板　cheap 安い

問１ 下線部①の they が指している語句を本文中から抜き出しなさい。

問２ 次の英文を文中に入れるとき，【あ】，【い】，【う】のどこが適当か選び，記号で答えなさい。

At first, nobody liked it.

問３ 下線部②の内容として適するものをア～エから選び，記号で答えなさい。

ア カカオを栽培した

イ スペイン人からカカオドリンクの作り方を習った

ウ チョコレートドリンクを作った

エ 板状のチョコレートを作った

問４ 本文の内容と一致するものには○を，異なるものには× を書きなさい。

(1) Cacao beans are the most important thing for making chocolate.

(2) Chocolate was always sweet.

(3) Early chocolate bars were expensive.

(4) Chocolate has not changed very much through the years.

を話すのはなぜだと筆者は考えていますか。文中のことばを使って答えなさい。

問六　――線部④とありますが、筆者はどのような点を「知的洗練が不足している」と指摘しているのですか。最も適切なものを次から選び、記号で答えなさい。

（ア）大人であるのに、こども向けの内容である昔話を、真剣に楽しもうとする点。

（イ）大人であるのに、ことわざがたとえであることを理解せず、文字通りにしか内容をとらえられない点。

（ウ）大人であるのに、ことわざの意味が理解できず。こどもたちをごまかすことばかりしている点。

（エ）大人であるのに、「エピソード的理解」と、「意味的理解」ということばを知らず、情けなさを感じている点。

問七　□1、2に入る語句をそれぞれ本文から抜き出しなさい。

問八　――線部⑤とありますが、「弘法も筆の誤り」のことわざをエピソード的に理解すると、どのようにとらえられますか。本文から十五字で抜き出しなさい。

問九　――線部⑥とありますが、筆者が「物語を読むよりも、ことわざの方が高度である」と述べているのは、どのような点からですか。文中のことばを使って答えなさい。

よるが、算数、数学は意味的理解でないとわからない。本好きで、物語ばかり読んでいる女の子が、しばしば数学を苦手とするのは、両者の頭の働きの違いを示すものである。文学少年は、論理的説明文がよくわからなかったりする。

こどもだけでなく、大人でも、似たことがおこる。コンピューターやワープロなどの機器のマニュアルが何度読んでもわからない、これは書き方が悪いのだ、などと文句をいう。書き方がいけないこともないではないが、それよりも、意味的理解力がなくてはわからないマニュアルを、エピソード的理解の頭でわかろうとするところに問題がある。

物語、文学作品は感性や情操を養うのに大きな意義をもっているが、要するに、エピソード的である。一生のあいだ、ゴシップ(注2)のようなものしかおもしろくないというのは、意味的理解の能力がⓔ欠如しているということになる。

学校の勉強は、一見、エピソード的な形をしていても、その実は、意味的理解によってすすめられるべきものなのである。ことわざも、エピソード的に見えて、本来は意味的な表現である。ただ、意味をウのみにするのではなく、その意味を引き出す頭の働きが求められる。⑥頭の訓練としては、物語を読むよりも、ことわざの方が高度であるといってよい。

『ちょっとした勉強のコツ』外山滋比古（ＰＨＰ文庫）

（注１）能筆家　……　字がうまい人。

（注２）ゴシップ　……　うわさ話。むだ話。

問一　══線部ⓐ～ⓔのカタカナは漢字に直し、漢字はその読みをひらがなで答えなさい。

問二　――線部①とありますが、筆者がこのように考える理由として、最も適切なものを次から選び、記号で答えなさい。

（ア）ことわざはたとえであり、実際にそのような事実があったかどうかとは無関係だから。

（イ）ことわざは古い時代に作られたものであり、現代人が調べることは不可能だから。

（ウ）サルは動物園で観察することができるが、弘法大師は亡くなっていて調べられないから。

（エ）〝取材〟と言って、筆者をだまそうとする女性ライターにハラが立ったから。

問三　――線部②とありますが、どのような点がおもしろいのですか。文中のことばを使って四十五字以内で答えなさい。

問四　〰〰線部Ａ「にくまれ口」、Ｂ「惰性」のことばの意味として最も適切なものをそれぞれ選び、記号で答えなさい。

Ａ　にくまれ口

（ア）自分の欠点をかくす言い方。

（イ）人に不快感を与える言い方。

（ウ）冷たい感じを与える言い方。

（エ）相手が誤解しやすい言い方。

Ｂ　惰性

（ア）新しく物事を始めること。

（イ）気持ちにまかせて自由に行動すること。

（ウ）そのままの勢いや状態が続くこと。

（エ）周囲から影響されて変化すること。

問五　――線部③とありますが、桃太郎の話の中の動物が人間のことば

のですが、いかがでしょうか」

そういう電話をかけてきたのは、某女性週刊誌のライターである。人にものをたずね、教えてもらうのに〝取材〟とはなにごとかと、いつもながらハラを立てる。応じたことはない。

①こんなとんまなことを言ってくる、とんまなライターなどにいちいちつき合ってはいられないが、あまりにもⓑヒジョウシキなことを言うから、ついよけいなことを口走ってしまい、あとでいやな気持ちになった。よく覚えていないが、こんな意味のことをしゃべったようである。

ことわざというのは、たとえである。弘法大師が、書きそこないをした、それを見た人が、〝弘法も筆の誤り〟ということわざをこしらえたのではない。(注1)能筆家の代表として登場しているだけで、いつか書き損じたことがあったかどうか、そういうこととはまるで関係がないのである。

〝サルも木から落ちる〟ということわざは〝弘法も筆の誤り〟と似た意味をあらわしているが、実際、サルはめったに木から落ちない、木のぼりがたいへん上手である。そういうサルでさえ、時には木から落ちる失敗をすることが、ないとはいえない。②そのおもしろさを指摘したもの。

あなたは、実地に調べると言うが、動物園で一日、サルを観察しても、サルは木から落ちないことがわかるのがオチ。そんなバカバカしい取材はやめた方がいい。

相手はそれをきいて、いまの話を雑誌にのせていいか、とたずねる。とんでもない、ⓒお断りする。少しはことわざの勉強をしてほしい、Aとにくまれ口をきいて、電話を切った。そして、そのあと、B惰性であれこれ続きを考えることになった。

③桃太郎の話をきいたこどもが、動物園のサルはキーくらいしかいわないのに、どうして、このサルは人間のことばを使うのか、ときいた。きかれた大人が困って、話だからいいのだとごまかした。

話の中のサルやキジ、イヌが人のことばを話すのは、本当にそういう動物がいたというのではなく、それをたとえにして、ある意味を伝えようとしたものである。桃から赤ん坊が生まれる、にしたってそうで、どこに人間の子を生む桃などがあるものか。それがあるといっているのではない。たとえていうと、桃からこどもが生まれたようなものである、という意味を伝えたいのである。

幼いこどもには、その〝たとえ〟ということがわからなくてもしかたがないが、大人まで、こういう話を文字通りに受けとって、不合理だと思ったりしているのだから、情けない。④知的洗練が不足しているのである。

〝サルも木から落ちる〟を、文字通りに、木から落ちるサルがいた、と考えるのは、エピソード（挿話）的理解である。他方、たとえどんなにその道にすぐれていても、絶対に失敗しない、というわけにはいかない。そういうことをあらわすものだと考えるのは、意味的理解である。

ことわざは、[1]理解をすべきものであるのに、さきの週刊誌のライターのように、[2]理解でとらえることがすくなくない。

エピソード的理解と意味的理解は、ⓓコトなる頭の働きである。⑤ことがらをありのままとらえ頭に入れるのはエピソード的で、ことがらの中にあるものを考えようとするのが意味的である。

学校の教科でいうと、国語はだいたいにおいて、エピソード的理解に

ⓓ察知できない。やがて海からのシグナルをキャッチする感受性は失われていく。人は生きるために大切な知恵の一つを捨ててしまったのだ。

だから皆さんに言いたい。自分を開くのは決して無防備なⓔ仕草ではない。外の世界から発信されているさまざまな信号や情報を全身で受け止める。それは、自然に向けても社会に向けても自己を開放し、対話することなのだ。⑦その行動を恐れてはいけない。

「学問の殻を破る」――世界に向けて自己を開放すること　今福龍太
『何のために「学ぶ」のか』（筑摩プリマー新書）所収

（注）アーカイブ……まとめたもの。

問一　＝＝線部ⓐ～ⓔのカタカナは漢字に直し、漢字はその読みをひらがなで答えなさい。

問二　――線部①とありますが、「『世界』と出会う」とはどういうことですか。詳しく述べた部分を四十五字以内で抜き出し、初めと終わりの五字を答えなさい。

問三　□1、2に入る語句をそれぞれ本文から漢字二字で抜き出しなさい。

問四　――線部②について、次の（1）、（2）の問いに答えなさい。

（1）「この二つ」とは何を指しますか。本文から抜き出しなさい。

（2）「表裏一体」の語句の意味として最も適切なものを次から選び、記号で答えなさい。

（ア）二つのものの関係が密接で切り離せないこと。
（イ）二つのものが非常に似ていること。
（ウ）二つのものが全くつながりを持たないこと。
（エ）二つのものを合体させること。

問五　――線部③とありますが、「狭い殻」とは東日本大震災の例では何にあたりますか。本文から漢字三字で抜き出しなさい。

問六　――線部④「そういう機会」が指す内容を本文から抜き出しなさい。

問七　――線部⑤「そうではない」について、次の（1）、（2）の問いに答えなさい。

（1）「そうではない」とは、どういうことですか。「そう」が指す内容を、解答欄に合うように三十字以内で答えなさい。

（2）筆者がこのように述べるのは、なぜですか。最も適切なものを次から選び、記号で答えなさい。

（ア）自分たちを囲い込むバリアは重要だから。
（イ）情報にまどわされず判断することができるから。
（ウ）生きるための大切な知恵を身につけられるから。
（エ）海辺の人々にとって、海は生活に欠かせないものだから。

問八　――線部⑥「人間が海と対話する」とは、どうすることですか。本文から抜き出しなさい。

問九　――線部⑦とありますが、「その行動」とは、どのような行動ですか。二十五字以内で本文から抜き出しなさい。

二　次の文章を読んで、後の問いに答えなさい。

「〝弘法も筆の誤り〟ということわざがありますが、いつ、そういうことがおこったのか、歴史的事実を知りたいと思っています。〝サルも木から落ちる〟ということわざでは、本当にサルは木から落ちるか、どうか、ⓐ実地に調べたいと考えています。こういう点について取材したい

【国　語】（四五分）〈満点：一〇〇点〉

【注意】　字数指定のある問題では、句読点や「　」などの記号もそれぞれ一字として数えます。

一　次の文章を読んで、後の問いに答えなさい。

誰でもおそらく中学生、高校生の頃に「自分」を発見する。と同時に、その反対側にある①「世界」と出会う。自分を<u>ⓐツツみ</u>込んでいるもっと大きな世界。自分がその中で生きている社会環境としての世界。あるいは人によっては自然環境としての世界かもしれない。

いずれにせよ、中学生、高校生の頃に、「［1］」のまわりには「［2］」というものがあるのだ、という感触を初めて本当に知ることになるのだと思う。それまでは生まれ育った「家」に守られていて、自分が<u>ⓑ無防備</u>な状態で世界に直面しているという実感はない。

自分を発見すること。世界と出会うこと。②この二つは表裏一体の出来事だ。世界と出会うことによって改めて自分を発見しなおす、と言ってもよい。

「世界と出会う」とは、もう少し詳しく言うと「自分にとって手も足も出ないような、人間のスケールを超えた、ある大きな力と出会う」ことだ。そういう経験がきっと皆さんにもあると思う。まだないという人も、近いうちにきっとある。「大きな力」とは何なのか、人によって違うのだろうが、それに出会う瞬間は必ず訪れるにちがいない。

しかし、③自分の狭い殻に閉じこもっていては、④そういう機会が訪れても気づくことができない。だから、自分をバリアで囲い込むのではなく、何か大きな力と出会う機会に向けて、常に自分を開いていてほしい。

「自分」はつねに「世界」のさまざまな波打ち際と接している。その波打ち際はいつも近くにある。それに向けて自分を開いておく。開く勇気を持つ。

たしかに、大きな津波が来たらどうするのか。逃げられないではないか。とすると「世界の波打ち際に向けて自分を開く」のは一見、怖いこと、危険なことのように思えるかもしれない。

でも、⑤そうではない。

東日本大震災の大津波では、防波堤を人工的に築いても役にたたないことがわかった。でもそれはコンクリートの防波堤を超える高さと<u>ⓒイリョク</u>の津波が来たからで、もっと高く強固な防波堤を築くべきだ、という判断がいまだにある。けれども、本当にそうだろうか？　そんな教訓でよいのだろうか？

私たちは海という巨大な謎の世界と、自分たちが住んでいる見知った街を、防波堤という境界で分断してしまった。つまり、バリアを築いて自分たちを囲い込んでしまった。そう考えてみてはどうだろう。

かつて海辺で暮らしていた人々は、海を通じて世界と対面していた。海の色、潮の匂い、波の音や高さ。これらはすべて情報のアーカイブ(注)だった。それを読み解けば、天候がどんなふうに変化するか、いつ、どのくらいの大きさの波が来るかがわかった。つまり海という巨大な謎の世界からのシグナルをキャッチできた。それは長い時間のなかで知らず知らずに身についた知恵だ。

ところが、海と人との間に巨大なコンクリートの壁を築いたらどうなるか。そうした自然がもたらす情報は遮断されてしまう。⑥人間が海と対話することができなくなってしまう。天候の変化も、津波の危険性も

大切なことはメモしておこうネ！

専願

2019年度

解　答　と　解　説

《2019年度の配点は解答欄に掲載してあります。》

＜数学解答＞

1 (1) -4　(2) 13　(3) -0.24　(4) $-\frac{17}{12}$

2 (1) $-2x+7$　(2) $12x-3$　(3) $9x^6$　(4) $6x^2+11x-10$

3 (1) $2\sqrt{15}$　(2) $5\sqrt{3}$　(3) $3\sqrt{2}$　(4) -4

4 (1) $x=-2$　(2) $x=2,\ y=1$　(3) $x=-1,\ 7$　(4) $x=\frac{5\pm\sqrt{33}}{4}$

5 (1) 32cm　(2) 6秒後　(3) 9倍

6 (1) $\frac{3}{8}$　(2) $\frac{1}{4}$　(3) $\frac{3}{14}$

7 (1) 105回　(2) 96回　(3) 解説参照

8 (1) 2：3　(2) $x=6,\ y=\frac{5}{2}$

○推定配点○

1・2　各3点×8　3～7　各4点×17(4(2)完答)　8 (1) 4点　(2) 各2点×2

計100点

＜数学解説＞

1 (正負の数の計算)

(1) $-8-(5-9)=-8-(-4)=-8+4=-4$

基本 (2) $3-2\times(-5)=3+10=13$

(3) $1.25-1.49=-0.24$

(4) $\frac{1}{4}-\frac{5}{3}=\frac{3}{12}-\frac{20}{12}=-\frac{17}{12}$

2 (文字式の計算)

(1) $3x-(5x-7)=3x-5x+7=-2x+7$

(2) $15\times\frac{4x-1}{5}=\frac{15(4x-1)}{5}=3(4x-1)=12x-3$

(3) $(-3x^3)^2=(-3x^3)\times(-3x^3)=9x^6$

(4) $(2x+5)(3x-2)=6x^2+11x-10$

3 (平方根の計算)

基本 (1) $\sqrt{6}\times\sqrt{10}=\sqrt{6\times10}=\sqrt{2\times2\times3\times5}=2\sqrt{15}$

(2) $\sqrt{12}+\sqrt{27}=2\sqrt{3}+3\sqrt{3}=5\sqrt{3}$

(3) $\frac{6}{\sqrt{2}}=\frac{6\times\sqrt{2}}{\sqrt{2}\times\sqrt{2}}=\frac{6\sqrt{2}}{2}=3\sqrt{2}$

(4) $(\sqrt{5}+3)(\sqrt{5}-3)=(\sqrt{5})^2-3^2=5-9=-4$

4 (方程式)

(1) $3(2x-1)=2x-11$　$6x-3=2x-11$　$6x-2x=-11+3$　$4x=-8$　$x=-2$

(2) $2x+y=5$…①　$3x-2y=4$…②　①×2+②より，$7x=14$　$x=2$　これを①に代入して，$4+y=5$　$y=1$

(3) $x^2-6x-7=0$　左辺を因数分解して，$(x+1)(x-7)=0$　$x=-1,\ 7$

(4) $2x^2-5x-1=0$　解の公式より，$x=\dfrac{5\pm\sqrt{(-5)^2-4\times2\times(-1)}}{2\times2}$　$x=\dfrac{5\pm\sqrt{33}}{4}$

5 (2乗に比例する関数)

(1) $y=2x^2$に$x=4$を代入して，$y=2\times4^2=32$(cm)

重要 (2) $y=2x^2$に$y=72$を代入して，$2x^2=72$　$x^2=36$　$x>0$より，$x=6$　よって，6秒後

(3) 例えば，転がす時間が1秒間のときと3秒間の時を比べてみる。転がす時間が1秒間のとき，$y=2\times1^2=2$(cm)　転がす時間が3倍の3秒間のときは，$y=2\times3^2=18$(cm)となり，転がす距離は，$18\div2=9$(倍)になっている。

6 (確率)

(1) 全部の球3+5=8(個)のうち，赤い球は3個なので，球の色が赤である確率は，$\dfrac{3}{8}$

(2) 3は赤い球と青い球にそれぞれ1個，計2個あるので，取り出した球に書いてある数字が3である確率は，$\dfrac{2}{8}=\dfrac{1}{4}$

重要 (3) (赤1，赤2)，(赤1，赤3)，(赤1，青1)，(赤1，青2)，(赤1，青3)，(赤1，青4)，(赤，青5)，(赤2，赤3)，(赤2，青1)，(赤2，青2)，(赤2，青3)，(赤2，青4)，(赤2，青5)，(赤3，青1)，(赤3，青2)，(赤3，青3)，(赤3，青4)，(赤3，青5)，(青1，青2)，(青1，青3)，(青1，青4)，(青1，青5)，(青2，青3)，(青2，青4)，(青2，青5)，(青3，青4)，(青3，青5)，(青4，青5)の28通りの取り出し方の中で，和が5になるのは6通りある。よって，その確率は，$\dfrac{6}{28}=\dfrac{3}{14}$

7 (統計)

(1) 9クラスのとんだ回数の合計は，92+92+96+93+133+94+150+96+99=945(回)　それをクラス数で割ると平均が求められるので，945÷9=105(回)

(2) 9クラスのとんだ回数を少ない順に並べると92，92，93，94，96，96，99，133，150　真ん中は前から5番目だから中央値は96回

やや難 (3) (例) 平均値よりは少ないが，中央値よりは多い。よって順位としてはよい方だといえる。

8 (相似)

(1) 相似比は対応する辺の比なので，6：9=2：3

やや難 (2) BC//DEより同位角は等しいので，∠ADE=∠ABC，∠AED=∠ACB　2組の角がそれぞれ等しいので，△ADE∽△ABC　AD：AB=DE：BCとなるので，4：6=x：9　$6\times x=4\times9$　$x=6$　また，AD：DB=AE：ECなので，4：(6−4)=5：y　$y=\dfrac{5}{2}$

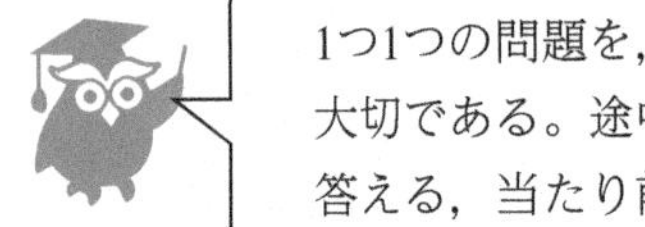

★ワンポイントアドバイス★

1つ1つの問題を，どんなに簡単に見えても丁寧に扱う習慣を身につけておくことが大切である。途中式をしっかり書き，問題文をしっかり読んで問われていることに答える，当たり前のことが高得点につながる。

＜英語解答＞

1 (1) ウ (2) ア

2 (1) エ (2) イ (3) ウ

3 (1) hot (2) low (3) down (4) late (5) north

4 (1) ウ (2) ア (3) ウ (4) エ (5) イ (6) ア (7) ア (8) エ (9) イ (10) ウ

5 (1) イ (2) エ (3) ウ (4) ア (5) ア

6 (1) eaten (2) for (3) May [Can] (4) too (5) were

7 (1) The news made me happy. (2) It is very dangerous to swim
(3) What are you doing (4) He has not arrived
(5) Let's watch the baseball game on TV.

8 問1 (a) エ (b) ア (c) イ (d) ウ 問2 (1) × (2) ×
(3) ○

9 A man is fishing. / Two boys are playing soccer. / A girl is walking with her dog. / A man is reading a book. / A woman is running. / A bird is on the rock. / Two bicycles are under a tree. / A bag is on the bench.

10 問1 Cacao trees 問2 あ 問3 エ 問4 (1) ○ (2) × (3) ○
(4) ×

○推定配点○
1～8 各2点×42 9 各2点×3 10 問1～問3 各2点×3 問4 各1点×4
計100点

＜英語解説＞

1 (発音)

(1) ウは発音しない(黙字)。他は [k]。 (2) アは [z], 他は [s]。

2 (アクセント)

(1) エは第2音節, 他は第1音節を強く発音する。 (2) イは第1音節, 他は第2音節。
(3) ウは第3音節, 他は第1音節。

基本 3 (対義語)

(1) cold「冷たい」⇔ hot「熱い」 (2) high「高い」⇔ low「低い」 (3) up「上へ」⇔ down「下へ」 (4) early「早い」⇔ late「遅い」 (5) south「南」⇔ north「北」

基本 4 (語句補充・選択:代名詞, 進行形, 比較, 疑問詞, 関係代名詞, 時制, 助動詞, 動名詞)

(1) A:あなたとメアリーは姉妹ですか?/B:はい, そうです。 you and Mary「あなたとメアリー」は 代名詞で we「私たちは」となる。
(2) 「この問題は簡単ではない」 主語 This question は単数なのでbe動詞は is となる。
(3) 「彼らは今, 自分たちのネコを探している」 現在進行形の文。look for ～「～を探す」
(4) 「私は毎日リンゴをいくつか食べる」 〈some +名詞の複数形〉「いくつかの～」
(5) 「ケンタは私のクラスで最も背が高い」 〈the +最上級+ in +場所〉「～で最も…」
(6) A:手に何を持っているの?/B:コイン2枚を持っているよ。 what「何を」
(7) 「彼は茶色の毛をした犬を飼っている」 dog を先行詞とする主格の関係代名詞 which を入れる。which has brown hair「茶色の毛を持っている」が dog を後ろから修飾する。

(8) 「私の父は昨日買い物へ行かなかった」 yesterday 「昨日」とあるので過去形の否定文にする。一般動詞の過去形の否定文では didn't を用いる。

(9) A：窓を開けましょうか？／B：はい，お願いします。ありがとう。 Shall I ~?「~しましょうか？」は相手に申し出るときの言い方。

(10) 「私は先週末，映画へ行って楽しんだ」 enjoy ~ing「~して楽しむ」

5 (対話文完成)

(1) 「すみません。バス停はどこですか」「ちょうどあの角を曲がったところですよ」 where は場所を尋ねる疑問詞。around「~を回って」

(2) 「大阪に行くにはどのくらいかかりますか」「2時間です」〈How long does it take to ＋動詞の原形？〉「~するのにどのくらい時間がかかりますか」 get to ~「~に到着する」

(3) 「洗車し終わったら何をしましょうか」「昼食を食べましょう」〈Let's ＋動詞の原形〉「~しましょう」

(4) 「それらは誰の本ですか」「それらはケンのものです」 whose は「誰の」という意味の疑問詞。疑問文の主語が they なので，答えの文の主語も they になる。

(5) 「あなたはあのドレスがとてもお似合いです。新しいのですか」「はい，そうです」 Is it ~? という疑問文に対する答えは，Yes, it is. ／ No, it is not. となる。

6 (語句補充：現在完了，熟語，前置詞，助動詞)

(1) 「今までに~したことがありますか」は，経験を表す現在完了の疑問文〈Have ＋主語＋ ever ＋過去分詞？〉にする。eat － ate － eaten

(2) wait for ~「~を待つ」 ここでは過去進行形で were waiting for ~「~を待っていた」。

(3) May [Can] I ~?「~してもいいですか」は相手に許可を求めるときの言い方。

(4) 〈too ＋形容詞・副詞＋ to ＋動詞の原形〉「…すぎて~できない」

(5) 〈There were ＋複数名詞〉「~がいた，あった」

重要 7 (語句整序：文型，不定詞，疑問詞，現在完了)

(1) 〈make ＋目的語＋形容詞〉「~を…にする」

(2) 形式主語構文〈It is ＋形容詞＋ to ＋動詞の原形〉「~することは…だ」

(3) be going to ~「~するつもりだ」の疑問文。文頭に疑問詞 What を置き，are you going to do と続ける。

(4) 現在完了の否定文。〈have not ＋過去分詞＋ yet〉「まだ~していない」

(5) 〈Let's ＋動詞の原形〉「~しましょう」 watch ~ on TV「テレビで~を見る」

8 (会話文読解：文補充・選択，内容一致)

タクロウ：やあ，ミサキ。今，話してもいい？
ミサキ　：(a)いいわよ。
タクロウ：僕の母が夏の間に東京に来るから，東京を案内したいんだ。
ミサキ　：それはいいわね！ (b)どこへ行くつもり？
タクロウ：いくつかの場所を考えているよ。例えば，上野，浅草，池袋。
ミサキ　：上野動物園に行くのはどう？ あなたのお母さんはパンダを見たことがある？
タクロウ：うん。去年僕と一緒に行ったんだ。
ミサキ　：水族館はどう？
タクロウ：上野に水族館はあるの？
ミサキ　：いいえ。池袋に水族館があるわ。サンシャインシティーにあるの。高さ40メートルの建物の屋上よ。

タクロウ：(c)そう聞いて驚いたよ。サンシャインシティーには数回行ったことがあるけれど，それは知らなかった。行きたいな。

ミサキ　：水槽が80くらいあって，37,000匹の魚がいるの。私が妹をそこへ連れて行ったとき，妹はトドを見てとても興奮していたわ。トドはサンシャイン水族館のシンボルなの。

タクロウ：(d)トドが見られるの？

ミサキ　：そう。

タクロウ：きっと母は楽しむだろうな！　アイデアをありがとう。

問1　全訳下線部参照。

問2　(1)　タクロウの4番目の発言参照。上野動物園には「先週」ではなく「去年」行った。
(2)　タクロウの最後から3番目の発言参照。サンシャインシティーに行ったことがあるが，水族館については知らなかった。　(3)　ミサキの最後から2番目の発言の内容に一致する。

重要 **9** （英作文）

（解答例の訳）「1人の男性が釣りをしている」「2人の少年たちがサッカーをしている」「1人の少女が犬と歩いている」「1人の男性が本を読んでいる」「1人の女性が走っている」「1羽の鳥が岩の上にいる」「2台の自転車が木の下にある」「かばんが1つベンチの上にある」

10 （長文読解・紹介文：指示語，脱文補充，語句解釈，内容一致）

（全訳）世界中で最も人気がある食品の1つはチョコレートだ。今日，多くの人がチョコレートを好んで食べる。私たちはチョコレート菓子を食べ，温かいココアや冷たいチョコレートドリンクを飲む。チョコレートはたくさんの様々なものから作られるが，最も重要なものはカカオ豆だ。カカオ豆はメキシコ原産だ。カカオの木は育つのに暑い気候が必要で，メキシコの気候は暑い。だから①それらはそこでよく育つ。

では，チョコレートの歴史についてお伝えしよう。最初，人々は自然の木からカカオ豆を取った。彼らはそれらを植えて育てた。人々はカカオ豆と水から飲み物を作った。その飲み物はあまり甘くなかった。

次に，ヘルマン氏がカカオドリンクを作るために，カカオ豆3袋をメキシコからスペインへ持って帰った。【あ】最初は誰もそれを好まなかった。そして誰かがそれに砂糖を加えた。すると多くの人がその飲み物を喜んで飲んだ。多くのヨーロッパ人がこの飲み物の作り方をスペイン人から学んだ。1800年，イングランドの人々がカカオドリンクと砂糖と牛乳を混ぜた。それはチョコレートミルクと呼ばれた。子供たちがチョコレートミルクを飲むようになり，それはさらに人気になった。

チョコレートの最後の大きな変化は1828年にあった。人々は板チョコを作り始めた。当時，板チョコはとても高価だった。しかし1894年にハーシー氏が初めて安い板チョコを作った。多くのチョコレート店が②同じことをして，まもなく誰もがチョコレートを買い，楽しめるようになった。

問1　直前の文の主語 Cacao trees を指す。

問2　全訳参照。挿入する英文中の it は the cacao drink を指す。最初は誰もカカオドリンクを好まなかったが，砂糖を加えたことで喜んで飲まれるようになった，という文の流れをつかむ。

問3　直前の文に「始めて安い板チョコを作った」とある。

問4　(1)「カカオ豆はチョコレートを作るのに最も重要なものだ」(○)　第1段落第4文の内容と一致する。　(2)「チョコレートは常に甘かった」(×)　第2段落最終文参照。　(3)「初期の板チョコは高価だった」(○)　最終段落第3文の内容と一致する。　(4)「チョコレートは年月を通じ，あまり変化していない」(×)　本文に書かれたチョコレートの歴史から考えると，チョコレートは時代を通じて変化している，と言える。

★ワンポイントアドバイス★

9は絵を見て，描かれた状況を英語で説明する英作文問題。状況から複数の英文を作ることができるので，自分の知っている単語や文法を使って誤りなく作文できるものを選ぼう。

<国語解答>

一 問一 ⓐ 包 ⓑ むぼうび ⓒ 威力 ⓓ さっち ⓔ しぐさ
問二 「自分にと～会う」こと 問三 1 自分 2 世界 問四 (1) 自分を発見すること。世界と出会うこと。 (2) ア 問五 防波堤 問六 (何か)大きな力と出会う機会 問七 (1) (例) 「世界の波打ち際に向けて自分を開く」のは，怖く，危険(ではないこと。) (2) ウ 問八 海からのシグナルをキャッチする
問九 自然に向けても社会に向けても自己を開放し，対話する

二 問一 ⓐ じっち ⓑ 非常識 ⓒ ことわ ⓓ 異 ⓔ けつじょ 問二 ア
問三 (例) 木のぼりがたいへん上手なサルでさえ，時には木から落ちて失敗することもないとはいえない点。 問四 A イ B ウ 問五 (例) 動物をたとえにしてある意味を伝えようとしたものだから。 問六 イ 問七 1 意味的 2 エピソード的
問八 弘法大師が，書きそこないをした 問九 ただ意味をウのみにするのではなく，その意味を引き出す働きが求められるから。

○推定配点○
一 問一・問三・問四 各2点×10 問七(1) 6点 他 各4点×6
二 問一・問四 各2点×7 問二・問六・問八 各4点×3 問七 各3点×2
他 各6点×3 計100点

<国語解説>

一 (論説文一内容吟味，文脈把握，指示語の問題，脱語補充，漢字の読み書き，語句の意味)

問一 ⓐ「包」は，「己」の部分を「巳」と書かないように注意する。音読みは「ホウ」。「包囲」「包括」などの熟語がある。 ⓑ「無防備」は，外敵に対する備えがないこと。「無」には「ブ」の音読みもある。「無事」「無難」などの熟語がある。「備」の訓読みは「そな－える・そな－わる」。 ⓒ「威力」は，他を圧倒・服従させる強い力。「力」には「リョク・リキ」の音がある。「威厳」「権威」などの熟語がある。 ⓓ「察知」は，ある物事を，推し量って知ること。「察」を使った熟語には「考察」「推察」などがある。 ⓔ「仕草」は，あることをするときの仕方，やり方のぐあいの意味。「シ(音)＋くさ(訓)」で読む。「仕」の訓読みは「つか－える」。

問二 第四段落に「『世界と出会う』とは，もう少し詳しく言うと『自分にとって手も足も……大きな力と出会う』ことだ」とある。「『世界』と出会う」とはどういうことか，と問われている。

基本 問三 中学生，高校生の頃に，「何」のまわりに「何」があることを，初めて本当に知ることになるのかと考える。すると，第一段落に「中学生，高校生の頃に『自分』を発見する。と同時に，その反対側にある『世界』と出会う」とある。続く文には「自分を包み込んでいるもっと大きな世界」とある。「自分」のまわりに「世界」があるのである。

やや難 問四 (1) 「この」は指示語なので，まず直前に注目する。直前にある，まとまりとして「二つ」

挙げられているものは,「自分を発見すること」と「世界と出会うこと」である。 (2) 「表裏一体」は,表があれば必ず裏があるように,二つのものの関係が密接で切り離せないこと。

問五 「殻」は,動植物の内部を保護するために表面を覆っているかたいもの。たとえとして,外界と交渉を絶ち,自分だけの世界などを守るもののことを言う。後の段落に「東日本大震災の大津波では,防波堤を人工的に築いても役にたたないことがわかった」とある。外界から来るものが「大津波」で,自分の世界を守るものが「防波堤」である。

やや難 問六 「そういう機会」が直接指しているのは,直前の段落の「それに出会う瞬間」である。「それ」が指すのは「大きな力」で,この内容を補う必要があるので,「それに出会う瞬間」を抜きだすことはできない。読み進めると,「何か大きな力と出会う機会」という表現がある。

重要 問七 (1) 直前の「でも」を「が」に置き換えて,その前の文とつなげてみる。「とすると『世界の波打ち際に向けて自分を開く』のは,一見,怖いこと,危険なことのように思えるかもしれないが,そうではない」と続く。「そう」が指すのは,「『世界の波打ち際に向けて自分を開く』のは,一見,怖いこと,危険なこと」という内容。 (2) 筆者は,「世界の波打ち際に向けて自分を開く」のは,怖く危険なことではない,と述べている。そして,続く部分で,自分を囲い込むとどうなるかについて説明している。海と人の間に巨大なコンクリートの壁を築くと,自然がもたらす情報は遮断され,海からのシグナルをキャッチする感受性は失われると述べている。そうなると,「人は生きるために大切な知恵の一つを捨ててしまった」ことになるというのである。だから,自分を囲い込むのではなく,自分を開くことが必要なのは,「生きるための大切な知恵を身につけられる」からということになる。

問八 問七の(2)でとらえたように,海と人の間に巨大なコンクリートの壁を築くと,自然がもたらす情報は遮断されてしまう。つまり「人間が海と対話することができなくなってしまう」のである。そうすると,「海からのシグナルをキャッチする感受性は失われていく」のであるから,「人間が海と対話する」とは,「海からのシグナルをキャッチする」ということである。

問九 「その行動」が指すのは,直前の「自然に向けても社会に向けても自己を解放し,対話する」という行動。その行動を恐れないことで,「外の世界から発信されているさまざまな信号や情報を全身で受け止める」ことができるというのである。

二 (論説文一内容吟味,文脈把握,脱語補充,漢字の読み書き,語句の意味)

問一 ⓐ「実地」は,理論・考えなどでなく,ある物事の実際の場合のこと。「実」の訓は「み・みの-る」。「実態」「実情」などの熟語がある。「地」には「ジ」の音もある。「地盤」「露地」などの熟語がある。 ⓑ「非常識」は,常識にあてはまらないこと。「非」は「悲」,「識」は「織」と誤らないように注意する。「常」には「つね」の訓がある。 ⓒ「断」には「た-つ」の訓もある。「断絶」「断続」などの熟語がある。 ⓓ「異なる」は,違うの意味。「異」の音読みは「イ」。「異変」「特異」などの熟語がある。 ⓔ「欠如」は,あるべきものが欠けて足りないこと。「欠」の訓読みは「か-ける・か-く」。「欠陥」「欠乏」などの熟語がある。「如」の熟語には「突如」「躍如」などの熟語がある。

問二 筆者が,ライターを「とんま」と思う理由は,ライターに対してしゃべった内容の中に説明されている。「ことわざというのは,たとえである。弘法大師が……いつか書き損じたことがあったかどうか,そういうこととはまるで関係がないのである」と述べている。

重要 問三 「そのおもしろさ」とは,“サルも木から落ちる”ということわざのおもしろさである。「サルはめったに木から……失敗をすることが,ないとはいえない」という内容を制限字数内でまとめればよい。

基本 問四 A「にくまれ口」は,人に憎まれるような不快感を与える話し方・ことばのこと。「にくまれ口をたたく」の言い方もある。 B「惰性」は，今まで行ってきた勢い・習慣・なれのこと。「惰性で続ける」の言い方もある。

問五　続く段落に，「話の中のサルやキジ，イヌが人の言葉を話すのは……それ(＝動物)をたとえにして，ある意味を伝えようとしたものである」とある。

問六　文のつながりをとらえると，「～しているのだから，情けない。知的洗練が不足しているのである」とあって，知的洗練が不足した情けない状態になっている理由が「～」の部分に述べられていることになる。つまり，幼い子どもが桃太郎の話の中の“たとえ”を理解できなくても仕方がないが，大人が，幼い子どもと同じように，ことわざがたとえであることを理解せずに，文字通りに受け取って，不合理だと思っている点を理由として「知的洗練が不足している」というのである。

やや難 問七　直前の段落で，“サルも木から落ちる”ということわざの理解の仕方について，エピソード(挿話)的理解と意味的理解に分けて説明している。エピソード(挿話)的理解は，実際にあった話として考える理解の仕方。意味的理解は，たとえにして，ある意味を表すものだと考える理解の仕方。ことわざは，意味的理解(1)をすべきものであるのに，週刊誌のライターは，エピソード的理解(2)でとらえたというのである。

問八　「弘法も筆の誤り」をエピソード的に理解するというのは，弘法法師に実際に起きたことがらとしてとらえるということである。「弘法大師」に注目すると，「弘法大師が，書きそこないをした」という言葉が見つかる。

重要 問九　筆者は，物語のような文学作品は，ことがらをありのままとらえ頭に入れるエピソード的理解をすると述べている。そして，傍線部の直前で，ことわざの特徴を説明して，「ことわざも，エピソード的に見えて，本来は意味的な表現である。ただ，意味をウのみにするのではなく，その意味を引き出す頭の働きが求められる」と述べている。「ことわざの方が高度である」というのは，意味をウのみにするのではなく，その意味を引き出す頭の働きが求められる意味的理解をしなければならないからである。

★ワンポイントアドバイス★

論説文は筆者の考えや主張を，理由・根拠を含めて説明の筋道をたどって正確に読み取るようにしよう。筆者の考えや主張と具体例はセットになって，具体例は理由・根拠を示す以外に，たとえとして用いられることもあるので，主張と具体例がどうつながっているかをとらえて読もう。

解答用紙集

○月×日　△曜日　天気（合格日和）

◆ご利用のみなさまへ
＊解答用紙の公表を行っていない学校につきましては、弊社の責任において、解答用紙を制作いたしました。
＊編集上の理由により一部縮小掲載した解答用紙がございます。
＊編集上の理由により一部実物と異なる形式の解答用紙がございます。

人間の最も偉大な力とは、その一番の弱点を克服したところから生まれてくるものである。 ――カール・ヒルティ――

※データのダウンロードは 2024 年 3 月末日まで。

東京学参株式会社

新潟青陵高等学校(専願)　2023年度

◇数学◇

※ 118%に拡大していただくと，解答欄は実物大になります。

1	(1)		(2)		(3)	
	(4)		(5)		(6)	

2	(1)		(2)	
	(3)		(4)	

3	(1)		(2)		(3)	
	(4)	① [求め方] 答 ② [求め方] 答				

4		
	(1)	[求め方] 答 $x=$
	(2)	[求め方] 答 $x=$ $y=$
	(3)	[求め方] 答 $x=$
	(4)	[求め方] 答 $x=$

5		
	(1)	[求め方] 答
	(2)	
	(3)	[求め方] 答
	(4)	[求め方] 答

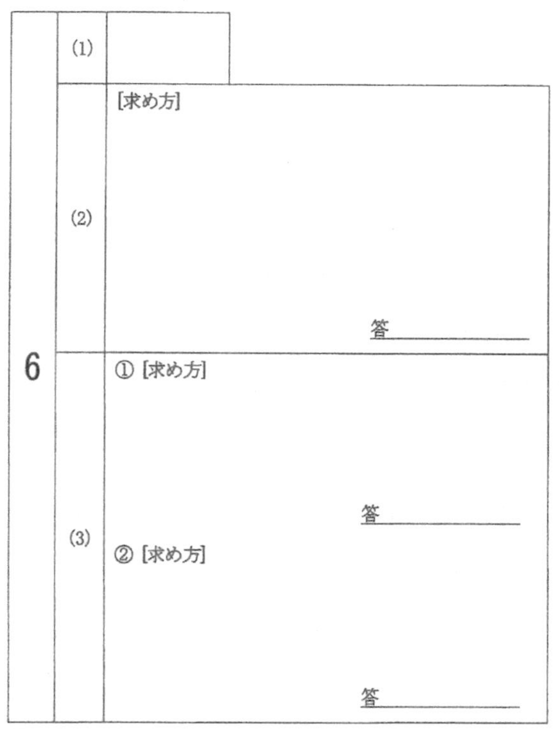
6
(1)
(2)
[求め方]
答
(3)
① [求め方]
答
② [求め方]
答

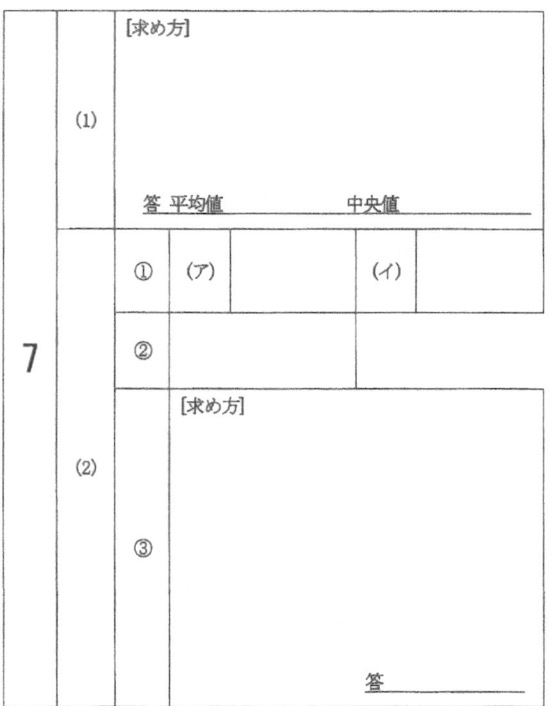
7
(1)
[求め方]
答 平均値
中央値
(2)
①
(ア)
(イ)
②
③
[求め方]
答

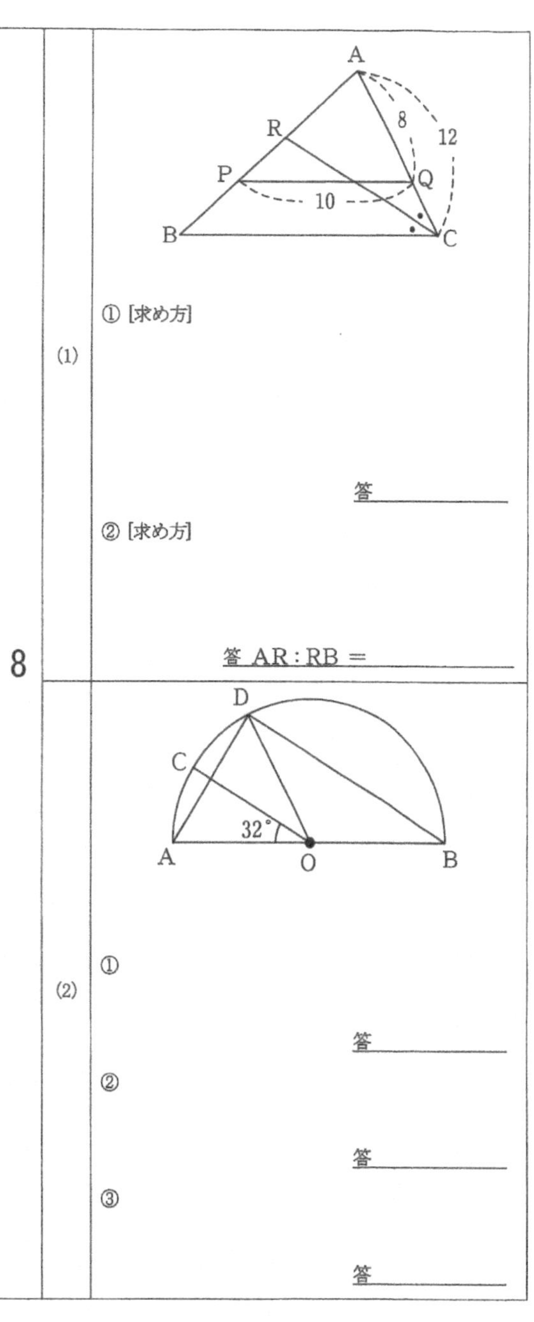
8
(1)
A
R
P
Q
B
C
8
12
10
① [求め方]
答
② [求め方]
答 AR : RB =
(2)
D
C
32°
A
O
B
①
答
②
答
③
答

新潟青陵高等学校（専願）　2023年度

◇英語◇

※ 118%に拡大していただくと，解答欄は実物大になります。

1

(1)	(2)	(3)	(4)	(5)	(6)	(7)	(8)	(9)	(10)

2

(1)	(2)	(3)	(4)	(5)

3

(1)	What kind of (　　　　　　　　) the best?
(2)	Could you (　　　　　　　　) the post office?
(3)	I (　　　　　　　　) weekend.
(4)	My sister (　　　　　　　　) your brother.
(5)	I can't (　　　　　　　　) the morning.

4

	Aさん	Bさん
問1		

	(1)	(2)	(3)	(4)	(5)	(6)
問2						

5

(1)	(2)	(3)	(4)	(5)

6

(1)	
(2)	
(3)	

7

問1	ア		
	イ		
	ウ		
問2			
問3			
問4			
問5				

◇国語◇

新潟青陵高等学校(専願)　２０２３年度

※ １１０％に拡大していただくと、解答欄は実物大になります。

一

問一　ⓐ　ⓑ　ⓒ　ⓓ　ⓔ

問二　A　B　C

問三　・　自動車だ　・　自動車だ

問四

問五

問六

問七

問八

問九　Ⅰ　Ⅱ

二

問一　ⓐ　ⓑ　ⓒ　ⓓ　ⓔ

問二

問三

問四

問五

問六

問七

問八　・　・

新潟青陵高等学校（一般2月）　2023年度

◇数学◇

※ 119％に拡大していただくと，解答欄は実物大になります。

1	(1)		(2)		(3)	
	(4)		(5)		(6)	

2	(1)		(2)	
	(3)			
	(4)			

3	(1)		(2)	
	(3)		(4)	

4		
	(1)	[求め方] 答 $x=$
	(2)	① 答　　円 ② [求め方] 答 A　　冊，B　　冊

5		
	(1)	[求め方] 答
	(2)	① [求め方] 答 $a=$ ② [求め方] 答 ③ [求め方] 答

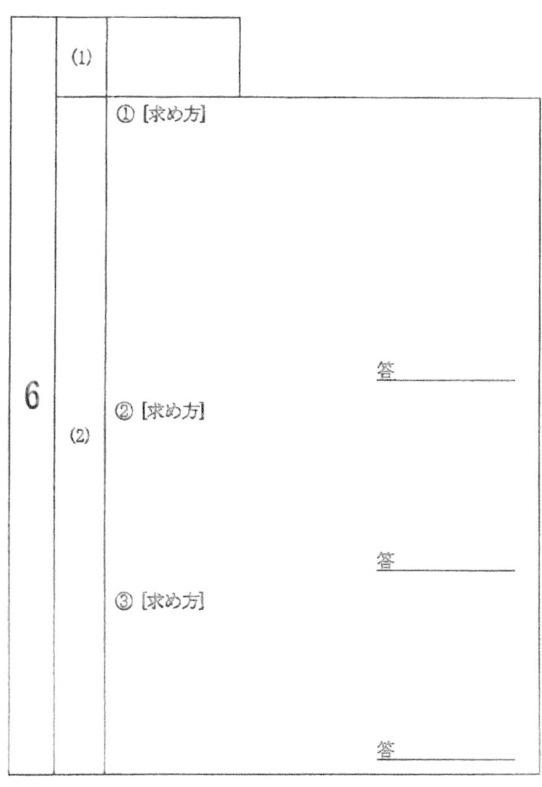

6
(1)
(2)
① [求め方]
答
② [求め方]
答
③ [求め方]
答

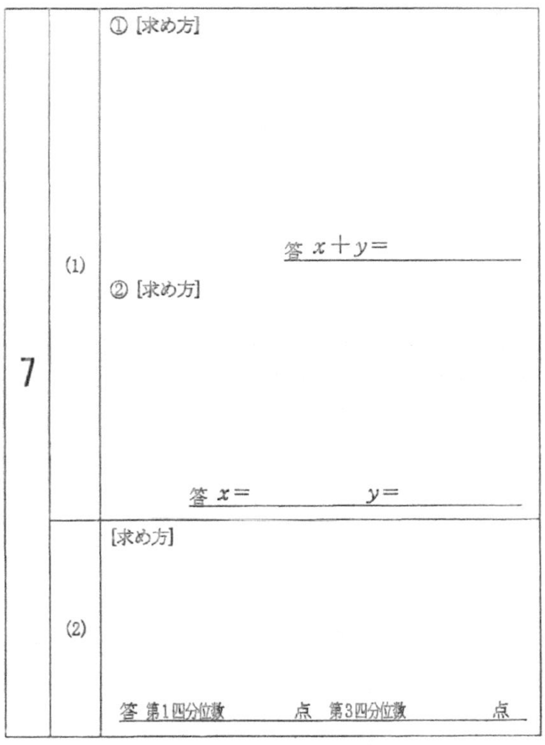

7
(1)
① [求め方]
答 x＋y＝
② [求め方]
答 x＝ y＝
(2)
[求め方]
答 第1四分位数 点 第3四分位数 点

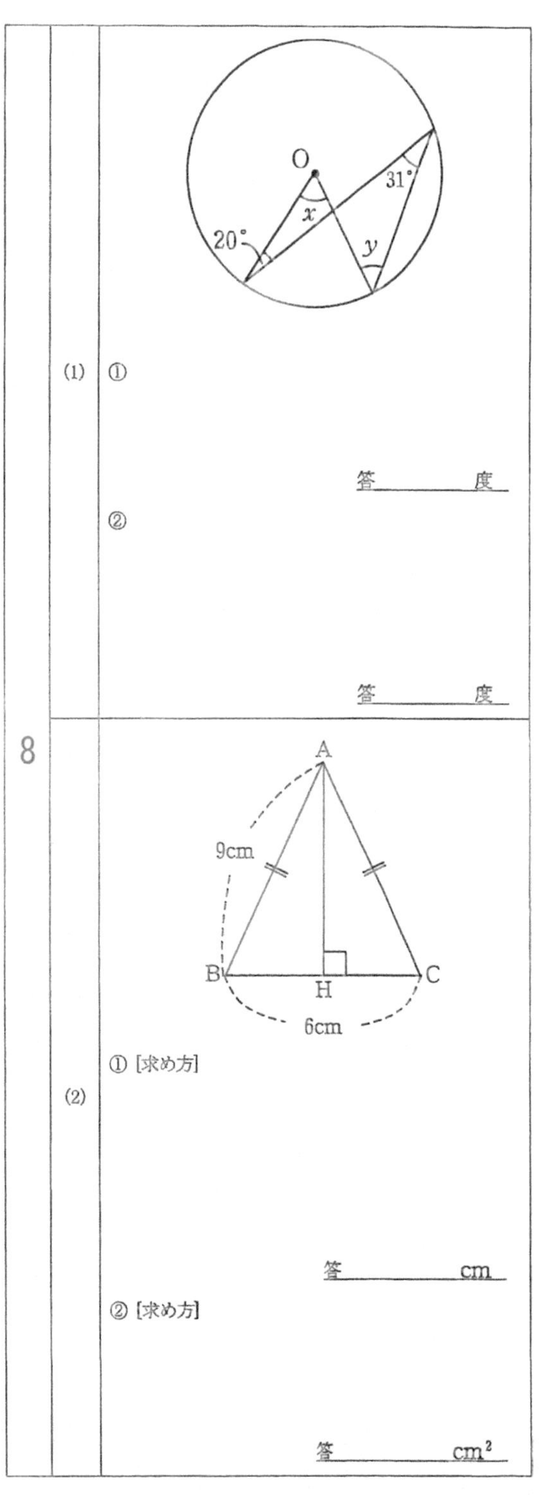

8
(1)
O
31°
x
20°
y
①
答 度
②
答 度
(2)
A
9cm
B
H
C
6cm
① [求め方]
答 cm
② [求め方]
答 cm²

新潟青陵高等学校(一般2月)　2023年度

◇英語◇

※ 120%に拡大していただくと，解答欄は実物大になります。

1

(1)	(2)	(3)	(4)	(5)	(6)	(7)	(8)	(9)	(10)

(11)	(12)	(13)	(14)	(15)

2

(1)	(2)	(3)	(4)	(5)

3

(1)	I asked ( ).
(2)	( ) him?
(3)	I ( ).
(4)	( ) ?
(5)	The girl ( ) Kate.

4

(1)	She came ( ) the United States.
(2)	She ( ) Japanese a little.
(3)	She ( ) been in Niigata ( ) 2 years.
(4)	She is very ( ) because she ( ) Mt. Yahiko.
(5)	She had a ( )( ) yesterday.

5

6

問1	(1)		(2)		(3)	
問2	(1)		(2)			

7

問1						
問2	ア		イ		ウ	
問3						
問4			問5			

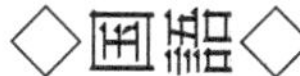

◇国語◇

新潟青陵高等学校（一般2月）　２０２３年度

※１０８％に拡大していただくと、解答欄は実物大になります。

一

問一	ⓐ		ⓑ		ⓒ		ⓓ		ⓔ	

問二	A		B		C	

問三	

問四	Ⅰ		Ⅱ	

問五						ら						こと。

問六	

問七	ア		イ		ウ		エ	

問八	

二

問一	ⓐ	みて	ⓑ	って	ⓒ		ⓓ		ⓔ	

問二	①		②	
	③		④	

問三			

問四					

問五	

問六	

問七	

新潟青陵高等学校（専願）　2022年度

◇数学◇

※ 119%に拡大していただくと，解答欄は実物大になります。

1	(1)		(2)	
	(3)		(4)	

2	(1)		(2)	
	(3)		(4)	

3	(1)		(2)	
	(3)		(4)	

4	(1)	[求め方] 答 $x=$
	(2)	[求め方] 答 $x=$　　, $y=$
	(3)	[求め方] 答 $x=$　　,
	(4)	[求め方] 答 $x=$

5 (1)

段数(段)	1	2	3	4	5	…
図形の面積(㎠)	1	4				…

5	(2)	[求め方] 答
	(3)	[求め方] 答

6	(1)	[求め方] 答
	(2)	[求め方] 答
	(3)	[求め方] 答

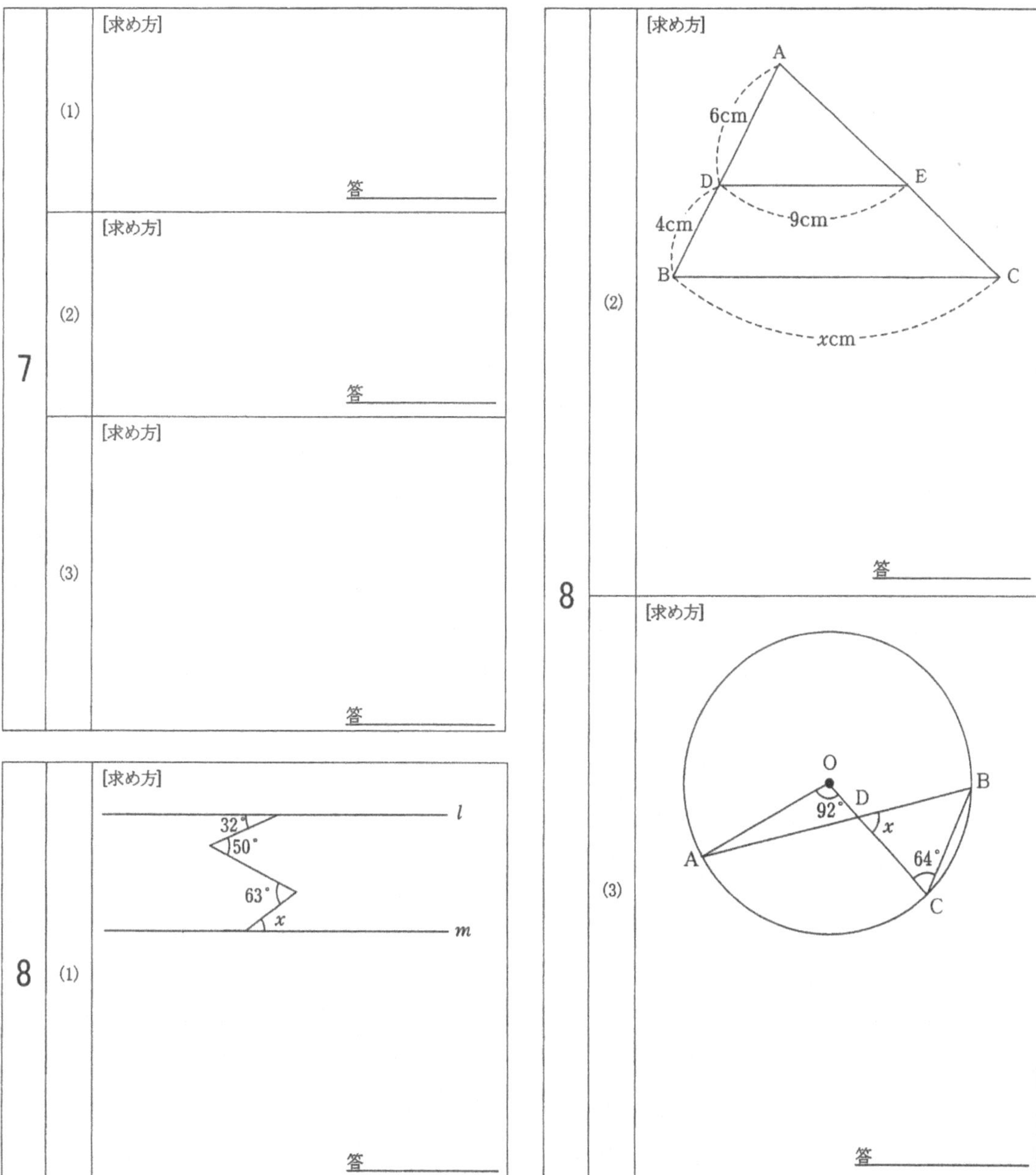
7
(1)
[求め方]
答
(2)
[求め方]
答
(3)
[求め方]
答
8
(1)
[求め方]
l
32°
50°
63°
x
m
答
8
(2)
[求め方]
A
6cm
D
E
9cm
4cm
B
C
xcm
答
(3)
[求め方]
O
D
B
92°
x
A
64°
C
答

新潟青陵高等学校(専願)　2022年度

◇英語◇

※ 110%に拡大していただくと，解答欄は実物大になります。

1

(1)	(2)

2

(1)	(2)	(3)

3

(1)	(2)	(3)	(4)	(5)

4

(1)	(2)	(3)	(4)	(5)	(6)	(7)	(8)	(9)	(10)

5

(1)	(2)	(3)	(4)	(5)

6

(1)	(　　　　　　　　　　).
(2)	I'm (　　　　　　　　　　).
(3)	We (　　　　　　　　　　).
(4)	(　　　　　　　　　　)?
(5)	He (　　　　　　　　　　) summer.

7

(1)	(2)	(3)	(4)	(5)	(6)

8

(1)	(2)	(3)	(4)	(5)

9

10

問1	1		2		3				
問2									
問3									
問4	(1)		(2)		(3)		(4)		(5)

◇国語◇

新潟青陵高等学校(専願)　２０２２年度

※１１８％に拡大していただくと，解答欄は実物大になります。

一

問一 ⓐ ⓑ ⓒ ⓓ ⓔ

問二

問三 1 2

問四

問五

問六

問七

問八

問九

問十

問十一

二

問一 ⓐ ⓑ ⓒ ⓓ ⓔ

問二 A B

問三 不快な皮膚感覚…
好きな皮膚感覚…

問四

問五

問六

問七

問八

問九

新潟青陵高等学校(一般2月)　2022年度

◇数学◇

※ 120%に拡大していただくと，解答欄は実物大になります。

1	(1)	
	(2)	
	(3)	
	(4)	
	(5)	
	(6)	
	(7)	

2	(1)	
	(2)	
	(3)	
	(4)	

3	(1)	
	(2)	
	(3)	
	(4)	
	(5)	

4	(1)	[求め方] 答 $x=$　　$y=$
	(2)	[求め方] 答 $x=$　　$y=$
	(3)	[求め方] 答 $x=$
	(4)	[求め方] 答 $x=$

5	(1)	
	(2)	[求め方] 答
	(3)	[求め方] 答

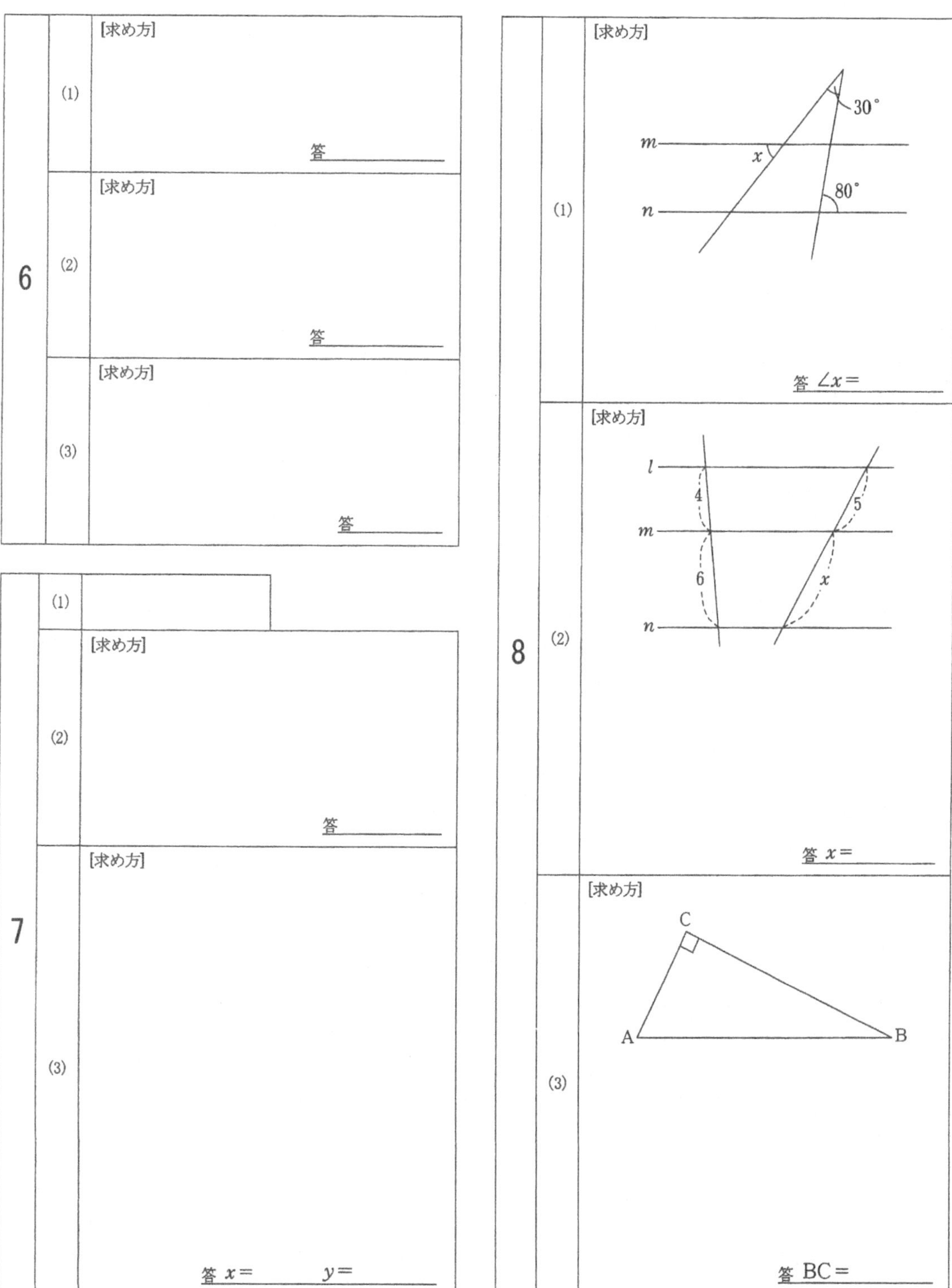

6
(1)
[求め方]
答
(2)
[求め方]
答
(3)
[求め方]
答
7
(1)
(2)
[求め方]
答
(3)
[求め方]
答 x＝ y＝
8
(1)
[求め方]
30°
m
x
80°
n
答 ∠x＝
(2)
[求め方]
l
4
5
m
6
x
n
答 x＝
(3)
[求め方]
C
A
B
答 BC＝

新潟青陵高等学校（一般2月）　2022年度

◇英語◇

※ 120%に拡大していただくと，解答欄は実物大になります。

1

(1)	(2)	(3)

2

(1)	(2)	(3)

3

(1)	(2)	(3)	(4)	(5)
d r_ _ m	newsp _ _ er	baseb_ _ l	Febr _ _ ry	wind _ _

4

(1)	(2)	(3)	(4)	(5)	(6)	(7)	(8)	(9)	(10)

5

(1)	(2)	(3)	(4)	(5)

6

(1)	You ( ) in this English class.
(2)	I ( ) Tokyo.
(3)	Tom ( ) now.
(4)	This book ( ) .
(5)	I ( ) the piano.

7

(1)	(2)	(3)	(4)	(5)

8

9

(1)	(2)	(3)	(4)	(5)

10

問1			
問2			
問3	Only 36% ( ) .		
問4			

問5	(1)	(2)	(3)	(4)

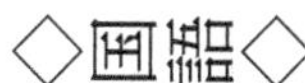

◇国語◇

新潟青陵高等学校（一般２月）　２０２２年度

※ １１２％に拡大していただくと、解答欄は実物大になります。

一

問一　ⓐ　ⓑ　ⓒ　ⓓ　ⓔ

問二　・　・

問三　・　・

問四

問五

問六

問七

問八

二

問一　ⓐ　ⓑ　ⓒ　ⓓ　ⓔ

問二

問三　1　2

問四

問五　退化する部分…　理由…

問六　（１）　（２）

問七　生徒A　生徒B　生徒C　生徒D

新潟青陵高等学校（専願）　2021年度

◇数学◇

※ 149％に拡大していただくと，解答欄は実物大になります。

1	(1)		(2)	
	(3)		(4)	

2	(1)		(2)	
	(3)		(4)	

3	(1)		(2)	
	(3)		(4)	

4		
	(1)	[求め方] 答 $x=$
	(2)	[求め方] 答 $x=$ ，$y=$
	(3)	[求め方] 答 $x=$ ，
	(4)	[求め方] 答 $x=$

5		
	(1)	[求め方] 答
	(2)	[求め方] 答
	(3)	[求め方] 答

6		
	(1)	[求め方] 答
	(2)	[求め方] 答
	(3)	[求め方] 答

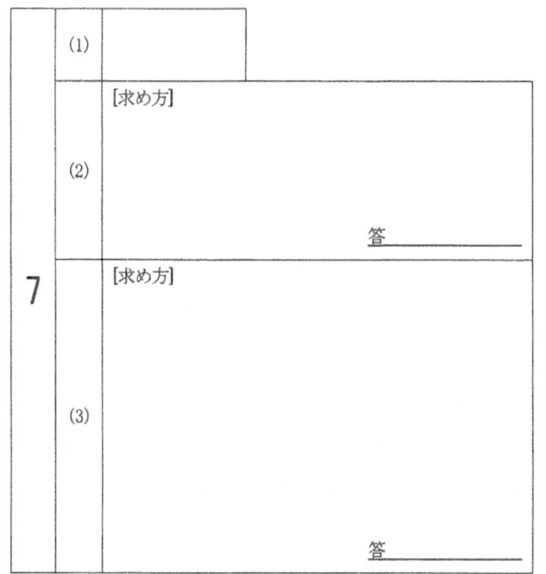

7
(1)
(2)
[求め方]
答
(3)
[求め方]
答

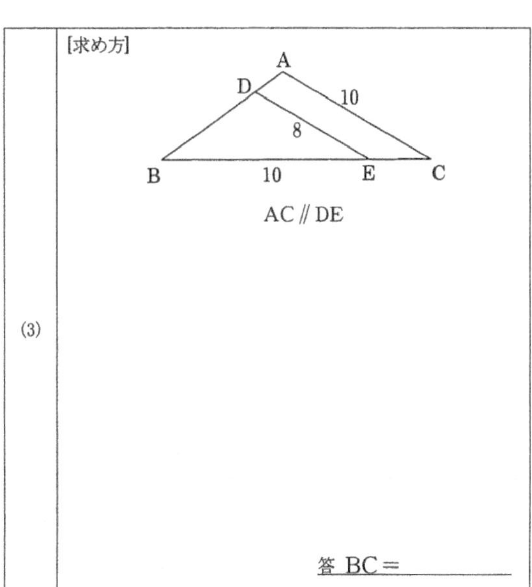

(3)
[求め方]
A
D
10
8
B
10
E
C
AC // DE
答 BC＝

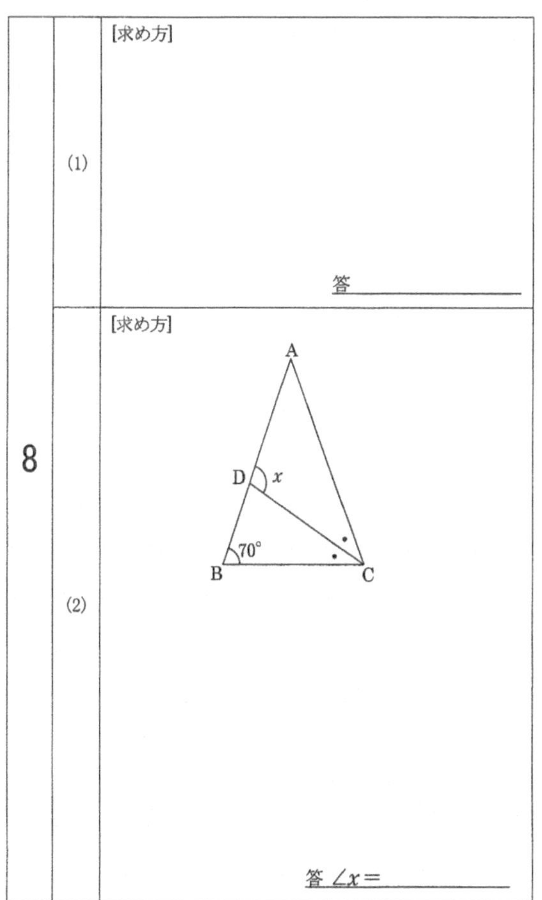

8
(1)
[求め方]
答
(2)
[求め方]
A
D
x
70°
B
C
答 ∠x＝

新潟青陵高等学校(専願)　2021年度

◇英語◇

※ 152%に拡大していただくと，解答欄は実物大になります。

1

(1)	(2)

2

(1)	(2)	(3)

3

(1)	(2)	(3)	(4)	(5)

4

(1)	(2)	(3)	(4)	(5)	(6)	(7)	(8)	(9)	(10)

5

(1)	(2)	(3)	(4)	(5)

6

(1)	①	
	②	
(2)	①	
	②	
(3)	①	
	②	

7

(1)	This flower is as ( ).
(2)	That's ( ) to Hakusan Station.
(3)	( ).
(4)	I ( ) do today.
(5)	( ) to school every day?

8

(1)	(2)	(3)	(4)	(5)

9

10

問1	→ →	問2		問3	
問4					

問5	(1)		(2)		(3)		(4)		(5)	

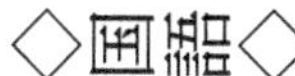

新潟青陵高等学校(専願)　２０２１年度

※１３７％に拡大していただくと、解答欄は実物大になります。

一

問一　ⓐ　ⓑ　ⓒ　ⓓ　ⓔ

問二　A　B　C

問三

問四

問五

問六

問七　（１）Ⅰ　Ⅱ　（２）

問八

問九　ア　イ　ウ　エ

二

問一　ⓐ　ⓑ　ⓒ　ⓓ　ⓔ

問二　1　2　3

問三

問四

問五

問六　（１）　（２）Ⅰ　Ⅱ

問七

問八

新潟青陵高等学校（一般2月）　2021年度

◇数学◇

※ 149%に拡大していただくと，解答欄は実物大になります。

1	(1)		(2)	
	(3)		(4)	
	(5)		(6)	
	(7)			

2	(1)		(2)	
	(3)		(4)	

3	(1)		(2)	
	(3)		(4)	
	(5)			

4		
	(1)	[求め方] 答 $x=$
	(2)	[求め方] 答 $x=$
	(3)	[求め方] 答 $x=$
	(4)	[求め方] 答 $x=$

5		
	(1)	[求め方] 答
	(2)	[求め方] 答
	(3)	[求め方] 答

6		
	(1)	[求め方] 答
	(2)	[求め方] 答
	(3)	[求め方] 答

7	(1)	[求め方] 答 ＿＿＿＿＿
	(2)	[求め方] 答 ＿＿＿＿＿
	(3)	[求め方] 答 ＿＿＿＿＿

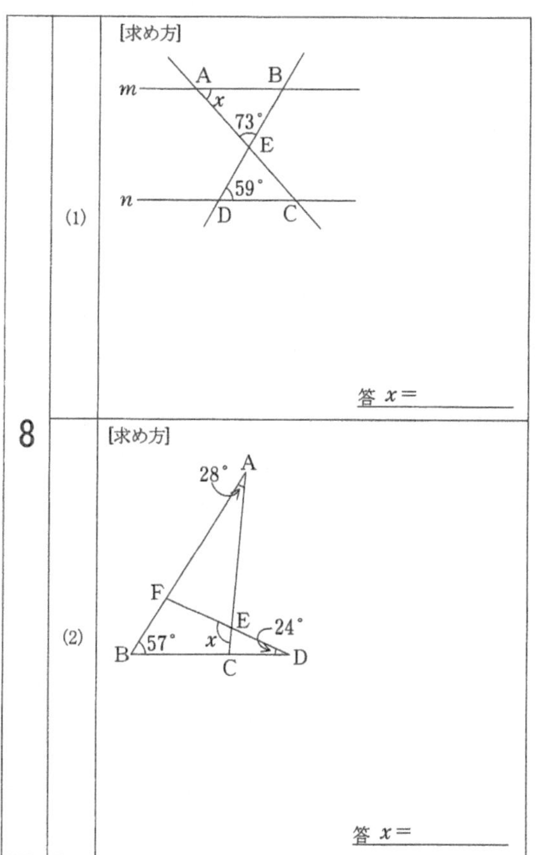

新潟青陵高等学校(一般2月)　2021年度

◇英語◇

※ 147%に拡大していただくと，解答欄は実物大になります。

1

(1)	(2)	(3)

2

(1)	(2)	(3)

3

(1)	(2)	(3)	(4)	(5)
lib _ a _ y	tom _ _ row	Tu _ _ day	di _ _ ionary	co _ _ uter

4

(1)	(2)	(3)	(4)	(5)	(6)	(7)	(8)	(9)	(10)

5

(1)	(2)	(3)	(4)	(5)

6

(1)	How (　　　) new clothes?
(2)	(　　　) to this party.
(3)	John (　　　) shopping with his sister on the weekend.
(4)	My father (　　　).
(5)	(　　　)?

7

(1)	(2)	(3)	(4)	(5)

8

9

(1)	(2)	(3)	(4)	(5)

10

問1		問2		問3	

問4	

問5	

問6	(1)	(2)	(3)	(4)

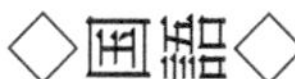

◇国語◇

新潟青陵高等学校（一般２月）　２０２１年度

※１３７％に拡大していただくと、解答欄は実物大になります。

一

問一　ⓐ　ⓑ　ⓒ　ⓓ　ⓔ

問二　A　B

問三

問四

問五

問六（１）（２）

問七

問八

問九

二

問一　ⓐ　ⓑ　ⓒ　ⓓ　ⓔ

問二　1　2　3

問三

問四　A　B

問五

問六

問七（１）（２）

問八　ア　イ　ウ

新潟青陵高等学校（専願）　2020年度

◇数学◇

※ 125％に拡大していただくと，解答欄は実物大になります。

1	(1)		(2)		(3)		(4)	

2	(1)		(2)	
	(3)		(4)	

3	(1)		(2)		(3)		(4)	

4		
	(1)	[求め方] 答 $x=$
	(2)	[求め方] 答 $x=$　　，$y=$
	(3)	[求め方] 答 $x=$　　，
	(4)	[求め方] 答 $x=$

5	[説明]

6		
	(1)	[求め方] 答
	(2)	[求め方] 答
	(3)	[求め方] 答

7		
	(1)	[求め方] 答
	(2)	[求め方] 答
	(3)	[求め方] 答

8		
	(1)	[求め方] 答 ∠CGE＝
	(2)	[求め方] 答 DB＝

新潟青陵高等学校(専願)　2020年度

◇英語◇

※ 122%に拡大していただくと，解答欄は実物大になります。

1

(1)	(2)

2

(1)	(2)	(3)

3

(1)	(2)	(3)	(4)	(5)

4

(1)	(2)	(3)	(4)	(5)	(6)	(7)	(8)	(9)	(10)

5

(1)	(2)	(3)	(4)	(5)

6

(1)	(2)	(3)	(4)	(5)

7

(1)	(　　　　) coffee?
(2)	Kyoto (　　　　).
(3)	You (　　　　).
(4)	(　　　　).
(5)	Please come home (　　　　).

8

問 1	
問 2	Go straight (　　　　) block.　Then turn (　　　　) at (　　　　) Street.　Go along the street for (　　　　) blocks, then turn (　　　　). There is a (　　　　) on that block.　The Police Station is across the street from it.

9

10

問 1		問 2	
問 3			
問 4			
問 5			
問 6			

◇国語◇

新潟青陵高等学校（専願）　２０２０年度

※１２０％に拡大していただくと、解答欄は実物大になります。

一

問一　ⓐ　ⓑ　ⓒ　ⓓ　ⓔ

問二　A　B

問三　1　2

問四

問五　①　④

問六

問七

問八

問九　(ア)　(イ)　(ウ)　(エ)

二

問一　ⓐ　ⓑ　ⓒ　ⓓ　ⓔ　ⓕ

問二

問三

問四　から。

問五

問六　→　→　→

問七

問八

問九

新潟青陵高等学校（専願）　2019年度

◇数学◇

※ 114％に拡大していただくと，解答欄は実物大になります。

1	(1)		(2)		(3)		(4)	

2				
	(1)		(2)	
	(3)		(4)	

3	(1)		(2)		(3)		(4)	

4		
	(1)	[求め方] 答 $x=$
	(2)	[求め方] 答 $x=$　　　，$y=$
	(3)	[求め方] 答 $x=$　　　，
	(4)	[求め方] 答 $x=$

5		
	(1)	[求め方] 答
	(2)	[求め方] 答
	(3)	[求め方] 答

6		
	(1)	[求め方] 答
	(2)	[求め方] 答
	(3)	[求め方] 答

7	(1)	[求め方] 答 ＿＿＿＿
	(2)	[求め方] 答 ＿＿＿＿
	(3)	[考え]

8	(1)	[求め方] 答 ＿＿＿＿
	(2)	[求め方] 答 $x=$ 　　　 $y=$

新潟青陵高等学校(専願)　2019年度

◇英語◇

※ 106%に拡大していただくと，解答欄は実物大になります。

1

(1)	(2)

2

(1)	(2)	(3)

3

(1)	(2)	(3)	(4)	(5)

4

(1)	(2)	(3)	(4)	(5)	(6)	(7)	(8)	(9)	(10)

5

(1)	(2)	(3)	(4)	(5)

6

(1)	(2)	(3)	(4)	(5)

7

(1)	.
(2)	( ) in this river.
(3)	( ) to do tomorrow?
(4)	( ) there yet.
(5)	.

8

問1	(a)		(b)		(c)		(d)	
問2	(1)		(2)		(3)			

9

10

問1				問2		問3	
問4	(1)		(2)		(3)		(4)

◇国語◇

新潟青陵高等学校（専願）　２０１９年度

※１１５％に拡大していただくと、解答欄は実物大になります。

一

問一　ⓐ　ⓑ　ⓒ　ⓓ　ⓔ

問二　〜

問三　1　2

問四　（1）　（2）

問五

問六

問七　（1）ではないこと。　（2）

問八

問九

二

問一　ⓐ　ⓑ　ⓒ　ⓓ　ⓔ

問二

問三

問四　A　B

問五

問六

問七　1　2

問八

問九

MEMO

大切なことはメモしておこうネ！

T.G

MEMO

大切なことはメモしておこうネ！

T.G

大切なことはメモしておこうネ！

T.G

高校別入試過去問題シリーズ
新潟青陵高等学校　2024~25年度
ISBN978-4-8141-2826-6

発行所　東京学参株式会社
〒153-0043　東京都目黒区東山2-6-4
URL　https://www.gakusan.co.jp

編集部　E-mail　hensyu@gakusan.co.jp
※本書の編集責任はすべて弊社にあります。内容に関するお問い合わせ等は、編集部まで、メールにてお願い致します。なお、回答にはしばらくお時間をいただく場合がございます。何卒ご了承くださいませ。

営業部　TEL　03 (3794) 3154
FAX　03 (3794) 3164
E-mail　shoten@gakusan.co.jp
※ご注文・出版予定のお問い合わせ等は営業部までお願い致します。

2023年10月6日　初版